**청춘을위한
나라는없다**

**일러두기**

이 책에 등장하는 신조어와 유행어, 인물들은 저자가 작성한 '용어 설명(11쪽)'과 '등장 인물 소개(14쪽)'의
정의에 따라 사용되었다.

# 청춘을위한
# 나라는없다

## 청년논객 한윤형의
## 잉여탐구생활 어크로스

**청춘을 위한 나라는 없다 —— 차례**

# 잉여 시대를 명랑하게 돌파하는 청춘 여행

우리는 상승한 부모와 삼촌 세대의 축척된 부를 통해 소비 취향과 자의식을 물려받고 집중적으로 교육 투자를 받았지만 '이 시대도 내 삶도 내려가는 느낌' 속에서 살아왔으며, 살아가야 한다.

이 책은 내가 쓴 단독 저서 중 직접 기획하지 않은 유일한(혹은 첫 번째) 책이다. 세대 담론이 널리 유행하자 몇몇 청년 자유기고가에게 청년 세대의 입장에서 글을 써달라는 청탁이 들어오기 시작했다. 그러나 그 수혜자 중 하나였던 나는 그 사실을 별로 즐기지 않았다. 자신의 글을 정치평론이라 규정했던 나에게 세대론은 문제의 본질이 아닌 것 같았기 때문이다. 하지만 한국 사회에서 이십대가 자유기고가로 생계를 유지한다는 건 불가능에 가까웠고, 먹고는 살아야 했기 때문에 'XXX와 청년 세대', 'YYY와 청년 세대', 'ZZZ와 청년 세대' 따위의 기획 원고를 쓰기 시작했다.

그런데 청년 문제와 관련된 글을 기고하며 문제가 생각만큼 간단하지 않음을 깨닫게 되었다. 처음에는 억지로 이어 붙이거나 구색을 차린다는 느낌이었지만 여러 소재와 청년 세대를 접합한 글을 쓰다 보니 세대 담론이 실제로 정치적 문제와 연결이 되어 있다는 어떤 직관을 갖게 되었다. 물론 이는 경제적인 상황 때문에 내키지 않는 일을 오래도록 하고 있다고 마냥 생각하기는 힘들었던 이가 만들어 낸 하나의 핑계, 자기 정당화일 수도 있다. 그런지 아닌지는 결국 독자들이 직접 글을 읽고 평가해야 할 문제일 것이다.

영화이자 소설인 《노인을 위한 나라는 없다》의 명백한 패러디인 이 책의 제목 《청춘을 위한 나라는 없다》는 이 세대가 우리 사회에서 가장 힘든 삶을 살고 있다는 식의 징징거림을 의미하지 않는다. 서구의 청년 세대라면 그렇게 말할 수도 있겠지만, '88만원 세대'로 불렸던 우리는 아니다. 현재 한국에서 가장 삶이 어려운 세대를 고른다면 당연히 노년 세대일 것이다. 통계적으로 볼 때, 한국의 55세 이상의 성인이 자살로 생을 마감할 확률은 이라크와 아프가니스탄에서 전쟁하는 미군의 전사자와 자살자를 합한 것보다 높다(2005년 기준, 한국의 55세에서 64세 연령층의 자살률은 인구 10만 명당 42.7명이며, 2008년 기준, 파병된 미군들의 전사율과 자살률의 합은 40명 이하다. 75세 이상 노인이 되면, 10만 명당 자살자는 160명 이상으로 증가한다).

그러나 청년 세대의 문제는 그들이 가장 힘든 세대이기 때문이 아니라 그것이 한국의 사회문제를 고스란히 드러내는 표층(表層)이기에 문제가 된다. 등록금 문제와 청년 실업 문제는 그들만이 아니라 그들 부모 세대의 고난이다. 또한 청년 세대는 자신의 미래가 위에 언급한 노년 세내와 다르지 않을 것이라는 사실을 안다. 지금의 노년 세대는 예상치 못한 평균 수명 증가에 따른 노후 대비를 하지 못했다. 그들은 자녀들을 키워내기만 하면 자녀들에게 부양을 받으며 삶을 마감

할 수 있을 거라 기대했던 사람들이다. 그들 중 어떤 이들은 자식에게 짐이 되지 않기 위해 자살을 하는 비극이 벌어진다. 이것이 자신의 미래가 될 것을 안 청년 세대는 이미 공포 속에서 노후 대비의 방법을 찾으려 애쓸 뿐이다.

우리는 대한민국의 짧은 역사를 통틀어 아마도 인생 전 기간 동안 가장 많은 것을 소비할 세대가 되겠지만 모든 세대 중에서 평생 기대 소득이 가장 높은 세대는 아닐 것이다. 부모 세대는 폐허와 공허를 물려받고 죽음에 직면할 정도의 고생을 했어도 '이 시대도 내 삶도 올라가는 느낌' 속에서 살아왔다. 반면 우리는 상승한 부모와 삼촌 세대의 축적된 부를 통해 소비 취향과 자의식을 물려받고 집중적으로 교육 투자를 받았지만 '이 시대도 내 삶도 내려가는 느낌' 속에서 살아왔으며, 살아가야 한다.

《응답하라 1997》의 성공에서 드러나듯, 삼촌 세대는 불과 30대의 나이에 자신들의 10대를 그리워한다. 결국 후기 자본주의의 문제가 우리를 어떤 사람으로 만들어내고 있는지가 바로 이 책의 문제의식이라 하겠다. 다시 말하자면 '시대의 문제를 반영하는 어떤 세대의 문제'에 대한 탐구의 결과물인 것이다.

이 책에 실린 글은 크게 두 개로 나뉜다. 하나는 '몇몇 사람만 보여줄 요량으로 쓴 사적인 글을 다시 쓴 것'이고 다른 하나는 '지면에 발표된 공적인 글을 더하고 고친 것'이다. 나는 다행스럽게도 그리 잘살지도, 표나게 못살지도 않는 집에 태어나 그 세대 그 계층의 또래가 흔히 경험하는 적당한 수준의 교육적·문화적 지원을 받으면서 살아왔다. 덕분에 이 두 종류의 글이 어울려 이 탐구의 두 측면인 '개인'과

'시대'를 제법 잘 설명한다. 독자들은 사적인 것이 공적인 것이 되고, 공적인 것이 사적인 것이 되는 묘한 장면을 만날 수 있다.

1부에 실린 글은 개인 블로그에 올렸던 글들과 각종 매체에 썼던 짧은 글들을 고치고 합친 것이다. 이것들을 공적인 글로 만들기 위해, 현재 시점을 고려해 수정을 했다. 그 글들은 주로 2007년부터 2013년 사이에 쓰였는데, 내 사적인 관심사와 당시 상황에 대한 그리 대단하지 않은 통찰이 담겨 있었다. 하지만 이것들을 키워드별로 재배치하고 고치니 한 시대의 세대 문제들을 드러내는 글들이 되었다.

한편 2부와 3부에 실린 글들은 주로 계간지에 기고했던 좀 더 긴 글들을 꽤 고친 것이다. 이 글들은 《88만원 세대》 출간 이후 세대 담론의 번성 속에서 '청년 문제에 대한 당사자의 발언권을 사수하려는 필사적인 노력'의 결과물이다. 세대 문제, 혹은 청년 문제에 대한 당사자의 고찰을 통해 독자들은 한 시대의 시대상을 보게 될 것이다. 분량도 소재도 제각각인 이 책에 실린 글들은 결국 특정한 시대를 살아낸 한 세대의 청춘이 겪는 구체적인 삶의 양상을 드러낸다.

말하자면 이 책은 또래에게는 위안을 주고, 다른 세대에겐 이 세대를 이해하기 위해 읽어봐야 하는 책이 되려는 야심(!)을 품고 있다. 사실 글쟁이의 삶을 살면서도 내가 쓰는 글이 이런 역할을 할 수 있으리란 기대는 하지 못했다. 대체로 안온함보다는 날카로움을 추구하는 내 글 탓이다. 이 책이 이런 야심을 품을 수 있게 된 것은 전적으로 기획자와 편집자의 공로다. 이 책의 기획자이며 편집자인 김류미 씨에게 감사드린다. 이 책을 내는 것을 허락해준 어크로스 출판사에도 감사드린다.

당신이 지금 어디서 이 책을 펼쳤는지는 모르겠지만, 그럼 지금부터 '박근혜 시대'를 명랑하게 돌파하기 위한 짧은 여행을 떠나보도록 하자.

## 용어 설명

### 88만원 세대

우석훈과 박권일이 공저한 동명의 책을 통해 널리 유포된 담론이나 당시의 젊은 세대를 지칭하는 사회과학 용어가 되면서 사회 전반에 걸쳐 사용되었다. 원래는 어떤 복잡한 산출 과정을 통해 80년 이후 태어난 청년 세대 비정규직이 월 88만 원 정도를 벌고 살 거라고 전망하며 이를 극복할 수 있는 대안을 모색하는 담론이었다. 이 담론의 유행에 대응하면서 필자의 계급 재생산의 길이 멀어졌다.

### GG

Good Game의 약자. 게임의 승패가 갈렸을 때 끝내기 위해 채팅창에 쓰는 말. 스타크래프트 1 배틀넷에서 처음 쓰였다. 진 사람이 먼저 쓰기 때문에 이 또래 청년들에겐 '포기'나 '항복'이란 말을 대체하는 용어가 된다.

### 넘사벽

'넘을 수 없는 사차원의 벽'의 준말. 인문학 방언으로 번역한다면 '심연의 간극'.

### 듣보잡

'듣도 보도 못한 잡놈'의 준말. 원래 있던 인터넷 용어지 결코 진중권이 변희재를 욕하기 위해 만들어낸 말이 아니다.

### 멘탈

예전부터 사용되었지만 '정신이 무너져 일종의 공황 상태에 빠지게 된 처지'를 의미하는 '멘붕(멘탈붕괴)'으로 더욱 유명해진 신조어다. 단독으로 쓰일 경우 '정신력'을 의미하기도 한다.

## 본좌

원래는 무협 소설 등에서 직위가 있는 고수가 본인을 지칭할 때 쓰는 말인데, 인터넷 시대에 이 말은 '그 분야의 일인자'란 말 정도로 그 의미가 바뀌어 사용된다. 스타 리 그 판에서 '본좌'라 함은 그 시대의 '절대 군주' 정도의 의미이다.

## 어그로

주로 '어그로를 끌다'로 사용하며, '분노를 이끌어내다'로 해석하면 된다. 본래는 게임 '월드 오브 워크래프트'에서 몬스터를 공격할 때 가장 많은 데미지를 준 캐릭터에게 몬스터의 분노 수치가 올라가는 시스템에서 유래되었다. 어원은 aggressive(공격적인)다. 필자가 '어크로스' 대표에게 "어크로스에서 책을 내면 어그로를 끌게 되나요?"라고 여쭤봤으나 그 말을 알아듣지 못했다.

## 엄친아

'엄마 친구 아들'의 준말. 여기저기서 쓰이다가 웹툰《골방환상곡》에서 '완벽한 타인'을 가리키며 폭넓게 사용되었다. 현실 세계에 존재하는지는 알 수 없으나 집에서 엄마와 대화를 하다 보면 이 단어의 용도를 쉽게 확인할 수 있다.

## 열폭

'열등감 폭발'의 준말. 사회과학도의 용어로 풀자면 '인정 투쟁을 몹시 하고픈 상태'.

## 오유

'오늘의 유머'의 준말. 유머 사이트의 좌파. 말이 그렇다는 거지 사실상 극우. '일베'를 천박하다 욕하며 대체로 야권을 지지하는 성향을 가졌으나 외국인 혐오의 온상이다. 국정원 직원들이 보면서 불안해한다는 사이트.

## 일베

'일간 베스트'의 준말. 유머 사이트의 우파. 말이 그렇다는 거지 사실상 극우. 한국 여성과 호남인을 혐오하고 '민주화'를 욕으로 쓴다. 국정원 직원들은 보면서 안도할 사이트.

## 잉여

마르크스주의자라면 '잉여 가치'나 '잉여 생산물'을 떠올리겠지만, 오늘날 이 말은 사물이 아닌 사람에게 사용된다. 소수의 인간이 관료 조직과 자동화 기계를 붙들고 화석 연료를 펑펑 쓰며 너무 많은 물건을 생산하자, 그 공정에 참여하지 못하는 인간 대부분이 잉여가 되었다.

### 중2병

중학교 2학년 나이 또래의 사춘기 청소년들이 흔히 겪게 되는 심리적 상태를 빗댄 말로, 자아 형성 과정에서 '자신은 남과 다르다' 혹은 '남보다 우월하다' 등의 착각에 빠져 허세를 부리는 사람을 얕잡아 일컫는 인터넷 속어이다. '근자감(근거 없는 자신감)'과 비슷한 효과가 있다.

### 지잡대

대한민국에서 가장 활발한 네티즌이 모여있는 포털 사이트가 된 디시인사이드(www.dcinside.com) 유저들이 주도적으로 만든 대한민국 대졸자 학벌 질서의 최하위. '지방잡대'의 줄임말. 이 위로 '지거국(지방거점국립대)'과 인서울, 명문대 등이 있다.

### 키보드워리어

말 그대로 인터넷 공간에서 논쟁을 일삼는 사람들을 말한다. 과거에는 게시판형 키보드워리어가 많았으나, 온라인 뉴스 댓글러나 오유, 일베 게시판 댓글러 등으로 진화했다. 주로 '키워질'을 한다고 지칭하며, 대표적인 잉여 짓으로 여겨진다. 가끔 이들에 의해 연예인이나 일반인의 '신상 털기'가 이루어진다.

### 환빠

《환단고기》빠'의 준말. 학교에서 가르치는 것보다 한국 고대사의 영역이 넓었다고 믿는 이들을 일컫는 말이다. 1990년대에 출판된 대중적인 역사 도서 중에서 이런 입장을 견지하는 책이 많았기에 숫자가 꽤 많다.

### 흑역사

지우고 싶은 부끄러운 역사 또는 어두운 과거. 원래는 일본 애니메이션 〈건담〉 시리즈에서 '과거에 일어난 우주 전쟁의 역사'를 뜻하는 말이었다.

## 등장 인물 소개

**굽시니스트**

오타쿠 문화를 패러디한 것으로 유명한 《본격 제2차 세계대전 만화》의 저자. 현재 〈시사인〉에 '본격 시사인 만화'를 연재하고 있다.

**김용민**

'20대 개새끼론'의 창시자. 이후 〈나꼼수〉의 핵심 멤버가 된다.

**박권일**

키보드워리어, 전직 기자, 좌파 저술가, 우석훈과 함께 '88만원 세대론'의 창시자이며 느리게 쓰는 사람.

**변희재**

키보드워리어, 고소쟁이, 언론인, '88만원 세대론'을 보수 진영의 386세대 비판에 활용하려 함. 오랫동안 진중권의 라이벌이 되기를 희망했으며 '사망유희' 프로그램에서 진중권에게 승리를 거두었단 평판을 들으며 콤플렉스를 극복한 것으로 보인다.

**엄기호**

문화인류학자, 저술가, 음유시인.

**우석훈**

경제학자, 저술가, 박권일과 함께 '88만원 세대론'의 창시자이며 꿈 파는 사람.

**진중권**

키보드워리어, 미학 에세이스트, 좌파 저술가, 세대론에 별 관심은 없지만 특출난 '키배(키보드 배틀)' 활동으로 특정 세대 키워들에게 지대한 영향을 끼침.

1부
# 잉여의 이유
어쩌다 우리 인생이 이렇게 되었을까

# 자 의 식

스무 살이 넘어서도 잡다한 주제로 선행 학습 진도 빼듯이 독서를 하고 있다면 당신은 쓸모없는 짓을 하고 있는 것이다. 말하자면 '잉여'의 삶을 추구하고 있는 것일게다.

학창 시절에 나는 이것저것 쓸데없는 것들을 많이 아는 친구로 통했다. 별다른 취미 생활 없이 방구석에서 책만 붙들고 있었으니 당연한 결과였다. 초등학생 때는 잠깐 내가 남들보다 똑똑한 게 아닐까 우쭐하기도 했다. 하지만 내가 책에서 본 그 지식들이 2년쯤 지나면 교과서에 나온다는 것을 깨닫게 된 순간, 우쭐거림은 사라졌다. 일단 교과서와 시험에 나오기만 하면 친구들은 악착같이 그것을 외우고 터득했다. 단순히 외우는 것이 아니라 흘낏 보고 지나치는 나보다 훨씬 깊게 원리를 터득했다. 그런 과정을 몇 번 지나치고 나자, 내가 그들보다 똑똑할 거라는 가설은 코 풀고 딘저둔 휴지처럼 우스꽝스러운 것이 되었다.

중학생 때도 고등학생 때도 친구들은 내게 이것저것 많이 안다고 신기해했다. 개중엔 진짜로 부러워하는 애들도 있었다. 그런 칭찬을

들을 때마다 나는 나 자신을 냉소하고 있었다. '너희들도 2년 지나면 알게 될 것들인데 뭐'라든가, '애들이 이걸 알 때쯤엔 난 또 다른 책을 보고 잘난 척하고 있으려나' 따위의 생각들을 하면서. 나는 나의 '현실 도피를 위한 자발적인 선행 학습'이 언젠가는 따라잡히리라고 예상했고 그 점에 대해서는 체념하고 있었다. 앎에는 단계가 있고 우리 같은 범인(凡人)들은 대개 비슷한 수준의 단계까지 나아가게 될 테니, 내가 읽어서 알아낸 그 단계를 친구들도 곧 밟으리라 보았기 때문이다. 나보다 머리가 좋은 친구들은 그보다 더 높은 곳을, 그렇지 않은 친구들은 내가 밟은 곳 언저리를 밟게 될 터였다. 그것이 너무 당연한 일이라 생각했기에 별다른 유감은 없었다.

그 확신이 흔들리기 시작한 것은 고등학생 시절이었다. 이 사회가 구성원들에게 학교 시험으로 요구하는 지식의 단계가 내 독서 취향에 다다르기 전에 끝나버린다는 예감을 받았고, 그건 말할 수 없이 슬픈 일이었다. 왜냐하면 나는 내가 아는 것들이 대개의 평범한 사람들이 알아야 하는 것이며, 그들에게 필요한 것이라고 생각했기 때문이다. 하지만 현실은 내 생각과 달랐다. 친구들은 더 이상 '나만의 진도'를 2년 늦게라도 따라오지 않았다. 어느 순간부터 나는 더욱 고립됨을 느꼈다. 조숙한 중학생은 자신의 조숙함을 어른들에게 뽐낼 수는 있을 테지만, 어른들과 원만한 대화를 나누고 싶다면 그쯤에서 성장을 멈추어야만 한다. 체제는 인격의 끝없는 성장을 바라지 않는다. 오히려 사회가 그를 적당히 써먹을 수 있는 수준에서 성장이 멈추기를 바랄 뿐이다.

물론 나는 인격의 성장이 독서 경험의 축적을 통해서만 이루어질 수 있다고는 믿지 않는다. 오히려 내가 우연히 취미를 가졌던 독서라는 매우 협소한 분야의 사정이 다른 영역에서도 마찬가지일 것이라고 생각한다. 스무 살이 넘어서도 잡다한 주제로 선행 학습 진도 빼듯이 독서를 하고 있다면 당신은 쓸모없는 짓을 하고 있는 것이다. 말하자면 '잉여'의 앎을 추구하고 있는 것일 게다. 그것은 사회적으로 도움이 되는 앎, 시험 점수나 학점을 얻고 취직 시험에 합격하고 회사에서 업무를 수행하는 데 도움을 주는 앎은 아니기 때문이다.

어느 사회에서나 마찬가지겠지만, 현대 사회에서 구성원으로서의 역할을 충실하게 하는 데 도움이 되는 앎의 수준은 평범한 독서가의 취미 활동에도 미치지 못한다. 당신은 그 독서를 통해 쾌락을 얻을 테고 그 독서의 결과로 뭔가 다른 것을 본다고 믿겠지만, 그 '봄'이 당신 삶에 도움이 된다고 확언할 수는 없으며 본 것들을 남들이 보지 못했다면 대화의 소재로 삼기도 어렵다.

문제는 여기서부터 시작된다. 체제가 구성원들에게 좀 더 높은 수준의 교양 지식을 요구했다면 태동하지 않았을 어떤 자의식이 생겨나는 거다. 나는 워낙 어려서부터 그 문제에 대해 고민해왔기 때문에 더 이상한 길로 들어서진 않았다 고등학생 때 문화인류학 책 따위를 잡고 있었는데, 만일 그런 것들이 수능 시험에 나왔다면 내 주변의 몇몇 친구들, 그리고 내가 고등학생으로는 결코 만나보지 못한 강남의 친구들은 문화인류학에 대해 나보다 훨씬 뛰어난 소양을 가지게 되었을 것이다. 대입이나 취업 시험에 내가 쓰는 종류의 글쓰기가 포함되어 있었다면(그럼에도 불구하고 게으른 나는 여전히 이 정도로 쓰고 있을 테지만) 나보다 훨씬 날카롭고 유려하게 쓰는 또래들이 오늘날 토익 900점들이 발에 채이듯 테헤란로 길바닥과 홍대 주차장 골목에 우글거렸을 거다.

그렇다면 문제의 핵심은 '능력'이 아니라 '욕망'이 된다. '나는 왜 그것을 알고 있는가?'라고 자문한다면, 자백의 길로 들어설 수밖에 없다. 하지만 '도대체 왜 나는 삶에 도움이 안 되는 영역에 대한 탐구를 홀로 계속했는가?'라고 물으면 사정은 달라진다. 그건 자기혐오에 빠지는 길이 아니다. 객관적인 자기 인식 없이 낭만화된 자기 긍정은 남들에게 민폐를 끼치는 '중2병'으로 향하는 지름길이다. 따라서 정말로 자신을 긍정하는 길은 자기 행위의 무의미함을 있는 그대로 받아들이는 것일 게다.

## '나는 다르다'는 자의식

내가 남들보다 조금 다른 것들을 읽고, 조금 다른 것들을 생각하고, 조금 다른 것들을 쓴다는 이유로 가지게 되는 자의식은 처연하다. 왜냐하면 그것은 그가 사회로부터 받은 소외감을 같은 질량의 우월 의식으로 바꾸어놓기 때문이다. 그런 우월 의식을 지니게 될수록 소외감은 더 커지고 그렇게 생긴 소외감은 다시 우월 의식으로 변한다. 한번 이 '공굴리기'에 올라타게 되면 사태가 악화되는 것은 순식간이다. 가령 그들은 아르바이트를 할 때도 완벽한 화장을 하고 킬힐을

신은 채 출근하는 여성을 경멸할 것이다. '나는 다르다'는 자의식을 가진 이들은 자신이 사회적인 요구로부터 자유롭다는 사실에 자부심을 느끼기 때문이다. 하지만 화장한 그녀들이 훨씬 긴박한 삶을 살고 있고, 역시 실존적인 고민을 하고 있으며, 어떤 종류의 우울증에 시달리기도 한다는 사실은 전혀 알려 하지 않는다. 이렇게 '다르다'는 자의식은 자신과 별로 다를 바 없는 세상에서 스스로를 격리시킨다.

한때, '나는 다르다'는 자의식을 극복하는 것은 사춘기의 과제였다. 전통적으로 청소년 필독 도서였던 위대한 문학작품들은 대개 그 문제와 치열하게 대면하고 있었다. 스무 살이 넘으면 그런 소설에 담긴 고민들 자체가 유치해 보이는 것이 정신이 성숙해지는 과정이었다. 하지만 오늘날의 세상은 우리에게 그 과제를 해결할 여유를 주지 않는다.

그 결과 겉만 성장한 그들은 자의식 과잉의 덩어리들을 주렁주렁 매단 채 대학원생이 되어, 직장인이 되어, 자칭 '좌파'가 되어 자신의 지체된 생각들을 인터넷에 뱉어놓는다. 물론 그런 자의식이 없이는 견뎌낼 수 없는 우리 시대의 고통을 생각하면, 그런 행위에도 연민은 느껴진다. 하지만 배배 꼬인 그들의 모습을 보자면 그들을 불쌍히만 여길 수는 없다. 심지어 그들은 서로서로 '다르다'고 주장하지만 실은 놀랄 정도로 닮았다. 우리 세대의 보편성을 이런 측면에서 확인하게 되는 것은 정말이지 씁쓸한 일이다.

## 창작욕

나는 '문어체 소년'답게 판타지 소설을 쓰려면 그 배경이 되는 도서를 탐독해야 한
다는 결론을 내렸다. 도대체가 판타지 소설을 쓰고 싶다는 원래의 목적에서 너무
먼 곳까지 와버린 것이다.

　판타지 소설의 전성기라 할 수 있는 1998년부터 2000년까지, 고등
학교를 다니던 3년 동안 나는 한국 판타지 소설 대부분을 열심히 빌
려 읽었다. 하지만 그렇게 열심히 읽으면서도 언제나 유행에 뒤처지
고 있다는 생각을 할 수밖에 없었다. 왜냐하면 당시 창작 판타지가
연재되는 곳은 PC통신이었기 때문이다. 나는 한 달짜리 하이텔 무료
아이디를 써본 일을 제외하고는 한 번도 PC통신을 사용해본 적이 없
었다. 덕분에 남들은 PC통신을 포기하지 못할 때도 나는 인터넷 게
시판 문화를 좀 더 빨리 받아들일 수 있었다. 그러나 그때까지 인터
넷은 창작 연재소설의 중심부가 아니었다.

　그럼에도 불구하고 나는 많은 독자들이 그랬던 것처럼 창작자가 되
고 싶었다. 전혀 가망성이 없는 일도 아니었다. 가령 2000년이 되자
나와 동갑인 1983년생들이 쓴 판타지 소설들이 출판되기 시작했다.

나는 그네들의 책을 빌려 명백한 비문을 수정하면서 좌절된 꿈을 위로하고 울분을 달랬다. 그들의 책은 출간되기만 하면 대여점과 서점을 통해 팔려나갔다. 내가 가장 좋아했던 《드래곤 라자》와 《퓨처워커》의 이영도, 《비상하는 매》의 홍정훈, 《세월의 돌》의 전민희, 《탐그루》의 김상현(이후 역사 소설가가 되었다), 《귀환병 이야기》와 《쿠베린》의 이수영(이후 로맨스 소설을 쓰기도 했다)과 같은 유명 작가들의 책뿐만 아니라 판타지라는 이름을 달고 나오기만 해도 권당 1만 부 정도의 판매량을 기대할 수 있었던 시대였다.

## 판타지 소설을 쓰기 위한 기나긴 여정

PC통신도 안 하고, RPG게임에 대한 경험도 없어 판타지 세계관에 익숙하지 않았다가 느닷없이 그것을 좋아하게 된 내가 창작자가 되려면 특단의 조치가 필요했다. 나는 '문어체 소년'답게 판타지 소설을 쓰려면 그 배경이 되는 도서를 탐독해야 한다는 결론을 내렸다. 먼저 집어 든 건 당시 들녘 출판사에서 나왔던 '판타지 라이브러리' 시리즈였다. 지금도 내 책장엔 《판타지의 주인공들》, 《천사》, 《환수 드래곤》 등이 꽂혀 있다. 《무기사전》이나 《무기와 방어구(서양편)》를 탐독했다면 좀 더 디테일이 돋보이는 소설을 쓸 수 있었을 것이다. 사실 내가 고등학교 때 끼적이던 소설은 그야말로 '판협지'였다. 무협소설을 읽던 취향이 반영되어 그런지 개인 간 전투나 집단 간 전투의 현실성을 추구하기보다는 '액션 신'을 통해 캐릭터의 개성을 보여주는 것을 더 좋아했던 탓이다.

그러나 나는 디테일에 별로 관심이 없었다. '판타지 라이브러리'를 통해 판타지의 세계관이 각국의 신화나 전설에서 연유했다는 것을 알게 되자마자, 내 관심은 신화학으로 기울어졌다. 신화학을 알지 못하면 그럴듯한 세계관을 그려낼 수 없었을 것 같았다. 그때 읽었던 책들이 미르체아 엘리아데의 《이미지와 상징》, 조지프 캠벨의 《신화의 세계》, 《천의 얼굴을 가진 영웅》(당시 제목은 《세계의 영웅신화》) 등이다. 당시 내가 이 책들을 잘 이해했는지는 모르겠다. 특히 《천의 얼굴을 가진 영웅》은 읽고 나서도 뭘 읽었는지 기억해낼 수 없을 만큼 어려웠다. 하지만 이 세 권의 책을 읽고 나서 한 가지 확실해진 것이 있었다. 이들 신화학자들은 카를 구스타프 융 얘기만 나오면 정신을 못차리고 열광한다는 것이다. 정신분석학의 논의를 빌려 오려는 이들은, 성욕(性慾)의 역할을 강조한 프로이트보다는 신화와 오컬트에 심취해 범성욕설(汎性慾說)을 거부하고 스승을 떠나 버린 융과 궁합이 맞았다.

그리하여 나는 융에게 관심을 가지게 되었다. 당시엔 융 기본 저작집도 출판되기 전이었다(물론 그때 출판되었다 하더라도 고등학생이 읽기엔 너무 어려웠을 테지만). 그래서 내가 읽은 건 《인간과 상징》이나 《무의식의 분석》 같은 대중적인 저서들이었다. 판타지 소설을 쓰고 싶다는 원래의 목적에서 너무 먼 곳까지 와버린 것이다. 그 점을 자각한 나는 신화의 구조에 대한 탐구를 멈추고 '다른 세계'의 부족들을 설득력 있게 기술하기 위해 문화인류학으로 돌입했다. 뭘 읽어야 할지 몰라서 내용이 가장 풍부해 보이는 《문화인류학의 명저 50》이란 책을 읽었다.

판타지 소설가가 되기 위한 나의 문화적 표류는 적어도 원래의 목적에서는 아무런 성과를 거두지 못했다. 훗날 청소년 시절에 좋아했던 《세월의 돌》의 전민희 작가를 인터뷰할 기회가 있었다(지금은 《룬의 아이들》로 더 유명하다). 그런데 그 시절 내 생각과 달리, 전민희는 별다른 독서를 하지 않고 오직 J. R. R. 톨킨의 《반지의 제왕》만 본 후 곧바로 창작에 들어갔다는 것이다. '창작을 하기 위해 중요한 것은 다른 준비를 하는 것이 아니라 그저 창작을 하는 것이다'라는 격언을 떠오르게 하는 에피소드였다.

반면 창작의 시간을 연기해왔던 나는 결국 판타지 소설가가 되지 못했다. 옛날에 썼던 것은 다 잃어버렸고, 지금 쓰고 있는 건 몇 년 전부터 진도가 안 나간다. 하지만 이 표류의 결과 나는 자연스럽게 인문학도가 되었다. 프로이트와 라캉을 접하고 난 후, 그때 읽었던 책들 중 몇 권을 다시 읽어보았는데 감회가 새로웠다. 아무것도 모르면서 어려운 책에 덤벼들었던 그 시절에 경의를!

# 청춘의 유예

문제는 이런 사정을 부모님에게 전혀 납득시킬 수 없다는 것이다. 이런 얘기를 했다면 부모님은 지금 하는 일들을 다 때려치우고 무슨 무슨 시험을 준비하라고 할게 뻔했다.

2007년, 외사촌형의 둘째아이가 첫돌이 될 때에 느꼈던 감상이다. 형은 나보다 7살이 많다. 돌을 맞은 아이는 남자아이였고, 첫째아이는 여자아이인데 당시 4살이었다. 아버지와 어머니가 나와 형을 비교하며 실없는 계산을 하고 있었다. 내가 형의 페이스를 따라가려면 3년 후에 한 여자를 임신시켜야 한다. 그렇게까지는 못 하더라도 아버지와 어머니는 당시 25살이던 내가 적어도 5년 후에는 결혼을 할 수 있으리라고 믿는 듯했다. 그러니까 나보다 50년 더 사신 우리 할머니가 80살까지만 사시면 손주가 결혼하는 걸 볼 수 있다고 계산하신 거다. 꿈도 야무지시다고 생각했다. 결국 할머니는 그 이듬해에 돌아가셨고, 나는 30대 초반인 지금도 결혼을 할 전망이 없다.

형은 육군 장교다. 내가 육군 사병으로 군 생활을 하면서 관찰한바, 대개 직업군인들은 일찍 가정을 꾸린다. 부사관들의 경우엔 거꾸로,

아이를 낳아버렸기 때문에 부사관에 지원하는 경우가 종종 있다. 그런 경우엔 스물한 살 즈음에 애가 있다. 내가 그런 얘기를 했더니 형이 동의한다.

"맞아."

"그러니까 나랑은 사정이 다르지. 뭘 자리를 잡아야 결혼을 하든지 말든지."

"에이. 결혼을 해야 자리가 잡혀. 부사관들 초임이래 봐야 월급 200도 안 된단 말야."

사촌형과 나는 '자리를 잡는다'라는 말에 대해 가지고 있는 개념이 다르다. 당시 나보다 6살 많은, 대학원 나와서 일간지 기자가 된 어느 선배가 월급 200을 못 받고 있었다. 물론 진보 언론에 간 탓이라 말할 수도 있겠지만, '언시생(언론 고시 준비생)'의 입장에서 말한다면 그 신문사를 가는 것도 엄청나게 어려운 일이었다. 그때 나는 내가 5년 후에 부사관 초임만큼은 벌고 있을지 스스로 물어보았고 잘 모르겠다는 생각을 했다.

### 차라리 다시 군대에 갈 수 있다면

2009년에서 2011년의 3년 동안, 나는 '자유기고가'로 연 1천만 원 정도의 소득을 올렸다. 소위 '저자'가 되어 세 권의 단독 저서와 몇 권의 공저를 썼던 기간이있나. 칼럼 청탁도 많이 받는 편이었고 계간지 원고도 종종 썼지만 그 정도가 한계였다. 다행히 서른이 되던 2012년에는 매체 비평지 〈미디어스〉에 취직해 월급을 받게 되면서 외고 원

고료 수입까지 합쳐 '부사관의 초임' 이상을 벌게 되었다.

문제는 이런 사정을 부모님에게 전혀 납득시킬 수 없다는 것이다. 차마 시도도 할 수 없었다. 이런 얘기를 했다면 부모님은 지금 하는 일들을 다 때려치우고 무슨 무슨 시험을 준비하라고 할 게 뻔했다. 그 당시 나는 두 군데 잡지사에서 객원 에디터 일을 하며 월 80 정도를 받으며 학교를 다니고 있었다. 학교 다니면서 할 수 있는 일치곤 괜찮았지만 글쟁이라는 직업이 별다른 비전이 없다는 것도 잘 알고 있었다. 내가 말하지 않아도 부모님은 이내 그 사실을 깨닫게 되었다. 2008년에 나는 모종의 시험공부를 시작하게 되었고, 이내 시험의 종류를 바꿨다. 그 시기가 아마도 내가 대한민국 중간층의 자녀로서 부모의 눈높이에 맞는 삶을 살 수 있는 마지막 기회였던 것 같다.

베이비부머 세대는 대체로 자신들이 학력이 낮아서 충분히 잘살지 못했다고 믿는다. 그리하여 그들은 자녀들의 학력에 엄청나게 신경을 쓴다. 아버지는 자신보다 훨씬 좋은 대학에 들어간 아들이 자신보다 훨씬 잘살아야만 한다고 생각했다. 하지만 20대 중반부터 그의 월급명세서를 볼 때마다 나는 평생 이렇게 벌 일이 없을 것 같다고 생각했다.

결국 당시의 나는 '하고 싶은 일을 하고 살려면 부모를 설득해야 하는 게 아니라, 상황을 은폐하고 시간을 질질 끌어서 선택을 뒤집을 수 없는 상황을 만들어야 하는 것인가'라고 한탄했다. 설득이란 건 애초에 불가능해 보였기 때문이다. 그때가 전역한 지 반년 정도 된 상황이었는데, 이런 문제를 고민할 필요도 없었던 군대로 다시 돌아가고 싶다는 생각을 자주 했다. 징병제 군대가 남한에서 남성이 마지막으로 아이일 수 있는 시기라는 생각이 들었기 때문이다.

남들은 '군대 다시 가는 꿈'이 악몽이라 했지만, 그 후 몇 년간 내게 '군대 다시 가는 꿈' 혹은 '내가 여전히 군인인 꿈'은 일종의 소망 성취의 꿈이었다. 글쟁이로서의 삶에 의미 부여가 잘 안 되던 시기엔 직업군인으로라도 다시 입대할까 심각하게 고민했지만 이미 그럴 수 있는 나이를 지났다는 사실에 좌절하기도 했다.

# 단골집이 필요 없는 세대

그때 그 안에 뛰어 들어갔다면 아저씨와 아주머니에게 작별 인사를 할 수 있었을
까? 그들의 다음 영업장소를 알아낼 수 있었을까?

　　지난 몇 년간 급속도로 늘어난 SSM(Super Supermarket, 기업형 슈퍼마켓)
이 동네 자영업자들의 삶을 파괴했다는 것은 명약관화한 사실이다.
그래서 2010년대 초, 트위터 등을 통해 막 정치에 관심을 가지기 시
작한 이들이 'SSM 불매운동'을 제안한 것은 자연스러운 일이었다. 그
러나 SSM에 대한 그들의 반감을 접했을 때 나는 착잡함을 느꼈다.
　　나는 예전에 살던 동네에 SSM이 입점했을 때 그곳을 애용했다. 가
난한 학생이자 자유기고가인 처지에 맥주 값이 다른 슈퍼마켓보다
100~200원 더 싸다는 사실은 중요했다. 그리고 일단 맥주를 사러
가면, 다른 물건도 사게 되는 거다. 막상 거기서 장을 보고 나면 다른
슈퍼마켓에서 장을 본 것보다 싸지 않았다. 눈에 띄는 공산품은 싸지
만 다른 곳보다 비싼 물건도 섞여 있었다. 한번은 동네 슈퍼마켓에서
산 물건 영수증과 비교하며 물건별로 가격 비교를 한 적도 있다. 물

론 잘 되지 않았다. 영수증을 모아봤지만, 그렇게까지 꼼꼼한 성격도 못 되었고, 가격 비교를 해서 가이드라인을 만든다 해도 해당 물건이 필요할 때 그걸 기억하고 그곳에 갈 수 있는 게 아니었기 때문이다. 무엇보다 SSM이 들어선 이후 동네 슈퍼마켓 아줌마의 짜증스러움이 내게 전달되는 게 너무나 싫었다.

## 왜 동네 슈퍼가 불편할까

인간은 참으로 이기적인 동물이다. 나는 SSM이 들어서기 전 동네 슈퍼마켓 주인의 불친절함을 싫어했고, 그래서 새로 들어선 SSM을 애용했다. 일부러 SSM에 대한 반감을 몇 번 머리에 새겨봤지만 나는 애초에 재래시장을 이용하지 않았고, 슈퍼마켓을 이용하고 있었다. 그러니까 슈퍼마켓보다 더 편한 곳이 생겼을 때 그리로 옮겨가는 데 별로 거부감이 없었다. SSM에선 온갖 야채들이 나처럼 요리를 자주 하지 못하는 자취생에게 적당한 분량으로 나뉘어 판매되고 있었다.

거기서 나는 SSM이 내게 어필하는 이유를 다시 생각하게 되었다. 물건 값이 싸기 때문만이 아니었다. 오히려 그곳에만 가면 모든 물건을 살 수 있다는 것이 핵심이었다. 물론 그렇기에 특정 물품이나 영업 시간을 제한하는 SSM 규제 법령이 소비자들에게 효력을 발휘할 수도 있다. 자영업자들을 위한 법안의 제정에 나는 반대하지 않는다. 애초부터 피할 수 없는 불편함이라면 결국 그것을 감수할 테니 말이다.

그런데 여기에 추가되는 결정적인 요소가 하나 더 있었다. 그것은 내가 물건을 살 때 더 이상 그 판매자와 인격적 관계를 맺기를 원치 않는다는 것이었다. 재래시장 가까이 살아본 사람이라면, 누구나 재래시장의 물건들이 SSM의 것보다 훨씬 좋다는 데에 동의한다. 시장 아줌마들과 수다를 떨며 친해지기 시작하면, 야채를 1인 가구에 걸맞은 작은 단위로 사는 건 일도 아닐 것이다. 어쩌면 그들은 종종 적은 분량의 야채들을 돈도 안 받고 얹어줄지도 모른다. 그렇지만 문제의 핵심은, 어느 순간부터 내게 그런 종류의 인간관계를 만드는 것은 너무나 거추장스러운 일이 되어버렸다는 거다.

나만 그럴까? 많은 소비자들이 이제는 판매자의 수다를 듣는 일 없이 혼자 물건을 고르고, 인격적 관계를 맺을 일 없는 캐셔에게 카드를 건네고 쿨하게 떠나면 되는 그런 상황을 편하게 여기지 않을까? 나처럼 돈도 별로 없고 상대적으로 가용 시간이 많은 자유기고가조차 그렇다면, 직장인들은 오죽할까. '소비자의 시대'가 왔다고, 이제 진보도 소비자의 정서를 이해해야 한다고들 한다. 2008년의 촛불시위에서 그것이 보였고 그 후 전개된 광고주 불매운동이 그 맥락이라는 것이다. 그렇다면 그 소비자가 되기 위해 포기해야 하는 것들이 무엇인지도 봐야 할 필요가 있다.

재래시장을 살리려면, SSM 규제나 정부 지원 외에도 혼자 사는 직장인들을 위한 구매 유인책을 만들어야 할 것이다. 일단 상인들이 연합하여 카드 결제 정도는 되도록 만들어야 하고, 시장의 채소가 SSM 채소보다 신선도가 높다는 사실을 강조해서 광고해야 한다. 가령 냉장고 안에서 SSM 채소가 며칠을 못 버티는 데 비해 재래시장 채소는 한 달 가까이 버틸 수 있다면, 요리를 자주 하지 못해서 재료를 오래 보관해야 하는 직장인들에게는 이 점이 어필할 것이다. 언젠가 재래시장이 이렇게 변하는 것을 보고 싶다.

## 젊음의 특권, 단골 술집

SSM이 비인격적 거래를 보여준다면, 그 반대편엔 일반적인 판매자와 소비자의 관계를 넘어서는 '단골'이란 것이 있을 것이다. 돈이 없던 시절, 어린 나이에 음주에만 취미가 있었던 나는, 오직 술집에만 '단골'이 되었다. 그리고 나는 그것이 매우 특별한 경험이란 사실을 알게 되었다. 친구들과 만나야 하는 상황이 아니고서는 술집에서 혼자 술을 사먹을 수 없었다. 집이 아닌 곳에서 혼자서 술을 먹는 호사는 바(Bar)에 가는 직장인들이나 누리는 것인 줄 알았다.

마침내 내가 치킨과 맥주를 파는 집의 단골이 되었을 때, 나는 사장님 부부의 생계를 정말로 염려했고, "안주와 술 중에 뭐가 마진이 더 남나요?"라고 여쭤보기도 했다. 그들이 내게 왜 그런 질문을 하느냐고 물었고, 나는 "맥주가 마진이 좀 남으면 혼자 집에 들어갈 때 슈퍼 안 가고 여기에서 사서 가려구요"라고 말했다. 그 부부는 2시면 가게를 닫았지만, 내가 친구를 데려와 마시고 있으면 4시까지도 영업을 했다. 그게 그들 벌이에 더 도움이 되는 일이었으리라. 하지만 새벽 늦게 자신들이 만들어 먹는 비빔밥을 나한테 나누어주거나 어느 날 아저씨가 나와 함께 맥주를 기울이고 "이건 제기 사는 거예요"라며 술값을 받지 않은 것을 이해타산만으로 설명할 수는 없다. 내가 그 부부에게 하루 일과와 소득을 물어보며 한국 자영업자들의 세태를 깨닫게 된 것은 단골이 된 지 일 년이 넘어서의 일이었다.

어느 소설가는 한 사람이 단골 술집을 만드는 건 그가 더 이상 젊은 이가 아니라는 증거라고 했다. 나는 그가 술을 별로 좋아하지 않았다고 생각한다. 어려서부터 일상생활에서만큼은 보수적이었던 나는 언제나 단골 술집을 만들었다. 앞서 말한 치맥집에서 나는 외상으로도 술을 마실 수 있었다. 그들도 내 알바 시급이 언제 나오는지 알고 있었다. 그래서 일주일쯤 전부터 외상으로 술을 먹는 것에 별로 거리낌이 없었다. 이주일쯤 전부터 외상으로 먹겠다고 하면 감당할 수 있겠느냐고 난색을 표했다.

그 집만큼 나와 사이가 돈독했던 집은 잘 기억이 나지 않는다. 새내기 시절 거의 매일 갔던 술집에서, 안주로 오므라이스 1인분을 시킨 우리에게 오므라이스 대신 비빔밥 3인분을 주던 인심 좋은 주인아주머니가 기억나지만, 그것은 나와의 특별한 관계 때문이 아닌, 마음씨 좋은 학사주점 주인의 습관이었을 뿐이다. 학원 강의를 하던 시절에 우연히 들어가게 된 밥집 겸 술집도 기억난다. 동태찌개가 맛있었는데, 나는 막걸리 한 병과 그걸 같이 먹었다. 학원 강의를 하기 직전술이 절실했을 때는, 냄새가 덜 나는 소주를 택했다. 어릴 때 나는 내가 그런 식으로도 평생 살 수 있으리라 생각했었다. 지금에 와서는 그게 젊음의 특권이었음을 알게 되었다.

## 자본주의 사회에서 불가능한 '특별한 관계'

나는 내가 3년 가까이 찾아가던 그 단골집이 망해버린 순간을 기억한다. 카드 리더기가 없던 그 가게는, 배달용 오토바이를 탈 필요도 없는 거리에 살았던 내가 심야에 배달 주문을 하면 무조건 외상으로 달아놓았다. 그런데 어느 날 아주머니가 외상을 거부하며 내게 돈을 좀 찾아다 달라고 했다. 뭔가 사정이 있겠지 싶어서 편의점에 가서 현금을 찾아 지불하고 닭과 맥주를 직접 들고 왔다. 며칠 후 집에 오는 길에 몇몇 사람들이 그 가게의 간판과 인테리어를 바꾸는 걸 보았다.

그때 그 안에 뛰어 들어갔다면 아저씨와 아주머니에게 작별 인사를 할 수 있었을까? 그들의 다음 영업장소를 알아낼 수 있었을까? 설령 그랬더라도 내가 집에서 멀어진 그 집에 자주 가지는 못했을 것이다. 그렇지만, 나는 그러지 못했던 것을 후회한다. 그들은 내게 자녀의 등록금에 대한 푸념도 늘어놓았고, 자녀와의 관계에 대한 조언도 내게 구했는데 말이다. 나는 그렇게 내 인생의 술집을 작별 인사 없이 떠나보냈다.

그 후에도 많은 술집을 찾는다. 그리고 많은 가게가 곧 망하고 다른 가게가 들어서는 것을 본다. 그것은 마치 오늘날의 공장 노동자들이 옆에 있는 노동자들이 어느 순간 다른 사람으로 바뀌어 있는 것을 인지하는 것과 흡사하다. 자주 바뀌는 비정규직이 많은 공장에서 서로 간에 돈독한 대화를 나누려 하지 않는 것처럼, 끊임없이 변화하는 거리 가운데 선 우리는 한 가게의 단골손님이 되겠다는 결심을 내리기가 어렵게 되었다. 물론 우리는 할 수만 있다면 소비자와 판매자 이상의 특별한 관계를 맺고 싶어힌다. 하지만 이 사본주의 사회에서, 그런 기대는 언제나 무리한 것이다.

이제 나는 내가 가던 술집들이 나름의 서사를 만들기도 전에 망하는 것을 목격한다. 내 얼굴을 기억해줄 리가 없는 아주 유명한 맛집이 아닌 경우엔 말이다. 그건 마치, 스타 리그의 올드 게이머들이 더 이상 선전할 수 없다는 사실을 깨닫는 것과 같이 씁쓸하다. 그리고 나는 SSM에 가게 된다.

# 후배의 실종

그동안 나는 그들을 찾아내지 못했다. 선배들과 노는 재미에 빠져, 나 역시 선배이 기도 하다는 것, 그리고 선배이어야만 한다는 것을 깨닫지 못한 것인지도 모른다. 그들 역시 나를 찾아내지 못했다.

"선임병은 하나의 정체성이다. 따라서, 만일 본인이 선임병이라는 사실을 인지하지 못한다면 결코 선임병은 탄생하지 않는다. 중대 왕고(왕고참)가 되는 그 순간까지 바로 위 고참에게 갈굼을 먹었다는 어리버리한 병사들의 전설이 전해지기도 하지만, 대개는 일병 생활을 하는 어느 순간엔가 자신이 선임병이라는 사실, 고참이라는 사실을 자각하기 마련이다. 그리고 고참들은 그런 자각의 단계를 거친 후임은 (상대적으로) 건드리지 않는다."

'개념 없는' 후임으로 갈굼 먹던 시절을 회상하며 상병이었던 어느 날 나는 이런 글을 끼적였다. 어디 군대뿐이랴. 사회에서도 어느 순간 더 이상 자신이 후배가 아니라는 사실, 챙겨야 할 후배가 있는 '선배'라는 사실을 깨닫는 순간이 있기 마련이다.

그런데 내게는 그 순간이 너무나도 늦게 왔다. 학부제 실시 이후 대학에 들어온 나는 과에 재빠르게 진입하지 못하고 버벅대는 사이에 '계통도 족보도 없이' 외톨이가 되었다. 나만 그런 것은 아니었다. 신문기사를 보면 요즈음엔 '대학을 혼자 다니는' 대학생들이 흔하다고 한다. 하지만 그렇더라도 2001년에 대학에 들어온 내가 이런 일을 겪었다면 나름대로 시대를 앞서간 셈이다. 나는 오랫동안 학교에서 '후배'를 만나지 못했고, 사회에 나온 지금도 그렇다.

학교 후배만이 후배가 아니라면, '후배'를 만나지 못한 더 큰 이유는 다른 데에 있었다. 2001년에 대학에 입학하기 위해 처음으로 상경했던 내가 '놀던 물'은 주로 사회운동과 관련이 있는 단체들이었다. '관련이 있는'이라고 쓰는 이유는 내가 '빡세게' 활동하는 단체들은 피해 다녔던 뺀질이였기 때문이다. 내가 대학에 들어왔을 때 대학의 운동권 조직, 소위 학정조(학생정치조직)는 완만하지만 뚜렷이 붕괴하고 있었다. 그곳에 들어갔더라면 소수의 '후배'는 구경할 수 있었을 테지만, 나는 다른 길을 택했다. 인터넷 기반의 단체나 민주노동당 당원 활동을 하면서도, 나는 내가 언제나 '막내'라고 생각했다. 19살에도 막내였지만, 22살, 23살이 되어도 막내였다. 그래서 나는 나보다 4~5살 많은 '선배'들을 '친구'처럼 만드는 생존 전략을 택했다.

요즘도 종종 같이 술을 마시는 지인들은 대개 나보다 3~6살가량 많다. 이들과 동년배 의식을 불태우던 내게 선배란 존재는 386세대 혹은 가두투쟁을 '빡세게' 한 1990년대 초반 학번들이었다. 그들 대부분은 일찍이 사회생활을 시작한 이들이었고 당연히도 내게 술을 사줘야 하는 사람들이었다. 그들은 종종 술값을 내주며 어떤 부채감을 상쇄하려고 했는지도 모른다. 새벽 2시까지 술을 마시고 택시비까지 타내면, 금토일을 보내고 난 후에도 돈이 남아서 그 돈을 집에 쌀 떨어졌다고 불평하는 동생에게 쥐어주는 일까지 생겼다. 《88만원 세대》가 출간되고 386세대와 현재의 20대들의 긴장 관계가 표면으로 드러난 순간, 나는 종종 '한국에서 386세대를 가장 잘 착취하는 20대'라고 자신을 소개하곤 했다.

## 망해가는 운동권의 끝을 잡고

2007년 8월 《88만원 세대》가 출간된 이후, "한국에서 20대로 산다는 것은 무엇인가?"라는 질문이 조심스럽게나마 울려 퍼졌다. 그리고 가망이 없는 몇 가지 액션들이 추진되기 시작한 2008년에 이르러서야 나는 후배를 발견했다. 그동안 운동권 선배들과 극소수의 지인들과 술 먹는 재미에 빠져 거의 신경을 못 쓰던 나와 같은 20대들, 혹은 나보다 좀 어린 젊은이들과 만날 기회가 생긴 것이다.

26세에도 학부생이던 나는 '88만원 세대인 주제에 대학 생활을 386세대처럼 한 한심한 문화 지체자'로 보였겠지만, 선후배 관계에서만큼은 나는 이들에 비해 훨씬 운이 좋았다고 볼 수 있다. 21세기 초반, 인터넷 운동의 여명기에 선배 지식인이나 활동가들이 노는 물에 합류할 수 있는 기회가 19살이었던 내게 아주 잠깐 열렸고, 그 후 그 문은 닫혀버렸던 것 같다. 그리하여 나는 언제나 막내였고, 내가 술값까지 뜯어내는 그 386 선배들을 지금의 20대들은 텍스트로밖에 만날 수 없었던 것이다.

이 현상은, "어째서 운동권은 오덕 히키코모리가 되었는가?"라는 물음과도 관련이 있다. 운동권이 주류였던 시절엔 '조직'에 참여하지 않고 도서관에서 머리 싸매고 공부만 하는 이들이 사회 부적응자라고 놀림을 당했겠지만, 오늘날의 현실은 정반대다. 내 주변의 20대 좌파들은 정말로 사교성이 없다. 사교성이 없어서 좌파가 된 건지 좌파질을 하다 보니까 사교성이 사라진 건지는 잘 모르겠지만 말이다.

나중에 깨달은 것은, 그러한 조류는 운동권 바깥에서 정치에 관심을 가지는 젊은이들에게도 마찬가지였다는 거다. 그들에게서 발견했던 것은 일종의 우울증이었다. 동년배에게서 공통의 화제를 찾거나 지적 자극을 받는 일을 포기한 그들은 각자의 환경에서 원자화된 개인으로 전락한 채 그로부터 파생되는 우울함을 자기 탓으로 돌리고 있었다.

그동안 나는 그들을 찾아내지 못했다. 선배들과 노는 재미에 빠져, 나 역시 선배이기도 하다는 것, 그리고 선배이어야만 한다는 것을 깨닫지 못한 것인지도 모른다. 그들 역시 나를 찾아내지 못했다. 그들은 어디로 가야 자신과 비슷한 고민을 하는 이들이 있는지 결코 알지 못했다. 그렇게, 이 사회의 우울함의 총량은 커져만 갔다.

2008년은 촛불시위를 계기로 청년층의 정치적 관심을 이끌어낸 해였지만 나에게는 잃어버렸던 후배들을 되돌려 받은 해였다. 이명박 정부는 참여정부 말기에 심화되었던 냉소주의를 타파하고 극적인 정치의 시대로 우리를 인도했다. 여기저기서 20대를 만났고, 10대를 만났고, 술을 사줘야만 하는 처지가 되었다. 이는 나만의 일이 아니어서, 한동안 진보 정당 당원들 중에선 1980년대 초반에 태어난 남성과 1980년대 후반에 태어난 여성이 '커플'이 되는 경우가 흔했다. 고학번 남성들만 남아 있던 당에 20대 초반 여성들이 대거 유입된 탓이었다.

공통적인 체험이 거의 없는 이 젊은이들의 무리에 나 역시 포함된다는 사실을 인정하면서, 나의 위치를 좀 더 객관적으로 파악할 수 있게 되었다. 하지만 모두 각자의 방에 처박혀 있는 이 세상에서 그들과 만난 내가 무엇을 할 수 있는지를 말하기는 여전히 어렵다. 드디어 '영원한 막내'를 벗어나 '선배' 역할을 어떻게 할지에 대한 고민을 하게 된 것이다. 다른 영역에서도 내 또래의 사람들은 이런 고민을 하고 있는 걸까?

# 문어체 소년의 취미

오늘날의 나는 《환단고기》를 신뢰하지도 않고 《은하영웅전설》의 주인공 양 웬리가
말하는 '민주주의'가 정치학적으로 어딘가 모자라다고 느끼지만, 그럼에도 불구하
고 여전히 나의 감수성은 저 시절의 독서에 머물러 있다고 느낄 때가 있다.

세계 명작소설을 연애물로 대하는 것은 사춘기에 그것들을 몇 권이
라도 읽기 위한 좋은 방법이다. 나 역시 앙드레 지드의 《좁은 문》을
삼각관계물로, 이반 세르게예비치 투르게네프의 《첫사랑》을 팜므 파
탈 원톱물로 읽으며 사춘기를 보냈다.

요즈음에는 소설 말고도 재미있는 것들이 너무나 많다. 혹여 소설
을 읽게 되더라도 재미있는 대중소설이 많아 소위 '문학'이라는 것들
에는 손이 가지 않는다. 1994년 《퇴마록》이 나왔을 때 나는 교실에서
한두 명의 친구들과 함께 그것을 열심히 읽었는데, 그것만으로도 친
구들에게 '책을 좋아하는 아이'라는 평을 들었다. 그때 내가 읽던 책
들은 주로 초등학생을 대상으로 쓰인 3천 원 안팎의 아동소설이었고,
종종 《무궁화 꽃이 피었습니다》나 그 이후 범람한 '북한 붕괴물'들을
보며 '어른들 소설'을 읽었다고 뿌듯해했다. 중학생 때의 독서 이력은

《일본은 없다》이후 유행을 따라 등장한 '일본물'들과 김용의 무협소설, 그리고 《은하영웅전설》정도에서 멈췄다. 아동용 축약본 소설이 아니라 진짜 명작소설들에 관심을 가질 기회는 요원했다.

### 글로 연애를 배우다

고등학생이 되어서야 문학작품들에 관심을 가지게 되었는데, 그것은 이 소설들을 어떤 방식으로 읽으면 꽤나 재미있다는 사실을 깨달았기 때문이다. 최초의 깨달음은 괴테의 《젊은 베르테르의 슬픔》으로부터 왔다. 허영심에 책을 펼쳐 들었던 나는, 베르테르가 30여 페이지 넘게 주변 자연 경관에 대해 찬미를 하는 통에 'GG'를 치기 직전이었다. 바로 그때, 로테가 등장했다. 그러자 갑자기 이 소설이 '잿빛 이론'에서 '푸른빛 생명의 나무'로 변신했다. 로테와 베르테르가 만나자마자 춤을 추면서 친해지고, 약혼자이면서 나중엔 남편이 되는 알베르토가 얽히면서 나는 정신을 차릴 수가 없었다. 문학작품에서 묘사되는 연애는 어떤 매체에서 묘사되는 그것보다도 사춘기 청소년의 가슴을 후벼 판다는 사실을 발견한 것이다.

《젊은 베르테르의 슬픔》의 성공에 힘입어 나는 다른 소설에 도전할 수 있었다. 그 당시 유행하던 〈고교 독서평설〉에서 《좁은 문》의 줄거리를 읽은 나는 이것 역시 연애물이라는 강력한 확신을 가지고 책을 펼쳐 들었는데, 역시 내 기대를 저버리지 않았다. 물론 이 소설의 주제는 종교적 구원과 현세적 행복 사이의 갈등이다. 그러나 이미 연애물로 이 소설을 읽기로 작정한 내 눈에는 제롬과 알리사, 줄리에트의 삼각관계물이었다. 이 관계는 〈신세기 에반게리온〉에 나오는 신지, 레이, 아스카의 관계와 흡사했다. 사실 당시의 내 눈에는 《좁은 문》의 알리사는 〈신세기 에반게리온〉의 아야나미 레이와 비슷한 캐릭터였고, 줄리에트는 소류 아스카 랑그레이와 비슷한 캐릭터였다. 나는 전자를 '얼음 공주'라고 부르고 후자를 '다른 타입'이라 칭하면서 애니메이션과 세계 명작의 경계를 넘나드는 연애물의 공식을 멋대로 확립했다.

《좁은 문》은 정말로 슬픈 소설이었는데, 나는 한 번도 알리사에게 감정이입을 한 적이 없었다. 왜냐하면 나는 언제나 '얼음 공주'가 아닌 '다른 타입'의 지지자였기 때문이다. 세월이 흘러 흘러 좋아하지도 않는 남자에게 시집갔던 줄리에트가 몇 명의 자식을 낳은 애 엄마가 된 후, '제롬, 이제 세월이 오래 지났으니 나도 당신을 보면 아무렇지도 않으리라고 믿어요'라고 편지에 쓰면서 제롬을 초대하는 마지막 장면을 나는 오래도록 기억했다. 여전히 알리사를 잊지 못해 '나는 사랑하지 않거나, 누군가를 사랑하는 척하며 살 수밖에 없겠지'라는 제롬 앞에서 눈물을 감추는 줄리에트의 모습.

이런 연애물을 여주인공이 두 명이라는 점에서 '투톱물'이라고 부른다면, '원톱물'도 존재했다. 내가 가장 사랑했던 원톱물은 투르게네프의 《첫사랑》이었다. 몰락한 백작 가문의 영애 지나이다는 '팜므 파탈'이란 말의 의미도 모르는 내게 마음속 깊이 각인된 최초의 팜므 파탈이었다. 소년 블라디미르는 다섯 살 연상의 지나이다를 연모하지만 그녀의 주변에는 언제나 숭배자 남성들이 들끓는다. 지나이다는 다른 숭배자들에 대해 '어장 관리'를 충실히 하면서도 블라디미르에게 호감을 품은 듯한 인상을 준다. 하지만 진실은 저 너머에 있었다. 블라디미르의 진정한 연적은 그의 아버지였음이 드러난다. 유부남과의 스캔들에 휘말려 마을을 떠나야 했던 지나이다는, 혼란스러운 마음으로 작별 인사를 하러 그녀의 방을 찾은 블라디미르에게 울면서 키스를 퍼붓는다. "나는 그 키스가 정말로 누구를 갈망하는지에 대해 생각하지 않기로 했다." '첫사랑'을 떠나보내는 '소년'의 말이다.

문학에 대한 관심이 별로 없는 사람에게, 세계 명작소설을 연애물로 대하는 것은 사춘기에 그것들을 몇 권이라도 읽기 위한 좋은 방법임이 틀림없다. 다만 이 방법에 너무 경도되면《죄와 벌》을 '여자가 남자를 무조건적으로 구원해주는 정말로 나이브한 이야기'로 취급하게 되고,《레 미제라블》에서 장발장의 코제트에 대한 진심을 변태적인 것으로 오해하게 된다는 부작용이 있다는 점도 기억해야 한다.

## 소년이 상상한 최초의 범죄

자본주의 사회는 재산권을 무엇보다도 중시하는 사회다. 농촌사회의 소년들은 '서리'를 경험하지만, 산업사회의 소년들에게 '도둑질'은 상상해서도 안 될 크나큰 죄악이다. 어릴 적 학교 문방구 앞에서 사 읽었던 공포소설들은 '도벽'을 악마나 귀신에 홀려서 생긴 습관이라 얘기하고 있었다. 그런 책들을 보고 있으면 무언가 알 수 없는 힘에 홀려 내 의사와 상관없이 도둑질을 하게 될까 봐 너무 무서웠다.

하지만 내 생애 최초의 도둑질의 욕망도 책에서 나왔다. 초등학교 3학년 즈음이었던 걸로 기억한다. 학급문고에 브람 스토커의《드라큘라》축약본이 꽂혀 있었다. 《드라큘라》는 어린 우리에겐 흡혈귀에 대한 보통명사였기 때문에, 당시 나는 그것이 세계 명작소설에 속하는 문학작품이란 사실도 몰랐다. 소설의 첫 장을 읽었다. 조나단 하커가 드라큘라 백작에게 구금되기 직전에 쓰인 첫 번째 편지였다. 가슴이 두근두근했다. 눈을 뗄 수가 없었다. 쉬는 시간 동안 그 장을 읽은 나는 아쉽게도 학교가 파해서 그 책을 다시 학급문고에 꽂아두고 집으로 향할 수밖에 없었다.

그것이 실수였다. 어찌된 영문인지 그 책은 다음 날부터 보이지 않았다. 다른 반에서 왔던 책이 다시 다른 반으로 간 것인지, 나보다 더 그 책을 사랑한 녀석이 슬쩍 가져간 것인지는 알 수 없었다. 그만 나는 상사병에 걸리고 말았다. 가져간 녀석 못지않게 그 책을 좋아했다는 걸, 책이 사라진 후에야 깨닫게 된 거다.

어린 소년의 꿈은 솔직하고 적나라했다. 그날 밤 내 영혼은 서점에 있었다. 책꽂이에서 《드라큘라》를 꺼낸 후 있는 힘껏 줄행랑을 쳤다. 식은땀을 흘리며 잠에서 깼을 때 소스라치게 놀랐다. 내가 도벽에 빠질 수 있다는 사실에 몸서리쳤다. 나는 공포소설에 관한 욕망에서 시작된 나의 일탈을 공포소설에서 발견했던 교훈으로 필사적으로 억눌렀다. 악마나 귀신도 아닌, 드라큘라 백작에게 홀릴 수는 없는 노릇 아니겠는가.

부모님에게 부탁해야겠다는 생각은 들지 않았다. 부모님은 내가 책을 읽는 것을 언제나 좋게 보진 않았다. 초등학생 때도 그랬고, 중학생이 되고 고등학생이 되면서는 물론 더 심해졌다. 친구들은 부모가 책 읽기를 금지하는 것을 이해할 수 없다고 했지만, 나처럼 하루 종일 책을 읽으려는 아이의 부모이고 보면 이해할 수 있는 일이다. 어릴 때야 언어 능력 향상에 도움이 될 거라는 생각에 방치할 수도 있겠지만, 이미 국어 점수가 충분한 상황에서 계속 책을 붙잡고 있으면 당연히 손에서 뺏고 싶을 거다. 게다가 어린 마음에도 《드라큘라》는 부모가 좋아할 책은 아니라는 사실 정도는 알고 있었다. 서가에서 책을 보는 것을 용인하는 대형 서점이 당시 우리 동네에 없었다. 걸어서 찾아갈 수 있는 도서관도 없었다. 나는 상심에 빠져 그저 참고 참는 수밖에 없었다.

몇 년 후에 나는 책 제목은 얘기하지 않고 그 꿈에 대해 장난스럽게 부모에게 얘기했다. 아버지가 충격을 받아 그 책이 뭐냐고 왜 사달라고 하지 않았느냐고 반문했다. 하지만 나는 그 책의 제목이 이제는 기억나지 않는다고 변명했다. 나는 대학생이 된 후에야 브람 스토커 《드라큘라》의 정본을 읽었다. 십 년 만의 해후였다.

## 독서의 흑역사

도둑질까지는 아니더라도 나에게 책 읽기는 언제나 모종의 범죄(?)와 연관이 되어 있었다. 수업시간에 선생님 몰래 책을 읽는 것, 집에 와서 문제집을 펼쳐놓고 부모님 몰래 책을 읽는 것, 지금 생각해보면 별것도 아닌 일탈이었지만 어른들은 그런 짓을 '범죄' 행위인 것처럼 치부했다. 하지만 나는 언제나 그렇게 책을 읽고 있었다. 그리고 그것을 가능하게 했던 것은 90년대 중반 '도서대여점 열풍'이었다. 골목마다 생긴 도서대여점 덕분에 《드라큘라》를 욕망했던 소년은 도벽의 공포와 싸우는 일 없이 마음껏 책을 읽을 수 있었다.

　재미있는 것은 초등학교 5학년 때 본격적으로 도서대여점의 책을 빌려 봤던 내가 즐겨 읽었던 것이 (또 한 번 공포소설인!) 이우혁의 《퇴마록》이었다는 것. 《퇴마록》이 당시의 내게 가장 흥미로운 책이었다기보다, 당시의 도서대여점에서 고를 수 있는 것들이 그런 종류의 책들이었다. '유사장르소설'에 대한 이러한 취향은 중학교 3학년 때 친구들이 무공비급을 몰래 보여주듯 《반지의 제왕》(당시 예문 출판사에서 《반지전쟁》이란 이름으로 출간되었다)을 권하기 전까지 계속 이어졌다.

　또 하나 흥미로운 것은 《퇴마록》이란 오컬트 소설이 가지고 있는 명백한 민족주의였다. 그것은 환상의 영역에 있는 초고대사와 닿아 있었는데, 그렇기 때문에 《퇴마록》을 즐겨 읽던 내가 전여옥의 《일본은 없다》를 재밌게 읽은 것도 자연스러운 일이었다. 그러나 어이없게도 《퇴마록》과 《일본은 없다》에서부터 나는 민족주의와 역사에 대한 관심을 발전시켜 중학생 때는 도서관에서 초고대사 서적을 뒤적거리는 소위 '환빠'가 된다. 물론 역사책만 봤던 것은 아니고, 또래 남자아이들이 흔히 즐긴 다나카 요시키의 《은하영웅전설》이나 당시엔 고려원에서 《영웅문》이란 이름으로 번역되어 나왔던 《사조영웅전》, 《신조협려》, 《의천도룡기》와 같은 김용의 무협소설들을 읽었다.

　이런 독서 취향은 얼핏 보기엔 중구난방으로 보이지만 실은 독서의 목적과 중요한 관련이 있었다. 그것은 부모나 선생의 권위를 빌리지 않고 나 스스로 보편의 세계와 접속하는 것이었다. 전인권의 《남자의 탄생》을 보면, '소년 전인권'은 '재떨이 고고학'이라 하여 자신의 아버지를 보편적인 것과 접속해 있는 위대한 인물로 생각했다. 즉, '나—

아버지―……박정희(국가지도자)―미국 혹은 유엔'와 같은 방식의 구도로 아버지를 경유해 세계 속에 자신을 위치시켰던 것이다. 전인권은 이런 한국 남성의 특징을 '비겁한 부친 살해'와 '심리적 고아'의 개념으로 설명한다.

청소년기의 나는 이미 관념 속에서 아버지를 배제하려 했다. 아버지는 김훈처럼 미문을 구사하진 못하지만 그와 비슷한 냉소적인 세계 인식을 지닌 인물로, 그를 거부하기 위해서 나는 민족주의자가 되기 위해 애썼던 것 같다. 한편《은하영웅전설》이나 김용 무협소설의 주인공들은 대개 어릴 적에 부친을 잃고 제 가치관에 따라 이 세상에 부딪히는 이들이다. 십대의 소년들이 좋아하는 소설 속 주인공이 거의가 그랬다. 오늘날의 나는《환단고기》를 신뢰하지도 않고《은하영웅전설》의 주인공 양 웬리가 말하는 '민주주의'가 정치학적으로 어딘가 모자라다고 느끼지만, 그럼에도 불구하고 여전히 나의 감수성은 저 시절의 독서에 머물러 있다고 느낄 때가 있다.

나는 대부분의 책을 빌려 보았지만 책을 좋아하는 사람이 자신의 책장을 가지고픈 욕망을 억누른다는 건 불가능에 가깝다. 나는 책을 사 모으기 시작했다. 마침 고등학생이 되자 학교에 사물함이라는 게 생겼다. 넣을 만했다. 사 모은 책을 사물함에 수납하기 시작했다. 고등학생이 되어 우연한 기회에 진중권의《네 무덤에 침을 뱉으마》와 강준만의《인물과 사상》을 읽게 되 나는 정치평론의 세계에 입문했다. 진중권의 책을 보며 이런 책을 내주는 출판사에 관심을 가지게 되었고, 그러다 보니 먼저 활동을 시작한 강준만을 만난 것이다. 갑자기 독서 취향의 '점프'를 경험한 나는 두 사람이 말하는 민주주의가 양 웬리의 '그 민주주의'라 확신하고 웹에서 처음 마주친 진중권에게 "혹시 《은하영웅전설》을 읽어보셨나요?"라고 물은 '흑역사'가 있다. 물론 그는 그 소설을 알지 못했으니 이 부끄러운 질문을 기억하지도 않을 것이다.

강준만과 진중권의 책은 도서대여점에 없었다. 판타지 소설을 더 잘 이해하겠다는 명목으로 빠져든 신화학이나 문화인류학 도서들도 대여점에서 찾기는 힘들었다. 나는 책을 사는 일에 익숙해졌다. 부모와 선생의 관점에서 볼 때 책장을 구성하는 일은 범죄와 관련되어 있었다. 문제지 값을 높여 부르고, 저녁을 굶고 돈을 모았다. 한국 남성 평균 신장에 훨씬 못 미치는 나는 '그 시기에 밥을 좀 더 잘 먹었다면 지금보다 몇 센티는 크지 않았을까'라고 생각하곤 한다. 하지만 더 커져봤자 내 인생이 좋게 바뀌었을 것 같진 않다.

내 사물함이 미어터지자 교실의 남는 사물함은 친구들의 양해 하에 내 차지가 되었고, 친구들은 자기 사물함에 내 책을 몇 권씩은 수납해주었다. 책이 감당할 수 없을 정도로 많아지자 학교 가까이 사는 친구네 집에 저녁 시간을 이용해서 조금씩 갖다 두었다. 수능이 끝나고 짧은 유예 기간 동안 나는 친구들에게 간 책을 수소문하여 돌려받았다. 진중권과 강준만의 책을 탐낸 친구들은 없었으나, 다나카 요시키와 김용과 이영도의 소설들은 이가 빠진 채로 돌아왔다. 나는 마음 속으로 울었다.

이런 일들은 그 후에도 반복되었다. 군대에 가기 전에 나는 내 책을 부모에게 맡기기가 두려워 친한 친구의 자취방 창고에 쌓아두고 떠났다. 창고의 눅눅함을 견디지 못한 책들은 창고 속에서 썩었다. 전역 후에 보니 마치 상추가 썩은 것처럼 시커멓게 변했는데 책이 그렇게 썩을 수 있단 사실을 처음 알았다. 나는 건사할 수 있는 책들을 골라냈고, 조금 썩은 책들을 구하기 위해서는 격한 걸레질을 했다. 하지만 내가 가장 사랑하는 판타지 소설인 로저 젤라즈니의《앰버연대기》를 포기해야 했을 때, 그만 소리 내어 울어버렸다. 절판된 책이었기 때문이다.

《앰버연대기》는 형이상학적 궁정 암투극이라는 외피 속에 아버지와 형제들 간의 갈등을 정신분석학적으로 풀어낸 젤라즈니 최고의 수작 중 하나다. 2권에서 주인공 코윈은 몇 년 동안 방치되어 있던 지구의 자기 집을 불현듯 찾아가 집의 상태를 확인한다. 폐허가 된 집의 귀중품은 모두 도난당했지만 책장만은 멀쩡하다. 코윈은 내뱉는다. "책을 훔치는 사람은 친구밖에는 없는 법이다." 책은 가격에 비해 무거워 도둑질하기에 적당한 물건이 아니다. (그런 점에서 자신이 구입한 물건 중에서 가장 비싼 것은 독일어판 헤겔 전집이라고 말하는 부유한 철학자 슬라보이 지제크의 답변은 우리를 즐겁게 한다.) '책 도둑의 욕망'은 물질적인 욕망과는 조금 다른 것이다. 책을 좋아하는 사람이라면 그것을 이해할 수 있다. 그래서 그들은 절대로 책을 빌려주지 않거나, 차라리 책 도둑을 용인한다.

그 후 언젠가 다시 아버지와 갈등을 빚었을 때, 나는 아버지가 내가 하는 일들을 결코 인정해주지 않으리라는 사실을 깨달았고 불현듯 《앰버연대기》가 다시 필요하다는 생각을 했다. 선배 집에서 술을 진탕 마시고 깨어났을 때 나는 그 책을 보았고, 가방에 스리슬쩍 넣었다. 선배에게 메신저로 고백하자 선배는 껄껄 웃으며 상관없다고 했다. 후에 나는 책장 정리를 위해 《앰버연대기》를 처분해야겠다는 친구에게 책을 받았고 선배의 책은 다시 반납했다. 다나카 요시키의 《은하영웅전설》은 비슷한 식으로 다른 선배에게 중고가로 매입했고, 김용의 소설은 재번역된 것들을 사려고 벼르는 중이다. 언젠가 나는 한때 내가 가졌던 책들을 모두 다시 가지게 될 것이다.

# 세 입 자 의  서 재

이렇게 살다간 600권의 책이 순식간에 1,000권이 돼버릴 것 같아 방법을 좀 찾아 봤다. 그러나 결국 '부자가 아니라서' 대안을 찾아보았더니, '부자가 아니라면' 위법 을 피할 수 없다는 결론이 나온 셈이다.

내가 사는 원룸에는 다른 살림은 거의 없는데, 600권 정도의 책이 책장에 꽂혀 있다. '책을 수집한다'고 말하기엔 민망한 숫자이긴 하나 서울에서 세입자로 살면서 들고 다니기엔 충분히 부담스러운 숫자 요, 무게다. 서울에서 세입자의 삶은 '잦은 이사'로 설명될 수 있지 않 은가. 얼마전에도 이사를 하면서 나는 내가 이 엄청난 무게를 감당할 만큼 책을 사랑하는지는 모르겠다고 생각했다.

어릴 때는 내 취향과 관심을 반영하는 나만의 서재를 꿈꿨다. 그러 나 지금 방에 있는 책들을 이사할 때마다 애써 들고 다니는 건 단순 히 낭만이나 허영으로만 설명할 수는 없다. 온갖 잡다한 영역에 대해 글을 쓰는 자유기고가로서, 나에겐 글을 쓰다가 필요한 지식을 즉각 적으로 찾아볼 수 있는 다양한 분야의 책들이 몸 주변에 있는 것이 편하다. 읽어본 책이라면 당장의 글쓰기에 필요한 지식을 기억에 의

지해 복구하고 그 기억의 근원이 되는 책을 펼쳐 순식간에 확인할 수 있다. 읽어보지 않은 책이라도 급한 상황에 닥쳤을 때 펼쳐보면 해당 분야에 대한 대략의 '개념'을 잡는 데 큰 도움을 받는다. 나머지 빈 공간은 인터넷 검색과 주변인의 조언으로 채워나간다.

물론 이는 도서관에서도 할 수 있지만, 많은 글쟁이들은 집이나 작업실에서 글을 쓴다. 공부하는 사람이 아닌, 온갖 잡다한 것들을 다 취급하는 자유기고가의 입장에서는 집에서 하는 게 더 효율적이다. 만일 당신이 매체에 글을 쓰고 책을 내는 입장이 된다면 몇몇 출판사에선 신간을 보내올 것이다. 영 생계가 어려울 때는 그것들을 중고서점에 가서 팔아치우는 경우도 있겠지만 그런다고 돈이 많이 되는 것도 아니고 출판사에 미안하니 대개는 책장에 꽂아두기 마련이다. 그렇게 책들은 점점 더 늘어만 간다.


### 서재 간소화 프로젝트


이렇게 살다간 600권의 책이 순식간에 1,000권이 돼버릴 것 같아 방법을 좀 찾아봤다. 트위터를 통해 들어온 충고는 '북스캔'이라 불리는 것으로, 책은 스캔을 한 뒤 버리고 내용은 PDF파일로 저장해 컴퓨터나 아이패드로 보관하면 된다는 것이었다. 굉장히 합리적이고 실용적인 방법이라고 생각했다. 그럴 경우 검색이 훨씬 용이하니 읽었지만 출처가 기억나지 않거나, 읽지 않은 책의 정보를 훨씬 더 신속하게 찾아낼 수 있을 것이다. 나와 비슷한 어려움에 처한 이들이 많았던지 최근 북스캔 업체들이 성업하고 있다고 한다.

하지만 더 문의해보다 보니 결국엔 저작권 문제가 걸렸다. 북스캔 업체들은 사실상 저작권법을 교묘하게 피해서 운영하고 있었다. 저작권법상 문제가 되지 않는 건 자신이 구입한 책을 본인이 직접 집에서 스캔을 해서 자기 혼자만 볼 경우에 한정된다고 한다. 업체들 중 일부는 스캔 파일에다가 의뢰자의 성명과 전화번호를 넣거나 결코 외부에 유출하지 않을 것을 다짐받는다고는 하지만, 그런다고 저작권법을 피할 수는 없다. 호기심이 생겨 검색을 해보니 2011년에 문화체육관광부가 북스캔을 '저작권 위반'으로 결론 내렸고, 최근 민주당 이낙연 의원은 스캐너와 사진기를 현행법상 복사기기의 범위로 포함시켜 사실상 북스캔을 처벌할 수 있는 저작권법 개정안을 발의한 상태다.

파일을 유포해서 돈을 벌겠다는 의도 따위는 없었지만 그래도 정치인에게 훈수를 두는 글을 쓰는 글쟁이가 저작권법까지 위반하는 건 아닌 것 같아서 '서재 간소화 프로젝트'는 이쯤에서 접을 수밖에 없었다. 사실 자기 스캐너로 자기 시간을 써서 북스캔을 할 수 있는 사람이라면, 꽤나 형편이 괜찮은 사람일 거다. 그리고 만일 내가 그런 사람이라면, 굳이 북스캔을 하지 않고도 지금보다 그럴듯한 서재를 만들었을 것이다. 나무를 베어서 생기는 환경 파괴가 더 클지 '디지털화'를 위한 전기 소모량 증대로 인한 환경 파괴가 더 클지도 비교하기 힘든 상황이니 말이다. 결국 '부자가 아니라서' 대안을 찾아보았더니, '부자가 아니라면' 위법을 피할 수 없다는 결론이 나온 셈이다. 인생사가 이러한 아이러니로 가득 차 있다는 것은 이미 알고 있었으나, 직접 겪고 보니 또 한 번 한숨지을 수밖에 없다.

# 학 벌 사 회

그러나 우리가 씁쓸함을 느껴야 하는 사실이 있다. 그것은 대한민국의 사립학교가
지향할 수 있는 것이 딱 두 가지뿐이라는 것이다. 하나는 민족사관고, 그리고 하나
는 원경고다.

학창 시절 학원의 친구들은 언제나 많은 생각을 하게 만들었다. 또
래들이라 관심사가 비슷하고 같은 문화를 향유하지만, 해석하는 방식
이 다 같을 수 없다. 한번은 드라마 〈가을 동화〉의 스토리가 일본 연
애 시뮬레이션 게임의 완벽한 표절이라는 얘기를 했더니 '재미있으면
되지 뭘 그러느냐'는 식으로 반문하여 할 말이 없었다. '게임이 스토리
를 가지려 하는 게 잘못이지, 〈가을 동화〉는 잘못 없다'는 것이다.

원래 나는 만나는 사람들에게 "우린 같은 편이에여~"라는 느낌을
주는 걸 대단히 좋아한다. 특히나 중고교생들에게는 빚진 것 같아 더
욱 그러하다. 그럼에도 나는 언제나 궁금했다. 왜 고등학교 3학년만
되어도 "우린 곧 졸업할 테니까, 두발자유화가 되면 억울하다"고 말
하고, 대학만 들어가면 "중고등학교 때 고생하는 것은 인생의 다음
시기를 위해서 꼭 필요한 것이다"라고 말하게 되는 것일까? 왜 중고

교 학생들의 운동에는 '올드보이'들이 전혀 도움이 되지 못할까? 대학 운동권들은 왜 고교생들이 두발자유화 촉구 침묵시위를 할 때 지지 시위 한번 안 해주는 걸까?

## 재수 없는 새끼들

어느 날, 아이들이 전날 TV에 나온 '민족사관고등학교' 이야기를 하고 있었다. 그 학교는 내가 중학생 때 만들어졌다. 이튼스쿨 같은 공짜 엘리트 교육에, 한복을 교복으로, 판소리를 교가로, 그러나 수업은 영어로 하는, 드넓은 부지 위에서 골프와 승마를 즐길 수 있는 학교. 원래 전국에서 30명씩 뽑으려고 했었으나, 설립 주체인 파스퇴르의 사정에 따라 인원이 더 늘어나고, 대단히 비싼 등록금을 받게 된 학교.

아이들은 그 넓은 부지를 차지하고 사는 소수의 삶을 얘기하고 있었다. 취침 점호와 기상 시간, 수업 시간 엄수, 모의 법정을 통한 체벌, 일주일에 30분 허용되는 면회 시간……. 이곳 학생들은 취침 시간이 지나면 복도 등만 켤 수 있는 학교 규정 때문에 복도로 나와서 책을 읽고, 수면 시간이 부족해 하루 종일 꾸벅꾸벅 조는 모양이었다. 그러나 영어에 대단히 능통한 이들답게 대다수가 미국의 명문 대학 진학을 목표로 하고 있었다. 이 정도면 '재수 없는 새끼들'이 될 이유가 충분하다. 그래서 일반고 학생들은 그들을 동정하면서도 비난하는 데 주저하지 않았다. 나는 맞장구를 쳐주면서도 다른 생각을 하고 있었다.

내 혐오감의 표적은 학교 설립자들을 향해 있었다. 물론 '민족사관'이란 촌스런 명칭을 택한 학교답게 돈 많은 집 자식을 굴리면서 애국심을 가르치고, '노블리스 오블리제(이건 사실 대단한 건 아닌데, 우리나라엔 '심지어 이것도 없다'는 사실을 문제 삼아야 한다)'를 가르치고 있는지도 모른다. 그러나 가장 치열한 경쟁의 산물인 그곳의 아이들이 과연 그것을 배울 수 있을까? 설령 그렇다 하더라도, 대한민국에 당장 돈 들여 만들어야 하는 학교는 '전근대적인 인간관계를 답습하는 한계를 그대로 가진 한국의 이튼스쿨'이 아니다.

민족사관고등학교 학생들이 열심히 공부하는 동안 어느 대안학교 아이들은 몽둥이를 들고 학교 유리창을 두들겨 부수고 있는지도 모른다. 교육 실험을 했던 원경고등학교의 이야기를 담은 《교실 이데아》는 대단히 아름다운 책이다. 학교에서 한두 번씩은 잘려본 아이들과, 진짜 교사가 되겠다는 생각으로 학교에 자원한 젊은 교사들이 겪는 갈등에, 자퇴를 열망해본 경험이 있는 사람이라면 눈물 한 방울쯤은 흘리게 된다.

## 한국 사회에 존재하는 두 개의 학교

그러나 우리가 씁쓸함을 느껴야 하는 사실이 있다. 그것은 대한민국의 사립학교가 지향할 수 있는 것이 딱 두 가지뿐이라는 것이다. 하나는 민족사관고, 그리고 하나는 원경고다. 과학고등학교와 외국어고등학교는 원래의 목적과 상관없이 민족사관고를 지향하는 학교가 되어버렸다. 허다한 예술 계통 고등학교들의 의의는 원경고 갈 학

생들보다 약간 양호한 학생들을 '수용'하는 데서 크게 벗어나지 않는
다. 민족사관고등학교에는 아무런 책임도 없다. 물론 원경고등학교
에도 아무런 책임이 없다. 그런데, 왜, 어째서, 무엇 때문에 대한민국
에는 이 두 부류의 사립학교만이 존재하는가.

대부분의 사람들이 이 책임을 평준화 교육에 돌린다. 2009년 대원
외국어고등학교의 경쟁률은 무려 9.3대 1에 이르렀는데, 그것은 분
당의 고등학교들을 평준화시켰기 때문이라는 것이다. 그러나 그 사
실을 만들어낸 원인은 그들의 생각과는 다르다.

만약 평준화를 무너뜨린다면 그 두 가지 길 사이에 수많은 지류가
형성되기는 할 것이다. 그러나 그 층층의 서열화의 기준은 단 하나(두
말할 필요 없이 성적)로 귀결될 것이다. 한 가지 기준을 가진다는 점에서
는 지금과 동일하다. 그러나 살인적인 경쟁을 부추기며, 변화의 여지
를 봉쇄시킨다는 점에서는 최악이다. 고등학교에서부터 계급이 결정
된다면, 그 계급을 결정하기 위해 중학교 교육은 다시금 황폐화의 길
을 걸어야 한다. 대한민국 학생들은 평생 주입식 교육을 받아야 한
다. 왜? 바쁘니까! 그리고 평생 단 한 번도 학문을 하지 못한다. 단
한 번도.

따라서 두 가지 길은 사실 한 가지 길이며, 비평준화 정책이 가져오
는 여러 개 길도 사실 한 가지 길일 뿐이다. 그 길이란, 수년간의 비
생산적인 게임으로 사람의 계급을 판정하는 방식이다. 대학 시절까
지 배운 것의 60퍼센트를 까먹는 게 사람이라면(이건 미국 통계인데, 아마
우리나라는 커리큘럼이 후져서 훨씬 더 많이 까먹지 싶다) 남는 것은 지식을 추구
하는 방법, 그리고 문제를 해결하는 방법일 것이다. 학교에서 가르치

는 지식은 단지 그 방법을 연습시키기 위해 나오는 예시물일 뿐이다.

그러나 우리의 교육에서 그 '방법론'은 보이지 않는다. 당장 대학을 보내기 위해 속성 암기를 시켜야 하는 중고등교육은 물론이거니와, '고생한' 아이들을 데려와서 강도 높게 가르칠 사정이 못 되는 대학 교육도 마찬가지다. 진정으로 교육을 원하는 교사들의 자발적이고 개인적인 '실험'은 초등학교와 중학교에서만 제한된 범위 내에서 가능할 뿐이다. 그리고 고교 비평준화는 그러한 '실험'마저도 설 땅을 없애버리는, 비생산적 게임의 촉매제일 뿐이다.

### '의자놀이' 시키는 사회

사회가 애초부터 무한 경쟁의 정글로 이루어져 있다는 인식은 지극히 한국적인 특수성일 뿐이다. "즐겁게 춤을 추다가, 그대로 멈춰라!"라며 집단을 이루지 못하는 사람을 배제시켜버리는 짝짓기 게임이 바로 '의자놀이'다. 독일에서 한인 교포 아이들에게 이 게임을 시켜보았더니 멀뚱멀뚱 서서 "다 같은 친구인데 누굴 택하고 누굴 버려요"라고 울먹이더라는 얘기를 들었다. 사회의 구성이 무한 경쟁으로 이루어져 있다고 믿는 우리보다 훨씬 잘사는 독일은 우리처럼 전쟁으로 한 번 폐허가 되어본 나라이다.

그러나 더 중요한 것은 경쟁에 대한 비판이 아니라 '우리의 경쟁'의 비효율성을 지적하는 것이다. '지식 외우기 게임'은 여러 사람의 믿음과는 달리 대단히 비효율적이며 그 게임으로 성취할 수 있는 것은 중고교 부문 세계 경시대회에서 순위를 얻는 것뿐이다. 그 결과 '대학

학문의 후진국화'는 당연했다. 청소년 게임에서 수위를 차지하려고 월드컵 대표팀을 망가뜨리겠다는 사람은 아무도 없을 것이다. 따라서 이 경쟁의 '룰'은 유감스럽지만 아무짝에도 쓸모없는 것이다. 경쟁이 진정 효율성을 가지려면, 우리가 사는 모습이 하나일 수 없듯이 수많은 다른 목표를 위한 다른 룰과 경쟁이 있어야 한다. 단 한 가지 룰에 입각한 우리의 경쟁이라는 것은, 기실 경쟁이 아니라 사회 독점 계급을 생산해내고 정당화하는 도구에 불과하다.

이러한 사실을 말할 때에 경쟁 논리는 어디서도 설 땅을 얻지 못하고 사라져 갈 것이다. 사람들이 이러한 '사실'을 제대로 알기 전까지 '평준화 교육'이라는 억압으로 모든 사람을 짓눌러야 한다. 물론 평준화 교육은 필연적으로 획일화를 가져올 것이라는 점에서는 최선의 선택은 아니다. 그러나 자율화가 여러 기준의 잣대를 가진 고등학교의 등장을 가져올 수 없는 지금의 현실에서 평준화 교육은 현재로선 필요악이다.

학교 공부를 잘한다는 것 역시 다른 모든 재능과 똑같은 하나의 재능으로만 생각하는 시대가 오기 전에는, 우리는 우열반과 같은 (명칭은 좀 바꾸면 안 될까) 대단히 실용적인 교육 방침을 실행하는 데서도 학생들이 입을 상처를 고려하여 조심스럽게 접근하지 않으면 안 되는 것이다. 평준화 교육의 지지와, 그것이 지나친 획일화를 가져오지 않는 한에서의 조심스런 적용. 아마도 그것이 지금 당장 할 수 있는 유일한 일이 아닐까 싶다. 그리고 그것을 넘어서는 일이야말로 학벌 구조의 해체를 위한 출발이다.

# 경 쟁

청년들은 '첫 직장'에 목숨을 건다. 환승 통로에서 뛰어가 앞 지하철에 탑승해버리면, 다음 지하철을 기다리는 사람과 '하늘과 땅'처럼 처지가 갈리기 때문이다.

사람들이 뛰어간다. 뛰어가면 더 이른 환승 열차에 탑승할 수도 있고 열차가 안 오면 마냥 기다리게 될 수도 있다. 그런데도 사람들은 달린다. 약속에 늦었다는 걸 깨닫고 구두를 신은 채 달리던 어느 날, 한국 사회에서 산다는 게 지하철 환승 통로의 불확실성과 비슷하지 않을까라는 생각을 했다. 사람들은 말한다. 경쟁이 국가경쟁력을 기를 거라고. 그런데 종종 의문이 든다. 환승 통로에서 우리는 경쟁을 하고 있는 것일까?

경쟁을 찬양하는 사람들이 말하는 고전적인 경쟁의 모델은 달리기 같은 거다. 출발선상에서 우르르 목표 지점을 향해 달려가는 그런 달리기 말이다. 이런 상황에선 경쟁의 효과라는 게 눈에 보인다. 흔히 좌파는 이 달리기의 출발선이 동일하지 않다는 사실을 꼬집곤 했다. 부자 아이들은 몇 킬로미터 앞에서 출발하고, 가난한 집 아이들은 부자 아이들이 이미 보이지도 않는 저 뒤에서 출발한다는 것이다. 그렇다면 이 경쟁은 '완전 경쟁'이 아니라 '불완전 경쟁'이 된다.

오늘날 우리가 목도하고 있는 현실은 이런 달리기보다 훨씬 더 나쁘다. 사람들에겐 실력주의에 대한 믿음 같은 것이 있다. 몇 킬로미터 뒤에서 출발하더라도 내 다리가 튼튼하고 내가 성실하다면, 그러니까 열심히 달리기만 하면, 언젠가는 앞에 있는 녀석을 추월할 수 있다는 그런 믿음 말이다. 이런 달리기라면 초반에 좀 넘어져도, 혹은 비실비실 달려도, 정신을 차리고 다시 열심히 뛰기만 한다면 어느 정도 선상에는 오를 수 있을 거다. 인생을 마라톤에 비유하는 건 진부한 일이지만 평범한 사람들에게는 믿음이 필요하다.

한국 사회의 시스템은 이런 믿음을 체계적으로 배반 또는 배제한다. 고 1·2 때 공부를 못하다가 느닷없이 미친 듯 공부하여 좋은 대학에 들어갔다는 식의 전설은 더 이상 통용되지 않는다. 1학년 때부터 빈틈없이 내신 점수를 따야 '경쟁'에서 이길 수 있기 때문이다. 대기업과 중소기업의 임금 격차는 커져만 가고 중소기업에 입사해 경력을 쌓아 그 위로 올라가는 '루키 전략'이 통하지 않는 상황에서 청년들은 '첫 직장'에 목숨을 건다. 환승 통로에서 뛰어가 앞 지하철에 탑승해버리면, 다음 지하철을 기다리는 사람과 '하늘과 땅'처럼 처지가 갈리기 때문이다.

비평준화 시절에 환승 통로는 상급 학교 진학에 달려 있었다. 중입, 고입, 대입……. 한국 사회는 '합리적인 경쟁'을 위해 이 환승 통로들을 없애왔다. 그런데 이제는 대입 이후에 새로운 환승 통로들이 생긴다. 지하철 환승 통로에선 경쟁이 이상한 방식으로 일어난다. 환승역이 어디 있는지에 대한 정보가 불균등한 데다 마지막 순간엔 '운'에 따라 결과가 결정된다. 가령 스마트폰을 들고 환승이 편리한 열차 칸에 대한 정보를 가지고 있는 이들이 있고 그렇지 않은 이들이 있다. 달리기를 잘하는 소년·소녀의 마음은 예측할 수 없는 환승 열차 시간표에 농락당한다.

앞선 차량에 탑승한 이들은 그 안에서 경쟁하지 않는다. 우리네 보수주의자들은 이런 것을 경쟁이라 불러왔다. 평준화를 없애고 환승역을 몇 개 더 만들어야 우리가 더 앞으로 나아갈 수 있다고 주장해왔다. 환승역은 우리의 스트레스를 유발하지만, 그게 정말로 우리를 발전시키는지는 알 수 없다. 진보주의자의 어려움은 이런 것이다. 경쟁의 결과에 따른 성과의 차이가 극명해서는 안 된다는 것을 말함과 동시에, 모두가 실력을 향상할 수 있는 경쟁의 룰에 대해서도 고민해야 한다는 것. 한국 사회의 경쟁에는 이러한 면이 결여되어 있다. 환승 통로에 설 때마다 나는 이 점에 대해 생각한다.

## 징벌적 등록금제라니!

2010년, 카이스트에서 잇따라 4명의 학생이 자살함으로써 '징벌적 등록금제'가 논란이 됐다. 카이스트를 비판하는 사람도 많지만 자살의 원인이 거기에 있는지 알 수 없다는 사람도, 다른 대학에서 자살한 이들도 많다고 반론하는 사람도 많다. 죽은 이들의 유약함을 도덕적으로 비난하거나, 심리적 문제로 환원하려는 태도도 발견된다. 한국 사회가 다른 죽음들을 대하는 방식과 대동소이하다.

물론 누구도 죽음의 원인을 단언할 수 없다. 그러나 우리에게 주어진 문제는 누구도 감당할 수 없는 죽음이란 사태의 원인을 파악하는 게 아니라, 그로부터 환기된 제도와 그 제도 이면의 교육철학의 정당성을 묻는 데 있다. '캘리포니아 공과대학(Caltech)에 버금가는 공대를 설립하기 위해' 학생 수를 무리하게 늘리고, 그렇게 늘린 학생의 교육비를 감당하기 위해 학점이 3.0에서 0.01 미달할 때마다 6만 원씩 등록금을 늘려 최대 600만 원의 등록금을 걷는 것이 합리적인 제도이며 올바른 대학 개혁의 일환이라고 볼 수 있겠느냐는 것이다.

어떤 이들은 이러한 경쟁 강요가 학생들에게서 최선의 노력을 이끌어내고 대학 경쟁력을 올린다고 판단할 것이다. MIT 모델을 도입한 것으로 유명한 서남표 총장의 취임 후 카이스트의 세계 대학 순위가 올랐다는 사실은 이 판단의 유력한 근거가 된다.[*] 네 번째 자살자가 나온 이후 여론이 악화되자 서남표 총장은 다음 학기부터는 징벌적 등록금제를 없애겠다고 약속했다. 하지만 이 제도가 어떤 차원에서 문제가 있었는지 제대로 살펴보지 않고 당장의 격앙된 여론이 작용한 결과로 사태가 매듭지어진다면, 이와 비슷한 제도와 사건은 다시 생겨날 것이다.

'경쟁' 논리 자체가 문제이며 대학의 시장화가 문제라고 규탄하는 방법도 있지만, 오늘날의 '대학 개혁'이 보수주의자들이 주장하는 것처럼 '실력'과 관련이 있는 것인지 따져보는 관점도 필요하나. 카이스

---

[*] "서남표, 교수 개혁은 '성공' 소통은 '실패'", 〈한국대학신문〉, 2013.2.7. "KAIST는 영국 QS사의 대학 평가에서 2006년 198위를 기록했지만, 지난해 135계단이나 올라서며 63위에 랭크됐다."

트처럼 국비로 등록금을 지원하는 대학이라면, 가정 형편이 안 좋지만 실력이 좋은 학생들에게 우선적인 진학 고려 대상이 될 수밖에 없다. 그런데 학비가 지원되고 기숙사가 제공된다 하더라도, 생활 걱정 없이 공부할 시간을 많이 배당할 수 있는 쪽은 아무래도 형편이 괜찮은 학생들이다.

평균적으로 볼 때 징벌적 등록금제는 가난한 이들에게 교육비를 더 물리는 역누진세와 같은 정책이다. 이는 '학점이 좋은 취약계층 자녀들'에게 등록금을 주겠다는 대부분의 대학 장학금 정책이 눈 가리고 아웅으로 전락하는 이유와도 관련이 있다. 복지가 약한 한국 사회에서 성적이나 실력은 그 자체로 계층을 반영할 수밖에 없는데, 결과적으로 계층을 보고 징벌하거나 포상하는 웃기지도 않는 상황이 펼쳐지는 거다.

수많은 대학들이 세계적인 경쟁력을 갖춘 학교를 만들기 위해 등록금을 인상하고 학생들을 경쟁시킨다고 주장한다. 그러나 그 이면에 있는 것은 교육 시장 개방과 대학 구조조정 시대를 대비하여 더 많은 자본금을 축적하려는 '대학 간 재무지표의 경쟁'일 뿐이다. 학생들이 아니라 대학 법인이 살아남기 위해 경쟁하는 것이고, 그 경쟁을 위해 학생들(혹은 학부모들)을 '삥' 뜯고 있는 것인데, 이런 유의 경쟁이 학생의 실력과 얼마나 관련이 있을지 알 수 없다.

특히 이런 제도는 등록금을 많이 받으면서 연구 업적도 남기기 위해 애초에 형편 좋고 실력 좋은 학생만 선발하려는 욕망까지 느껴질 정도다. 몇몇 상위권 대학이 이런 방식으로 뛰어난 학생들을 빨아들여 순위를 올리더라도, 사회 전체적으로는 형편이 안 좋은 학생들의 실력 발휘 기회를 박탈하는 것일 뿐이다. 징벌적 등록금제와 함께 한국 사회의 장학금 제도에 관한 논의도 이런 측면에서 다시 한 번 활성화되었으면 한다.

## 국가대표 판타지

월드컵에서도 우리는 국가대표로 상징되는 경쟁 사회를 만나게 된다. 2010년 월드컵에서는 전통의 축구 강호 프랑스와 이탈리아가 일찌감치 짐을 쌌고, 한국과 일본이 유럽 팀들을 격파하고 16강에 가는 등 유럽 팀의 약세가 눈에 띄었다. 2012년 올림픽 축구 경기에서도 유럽팀은 4강에 진출하지 못했고 한국과 일본은 각기 3·4위를 차지했다.

어째서 천문학적인 몸값의 선수들이 즐비한 유럽의 강팀들이 남미, 아시아, 혹은 유럽의 축구 약소국들에게 고전하는 것일까? 어찌 보면 전 지구적 자본주의가 스포츠 영역을 어떻게 변화시켰는지를 보여주는 필연적인 결과 같다. 자국의 축구 리그가 융성한 유럽의 강국들은 클럽 팀의 일정이 월드컵 준비보다 더 중요하다. 말하자면 자본이 국가 위에 있는 셈이다. 반면 대표선수 중 몇 명만이 빅리거인 축구 세계의 '준주변부' 국가들은 국가대표팀의 조직력을 강화하는 데 총력을 기울이고 빅리그에서 배워온 몇 명의 기술력을 중심으로 단결한다. '대표팀'의 기량으로 보면 이들이 '축구 강국'들을 능가할 수 있는 요인이 있는 것이다.

국가의 부름을 중시하는 우리 대한민국은 이러한 '국가대표'의 조직을 무엇보다 중시한다. 한국의 국가대표가 국내 리그의 기량에 비해 국제대회에서 유난히 좋은 성적을 낸 것도 그 때문이었다. 가령 월드베이스볼클래식(WBC)을 생각해보라. 한국 국가대표 야구팀은 종종 미국이나 일본팀을 이긴다. 인프라나 리그 수준은 상대가 안 되지만 막상 국가대표끼리 붙으면 실력은 비등한 것이다. 한국인들은 이런 광경을 보며 환호성을 지른다.

하지만 이러한 '국가대표 판타지'는 생활인의 관점에서 보면 조금 슬픈 것이다. 시민들이 자연스럽게 스포츠를 즐기다가 리그에 열광하고 훌륭한 선수를 키워내는 것이 아니라 생활과 떨어진 '별동대'를 키워내는 것이기 때문이다. 그나마 축구 같은 인기 스포츠는 형편이 좋지만 비인기종목 선수들의 생활이 어떠한지 우리는 알고 있다. 전설의 배드민턴 스타 박주봉은 나라 밖에만 나가면 금발 소녀들의 비명 소리를 들었지만 조국에선 올림픽 때나 뉴스에 나왔다. 여자 핸드볼팀의 선전을 다룬 영화 〈우리 생애 최고의 순간〉은 '대표팀 경기'를 위해 육성된 선수들이 어떤 생활을 견뎌내야 하는지를 보여주었다.

그래도 스포츠를 보며 대표팀에 열광하는 것은 폐해가 적은 편이다. 국가대표 판타지를 다른 영역에 적용하면 문제는 더 심각해진다. 과거 한국은 경제개발을 위해 '산업 역군'들을 '국가대표'와 같은 것으로 상징화했다. 그 결과 우리는 삼성전자가 거둔 천문학적 영업이익이나 삼성 반도체와 휴대폰의 세계시장 제패를 올림픽 금메달이나 월드컵 16강과 비슷한 것으로 받아들인다. 삼성 반도체 공장 노동자들이 백혈병에 걸려 죽는다는 것을 고발하는 일은 김연아나 박태환을 비난하는 것과 비슷한 일이 된다. 콜트콜텍이나 기룡전자처럼 비정규직 노동자를 착취하는 기업을 해외에 고발하면 수구 언론들은 사설에서 난리를 친다. 국내 일은 국내에서 해결해야지 해외에 나가서 우리 기업의 영업을 방해해선 안 된다는 거다.

세계시장에서 성장하는 기업보다, 우리 노동자들을 배려하는 기업이 성장하는 것이 국민들의 삶의 질 향상에 도움이 된다는 얘기는 꺼내지도 못한다. '국가대표'를 응원해야 한다는 이유로 말이다. 이렇게 '국가대표 판타지'를 분석해보면 한국 사회의 '경쟁'이란 것이 어떤 식으로 왜곡되어 있는지가 설핏 보인다.

## 의미 부여

"이제 와이프와 아이는 어떻게 해야 하나?"와 같은 수다를 떤다. 그리고 어느 시점에 머뭇머뭇 말을 못 여는 팀원을 향해 이어지는 마지막 멘트. "니가 하는 일이 저아이의 미래를 지켜주는 일이야."

사람이 열심히 움직이고 신나서 살려면 '의미 부여'란 게 필요하다. 물론 수렵 채집이나 농경처럼 직접 먹을 걸 구하는 일에 종사하다 보면 그런 것이 절실하지는 않다. 그러나 사회가 분업화되고 복잡다단해지면서 먹고 자고 입는 문제를 그것과는 전혀 상관없는 일들을 통해 해결하는 사람들이 늘어났다. 직접 음식을 구하거나 베를 짜거나 집을 짓지 않아도 의식주 문제를 해결할 수 있게 된 것이다. 그런 이들 중에선 당장 소득이 발생해서 그걸로 생계 문제를 해결한 사람들도 있을 것이고, 당장 돈은 안 되지만 장래의 전망이나 그 일 자체의 의미를 생각하며 견디는 이들도 있을 것이다. 당장 돈을 받는 이들은 자신의 먹고 자고 입는 문제를 해결하는 그 일의 의미를 일차적으론 긍정할 수 있다. 그러나 그런 이들이라도 자신이 실제로 하는 일이 별다른 의미가 없는 일이라 생각하면 우울해진다. 적어도 더 열심히 하려고 하지는 않는다.

당장 돈이 안 되는 일을 하는 이들은 이 일이 나중에는 생계 문제를 해결해줄 거라는 확신을 지녀야 계속 일을 할 수 있다. 한편으론 자신이 굳이 이렇게 초기 비용과 상관없이 답이 안 나올 수 있는 불안한 일에 뛰어든 이유는 무엇인지에 대해서도 질문해야 한다. 물론 사람들은 많은 돈을 벌고 싶어한다. 하지만 그런 사람에게라도, 그 욕망이 자신의 노력을 최대치까지 끌어내는 동기는 되지 못할 수 있다. 수렵 채집을 하며 살 때 인간은 초과근무(?)를 해서 사냥감을 쌓아두어 봤자 쓸 곳이 없었기 때문에 무리한 일을 즐기는 성격을 계발해야 할 필요가 없었다.

하지만 가치를 축적할 수 있는 수단인 화폐가 흘러다니는 사회에서 무리한 노력은 그 자체로 가치를 지니게 되었다. 그러므로 돈을 많이 벌고 싶은 사람도 바로 그런 이유 때문에 자신의 마음에 돈에 대한 욕망과는 다른 동기를 부여하려 한다. 의미 부여를 일종의 자극제처럼 활용하는 것이다. 그래서 당장 돈이 안 되는 '하고 싶은 일을 하는 사람'에게도, 더 많은 돈을 벌고 싶은 이들에게도 '의미 부여'는 피할 수 없는 문제가 된다.

### 어느 재무설계사의 멘탈 교육

재무설계 회사의 팀장으로 일하는 형과 얘기를 하다가 그가 팀원의 '멘탈'을 끌어올리는 법에 대해 듣게 되었다. 열정적으로 고객을 찾으려 하지 않고 일없이 앉아 있는 팀원을 불현듯 불러 '나하고 어디

같이 좀 가자'고 말한다. 그를 태우고 가는 곳은 대학병원 응급실이다. 물론 그곳은 눈코 뜰 새 없이 바쁘게 움직이는 곳이다. 피투성이 환자들이 실려 오는 것이 보인다. 그때 그가 팀원에게 말한다. "분명히 1시간 내로 머리를 산발하고 정신 잃은 아줌마가 달려올 거다."

확률적으로 그런 사람은 얼마 지나지 않아 나타나게 되어 있다. 아이와 함께 온다면 더 좋다. 그 광경을 물끄러미 바라보다 다시 툭 한마디 던진다. "너 저 아이의 미래가 어떻게 될 것 같냐?" 팀원은 아무 말도 못 하고 진지해진다. 그는 같이 진지해지기보다는 잠시 "저 아저씨는 대기업 부장 정도 되어 보이고, 혼자 벌겠네. 어쩌면 3년 전에 2억 정도 대출을 끼고 집을 샀을 수도 있지. 이제 와이프와 아이는 어떻게 해야 하나?"와 같은 수다를 떤다. 그리고 어느 시점에 머뭇머뭇 말을 못 여는 팀원을 향해 이어지는 마지막 멘트. "니가 하는 일이 저 아이의 미래를 지켜주는 일이야."

보험업에 대한 과도한 의미 부여에 대해 닭살이 돋는 이들도 있을 것이다. 그러나 가슴에 손을 얹고 생각하면 누구나 자신의 일에 대해 마음 한구석에서는 저런 식의 포장을 한다. 그런 포장 없이, "나처럼 잘난 녀석이 이런 곳에서 구르는 것은 정말 인류에게 낭비야!"라고 투덜대는 사람들도 있지만 그런 사람들의 내면이 의미 부여를 하는 이들의 것보다 덜 황폐할 것 같지는 않다. 내게는 이 에피소드에 등장하는 대사들보다는 그 상황 설정 자체가 인상적이었다. 꼭 팀원의 멘탈을 상승·유지시키기 위해서가 아니라도 형은 그곳에 가끔 간다고 했다. 그곳은 팀원에게 했던 말들과는 조금 다른 맥락에서, 오늘의 내 삶에 대한 의미 부여가 이루어질 수 있는 공간인지도 모른다.

글 쓰는 사람들의 상당수도 남에게 의미 부여를 하는 일에 종사한다. 내가 속한 분야, 정파, 혹은 추구하는 가치를 위해 갖가지 행위들에 의미 부여를 한다. 어떤 글쟁이들은 《로도스도 전기》에서 용 사냥을 하거나 다른 집단과 싸울 때 노래를 불러 사기를 고양시키는 음유시인들을 닮았다. 그런 이들은 자신의 행동에 의미 부여를 하기가 쉬울지 모른다. 그러나 세상엔 의미 부여를 위해서가 아니라, 그 무수한 의미 부여들 사이의 구멍들을 탐색하며 다른 것을 바라보려는 이들도 있다. 남들의 의미 부여의 맹점을 짚고 다른 얘기를 하려고 하지만, 그런 일을 하는 자신의 일에 의미를 부여할 방법을 찾기는 쉽지 않다. 어떤 대의가, 혹은 어떤 진리에의 강박이 그를 구원할 수 있을 것인가? 그런 이들은 아전인수 격으로 의미 부여를 하는 이들과 너무 자주 부딪히기에 결국엔 자기 자신을 위한 의미 부여에 성공하지 못할 가능성이 크다.

### 내 인생의 사소한 의미 부여들

군대에서 보급병으로 있으면서 취사반에 식량을 들고와 병사들에게 후식을 나눠주던 때가 가장 행복했다고 생각할 때가 있다. 물론 모든 종류의 즉각적인 의미 부여가 그렇듯, 그 일도 거시적인 맥락에서 곰곰이 따져보면 다르게 보일지도 모른다. 그 부대는 그 위치에 있을 필요가 없었다거나, 그 정도 인력이 그곳에 필요하지 않았다거나. 하지만 최소한 내 '사수'는 종종 부대 어느 곳을 삽으로 파고 묻어버리던 컵라면들을 나는 하나도 남김없이 병사들에게 나눠줬을 때,

각종 물건이 필요한 사람에게 고루 돌아가도록 시행한 여러 가지 내 사소한 정책들이 성과를 거두었을 때, 나는 어느 때보다도 기뻤던 것 같다. 물론 상황이 충분히 더 개선되지 못했다고 항의하는 이들도 나타났고 그런 반응이 섭섭하기는 했지만, 이 역시 인류 역사에 흔히 있었던 일이다. 혁명은 최악의 상황에서가 아니라 최악의 상황이 다소 개선될 때 가능하다고들 하지 않는가.

요즘은 꿈에서 군복을 입고 있는 것이 그리 악몽처럼 여겨지지가 않는다. 문득 나도 대학병원 응급실에 가봐야 하는게 아닌가 생각을 했다. 유치환은 사막에 가보고 싶다고 생각했지만, 우리 주변에는 그리 멀지 않은 곳에 많은 사막들이 있으니 말이다.

# 문화 자본

'결국 계급 체계를 정당화하게 되는 문화적 차이'라는 부르디외의 논의는 한국 실
정에서는 고급문화에 대한 감수성이 아니라 어떤 천박함을 지칭한다. 그러니 남는
건 학벌과 영어밖에 없는 것이다.

프랑스의 사회학자 피에르 부르디외(Pierre Bourdieu)는 문화적 취향
에서의 계급적 차이에 주목한다. 계급적 차이들이 문화적 차이들을
생산하지만, 이러한 문화적 차이들이 재능이나 성취 같은 개인적 특
성에 따른 것이라고 잘못 인식되기 때문에 결국 계급 체계를 정당화
하게 된다는 것이다. 말하자면 '문화 자본'도 세습된다는 것인데, 한
국에서 그의 말이 어떻게 적용될지를 떠올려보는 것도 재미있는 일
이다.

일단 학벌. 세습되는 것 맞다. 강남 8학군 출신 학생들과 전문직 종
사자 자녀들의 명문대 합격 비율이 높아지고 있다는 뉴스는 이제오
늘 일이 아니다. 그리고 영어. 이것도 계급 문제 맞다. 수능 점수가
엇비슷한 같은 대학 같은 학과 학생들을 비교해보면, 집안의 소득 수
준에 따라 영어 구사 능력이 차이가 난다고 한다. 영어 몰입 교육에

서도 볼 수 있듯이, 이 나라는 영어를 잘하는 이들이 영어를 못하는 이들을 착취할 수 있는 구조를 만들기 위해 노력 중이다.

그런데 사실 부르디외가 말하는 문화 자본이 이렇게 즉각적으로 사람을 차별할 수 있는 잣대를 의미한 것은 아니었을 것이다. 그보다는 부르주아들이 자기들이 가졌다고 주장하는 세련되고 고상한 것들이 제 잘난 탓에 나오는 게 아니라 그 계급 덕분에 나오는 것이라는 단언이었을 것이다. 클래식 음악이든, 미술적 안목이든, 고전에 대한 독서든, 뭔가 비물질적인 부분에서 내세울 게 있지만 그 기원은 물질적인 것에 있다는 말일 것이다.

정말 그런 차이가 있을까? 그야 있는 집 자식들이 루브르 박물관이라도 한 번 더 가봤을 테고 집에 영어로 된 미술책이 있을 확률이 높으니 '없다'고 단언하기는 어렵다. 가령 이건희 회장 일가를 생각해보라. 비록 세금 납부를 피해 가려는 의도에서이기는 하나 방대한 미술품을 소유하고 있지 않던가. 하지만 그런 차이가 도드라져 보이지 않는 것도 현실이다. 부르주아들이 '문화 자본'을 획득하는 것은 돈을 많이 가지면 가질수록 돈과 상관이 없어 보이는 가치 또한 소유하고 싶기 때문일 것이다. 이런 것을 '허영'이라고 부른다면, 그건 그렇다고 치자.

문제의 핵심은 우리 사회의 부르주아들이 그런 '허영'에 쉬이 휩쓸리지 않는다는 것이다. 그들은 없는 이들에게 문화 자본을 자랑하는 법이 없고 돈과 상관이 없는 일에 일절 관심을 보이지 않는다. 말하자면 자신이 성공한 이유는 남들을 철두철미하게 잘 쥐어짰기 때문이라고 말하며 그것을 '재능'이나 '능력'이라는 수사로 포장한다. 천박함이 재능이란 이름으로 바뀌고, 없는 이들은 이 재능이 없어서 성공하지 못했다고 판단한다. '결국 계급 체계를 정당화하게 되는 문화적 차이'라는 부르디외의 논의는 한국 실정에서는 고급문화에 대한 감수성이 아니라 어떤 천박함을 지칭한다. 그러니 슬프고 우스꽝스럽게도 남는 건 학벌과 영어밖에 없는 것이다.

## 한국 부르주아의 위대한 유산

물론 한국 사회가 이런 길을 걸어가지 않았을 가능성도 있었다. 사람은 먹고살 만해야 '허영'을 추구하게 되는데, 민주화와 경제성장을 모두 이루었다고 믿었던 1990년대의 상황이 이어졌다면 한국의 부르주아와 중산층도 다른 종류의 '문화 자본'을 추구했을 것이다. 그러나 IMF 구제금융의 충격이 한국 사회를 엄습했고 그것을 극복하는 과정에서 한국 사회는 중산층이 감소함과 동시에 여차하면 부르주아도 몰락할 수 있는 무한 경쟁의 길로 들어섰다. 문화 다양성의 측면에서 볼 때 이런 상황은 안타깝다. 〈강남 스타일〉로 세계인을 즐겁게 한 싸이가 1990년대의 유산이란 점을 생각한다면, 우리의 문화적 역량이 1990년대의 것을 뜯어먹고 있는 것은 아닌가 싶다.

한국 부르주아들이 남긴 '위대한 유산'을 증명하는 사례는 노동자를 효율적으로 착취하는 영역에서 반복된다. 기아자동차 모닝을 위탁 생산히는 동희오토라는 기업에는 10여 개의 하청기업이 있고 노동자는 100퍼센트 비정규직이다. 해마다 10여 개 하청업체 중 한두 개를 폐업하고 새로운 사장과 재계약하면서 근속, 임금 등을 승계하지 않고 마음에 안 드는 노동자들을 손쉽게 갈아치운다. 이런 '편법'을 통해 그해의 최저임금에 해당하는 임금으로 제조업 생산라인을 돌리고 있는데, 부르주아들은 이를 최고의 경영 혁신 사례로 자랑한다. 아마도 그들은 '선진국'의 부르주아들은 어째서 이런 방법을 활용하지 않는지 궁금할 것이다. 노동운동가들에게 들은 바로는 이런 사례들은 외국어로는 번역하기도 힘들다고 한다. 부르디외의 '문화 자본'을 거꾸로 뒤집는, 정말 징글징글한 '문화적 습속'이 아닐 수 없다 (물론 모든 부르주아들은 규제가 없는 외국에 나오면 한국 부르주아처럼 행동하고 싶어한다는 사실은 기억해야겠다).

# 그 남자와 그 가족

나는 술자리에서 대구 남자와 부산 남자의 차이를 묻는 질문을 받았을 때 즉흥적으로 이렇게 답했다. "부산 남자는 마누라와 지가 키우는 강아지는 안 때리는데, 대구 남자는 때려."

어릴 때 한 가지 걱정이 있었다. 손재주가 없는 나는 점점 더 남녀 평등이 이루어지는 세상에서 '요리하는 능력'이 남자들의 '기본 스킬'이 되면 내가 남들보다 굉장히 처져 보일 거라 생각했다. 모두들 그런 세상이 올 거라 했다. 온 가족이 함께 본 드라마 〈사랑이 뭐길래〉(1991~1992)의 영향이었는지도 모른다. 사회적으로도 아들들에게 도 집안일을 시키자는 분위기가 생겨났던 것 같다. 어머니가 내게 설거지 같은 것들을 시키면서 "앞으로는 남자도 이런 걸 할 줄 알아야 돼"라는 식으로 말했던 기억이 난다. 그러나 부엌은 왠지 주눅 드는 공간이었다. 어머니가 하는 일들은 굉장히 어려워 보였다. 아버지 회사는 눈에 안 보이는 곳에 있었고, 가끔 찾아간 기억으로도 대체 무엇을 하는지 알 수 없었다. 반면 어머니는 뭔가를 만들어냈다.

그건 내가 아람단 캠핑에 가서 만들어내는 '삼층밥'과는 달랐다. 심한 부부 싸움 후 어머니가 드러누우면 아버지는 우리를 쫄쫄 굶겼다. 부엌은 자기 공간이 아니란 듯 어머니가 나올 때까지 쳐다보지 않았다. 혹은 휴일 반나절 이상을 굶기다 중국집 배달 음식을 시켰다. 중학생이 된 후에는 아버지가 부엌에 들어가 밥을 했는데, 밥 같지도 않은 죽밥을 내왔다. 이해는 갔다. 그즈음 나도 시도를 하게 되었는데, 물 맞추기가 어려웠다. 고등학생이 된 후 어머니가 없는 상황에선 내가 밥을 차려 내왔다. 가끔 쌀을 안치기도 했는데, 되거나 무르거나 했다. 어머니가 예의 "앞으로는 남자도 이런 걸 할 줄 알아야 돼"를 속삭이며 계란 프라이, 김치찌개, 카레 정도를 만들게 했지만 어머니의 조리 지시 아래서였다.

### 내가 요리를 하게 된 날

자취생이 되고서부터는 전기밥솥에 밥하는 게 어렵지는 않았다. 그러나 김치, 김, 참치, 계란 프라이와 함께 먹는 것 이상의 무언가를 시도하지는 않았다. 주로 사먹었다. 몇 번 친구들의 도움을 받아 국요리를 시도해봤지만 이상한 것들이 만들어질 뿐이었다. 그리고 생각처럼 남자들이 요리하는 세상이 빨리 오지 않는다는 걸 알게 되었다. 여성들의 학력이 높아지고 사회 진출은 활발해졌지만, 문화적인 벽은 생각보다 강고했고 남자들의 노동시간도 줄어들지 않았다. 집안일은 여전히 여성의 몫이었고 맞벌이 부부는 밥을 사먹거나 육아와 요리를 부모님에게 떠넘겼다. 그런 상황을 보면서 나는 군대를 다녀왔고 어느덧 20대 중반이 되었다.

나도 요리란 걸 할 수 있게 되었다고 느낀 그날을 기억한다. SSM에서 손질이 된 채소를 팔고, 자취생을 위한 레시피가 출판물과 웹으로 떠도는 세상이라서 가능했던 일이다. 나는 국을 원했는데, 멸치로 국물을 내고 그 후에 시키는 대로 하면 그럭저럭 맛이 난다는 사실을 알게 되었다. 무엇을 하고 살아야 할지, 어떻게 살아야 할지 모르던 시기에 그 사건은 큰 위안이 되었다. 내가 좋아하는 국 요리 몇 개를 하게 되면서, 나는 쥐꼬리만 한 자유기고가 소득으로도 식비를 맞출 수 있게 되었다고 생각했다. 도시 빈민으로도 살아갈 수 있다는 자신감을 얻었다. 또 내가 무언가를 만들어낸다는 사실은 그 자체로도 기쁨이었다. 그래서 요리는 우울함을 줄이는 데에도 효과가 있었다.

어쩌다 보니 취직을 하게 되었고, 내 요리 실력은 몇 종류 국과 찌개를 끓일 수 있는 수준에서 멈춰 있다. 그렇지만 우습게도 나는 이제 평균적인 동년배 남성에 비해 요리에 대해 떠들 수 있는 축에 속한다. 30대 남성들이 맛있는 김치찌개집에 대한 방담을 나누고 있으면, 속으로 '김치찌개는 조금만 요리를 해봐도 집에서 해 먹는 게 더 맛있는 음식인데……. 하긴 그 입맛 맞추려면 설탕도 좀 넣어야겠구나…….'라고 생각하게 되었다. 어린 시절의 우려는 뒤집혔고, 나는 다른 방식으로 '처진' 인생이 되었다.

지금 우리는 일하는 이들은 엄청난 시간을 일하고, 나머지 사람들은 일을 찾지 못해 '잉여'가 된 시대를 산다. 일하는 이들의 3분의 1이 자영업자로 그들 중 상당수는 남을 먹이는 일에 종사한다. 누구는 일이 많아 죽어나고 누구는 일이 없어 죽어난다. 그러나 경제성장의 신화가 깨지고 석유 값이 상승하는 근(近)미래엔 우리 대부분이 다시 요리를 하게 될 것이다. 농업을 시작한 이후 인류가 오래도록 그랬던 것처럼 대부분의 사람이 하루의 일정 시간 이상을 농경과 가사 노동에 투자하게 될 것이다. 다들 집 앞 텃밭에서 무언가를 키우게 되면, 잉여 노동력도 사라질 것이다. 살아서 볼 수 있을지는 모르나, 차라리 난 그 시대가 기다려진다.

## 시실리 남자와 대구 남자

나는 아시아적 특수성이란 말을 믿지 않는다. 그러나 이와 별개로 우리가 가진 오래된 관습으로부터 '몇백 년 전에 발명한 제도'로 이행해야 하는 처지에 있는 것은 분명하다고 생각한다. 서양 언어엔 높임말이 없다. 원래부터 그랬던 게 아니라 근대를 지나면서 사라졌다고 한다. 우리도 그 단계를 지나가야 하는 상황에 있다. 우리도 최초로 근대 혁명을 했다면 서양처럼 갔을지도 모른다. 근대를 소위 진보주의자들이 원하는 방향으로 끌고 가는 일이 어떻게 가능했을까. 나는 이 문제를 '서양에서 보여주는 근대의 표준으로 돌아가자'는 식의 2천년대 초반 진보 담론의 설득으로는 극복할 수 없다고 생각한다. 오늘날 진보 정당 운동의 실패와 청년 세대의 보수화는 이 설득의 실패에 기인한다고까지 생각한다.

그러면 동양사나 동양고전을 탐구하면서 그 심리를 이해해야 할까? 그건 너무 어려운 길이다. 언젠가부터 나는 '공부하는 게 답이다'라는 고답적인 결론을 좋아하지 않게 되었다. 물론 공부해서 나쁠 거야 없지만 한편으론 공부한다고 다들 '알게 되지'는 않는다는 증거를 숱하게 마주했기 때문이다. 나는 차라리 코폴라 감독의 〈대부〉 1, 2, 3편을 모두 볼 것을 권하고 싶다. 러닝타임으로 치면 대충 〈반지의 제왕〉 시리즈와 비슷한 길이다. 이 영화에는, 한국 사회의 시민들과 비슷한 태도를 지닌 '시실리 남성'들이 자본주의 사회를 살아가면서 어떤 부침을 겪는지가 약간의 미화(美化) 속에서 자세하게 묘사되어 있다.

나는 막연하게 이 영화를 좋아하면서 십수 번을 봤는데 이 '시실리 남자'들은 나의 출생지가 대구임을 환기시켰다. 어린 시절 나는 아버지가 〈대부〉 비디오테이프를 소장한 것을 보고 자랐다. 1, 2편은 분명히 있었는데 3편은 있었는지 모르겠다. 한 편에 비디오 세 개였으니 여섯 개가 있었거나 아홉 개가 있었을 것이다. 아버지가 그걸 틀었을 때 그것은 내게 '깡패 영화'로 지각되었고, 어릴 때부터 아버지를 싫어하고 그의 폭력과 남성성을 싫어했던 나는 당연히 그 영화를 보려고 하지 않았다.

결국 내게 '시실리 남자'를 일깨운 건 스무 살 넘어 만난 술친구들이었다. 재미있게도 그들은 대구 태생이었다. 나는 그저 태생이 대구일 뿐 유년기에 5년간 산 것 외에는 경북 땅에 대한 기억이 없다. 포항과 합천을 잠깐 거쳐 대전에서 12년을 살다가 이제 서울에 올라와서 산 지 10년이 되었다. 다만 나는 15년을 대구 남자와 함께 거주했고 대구 사람의 아들로 30년 넘게 살아온 것이다. 영화를 전공하던 술친구가 〈대부〉에 관한 '썰'을 풀었을 때, 나는 마침내 그 영화를 보았고 아버지와 마찬가지로 그것을 좋아하게 되었다.

나는 '시실리 남자'에게서 대구 남자를 보았다. 그것은 대중 매체에서 자주 다루는 부산 남자와도 전혀 다른 것이었다. 술자리에서 한 여성에게 이렇게 설명했을 때 그 영화를 본 그녀는 "대구 남자와 부산 남자가 어떻게 다른데?"라고 물었다. 그 여성은 부산 여자였다. (이해력이 있고 대화가 잘 되는 상대가 있다는 전제 하에, 술자리 대화는 종종 독서보다도 훌륭한 통찰을 던져준다. 왜냐하면 그들은 내 직관이 당연하다는 듯이 통과한 지점에 대해서 이유를 물을 것이고, 그 질문은 내게 내 직관의 의미가 무엇이었는지를 명료하게 지각하게 하기 때문이다.) 성탄 연휴에 다시 본 〈대부〉에 관해 설명을 하다가, 나는 그 질문을 맞닥뜨렸고, 이에 대해 떠듬떠듬 묘사를 시작했다.

내 대답을 정리하면, "부산 남자의 이상적 자아는 '짱 세고 아주 멋진 나님'이지만, 대구 남자의 이상적 자아는 '패밀리의 주인인 나'야" 였다. 대구 남자와 부산 남자를 일반화하려는 시도는 아니다. 그저 대중문화에서 안전하게 그려낼 수 있는 '부산 남자의 마초성'에 대한 서술과, 대중문화에서 그려낼 수조차 없는 '정말로 한국 사회를 지배하는 마초성'의 차이를 지적한 것이라고 여기면 된다. 나는 실제로 삶의 경험을 통해 대구 남자들한테서 그런 경향이 두드러진다고 증언하고 싶지만, 그게 특정 지역에 대한 비하인 것 같아 불편하다면 '시실리 남자'라는 말로 대신하면 된다.

다시 술자리로 돌아와, 나는 대구 남자와 부산 남자의 차이를 묻는 질문에 보다 구체적이고 즉흥적으로 이렇게 답했다. "부산 남자는 마누라와 지가 키우는 강아지는 안 때리는데, 대구 남자는 때려." 이것은 그저 어떤 편견의 발로이며 농담에 가깝지만, 앞서 설명한 정의를 충족시킨다. 부산 남자는 '짱 세고 아주 멋진 나님'을 연기해야 하기 때문에 약자에게 관대해야 한다. 하지만 대구 남자에겐 패밀리의 주인인 자신에게 구성원이 대드는 상황이야말로 가장 치욕적이기 때문에 극단적인 폭력을 통해서라도 엄벌해야 하는 것이다.

## 패밀리 비즈니스와 국가

과거 경상도 지역주의를 상징하는 말로 쓰이던 '우리가 남이가'란 말이나, 영화 〈황산벌〉에서 그것을 염두에 둔 듯한 '우리는 모두 가족인 기라'는 이미 '패밀리의 주인인 나님'을 넘어 좀 더 넓은 패밀리의 연합을 염두에 두고 있다. 그러나 우리는 '시실리 남성'이 태어날 때부터 자신이 누군가의 주인이 될지도 모른다는 사실을 지각하고 있다는 사실을 기억해야 한다. 물론 가부장제라는 접근도 가능하지만, 이들끼리의 싸움이 '시실리의 율법'과 '폭력의 문제'와 '자본주의의 룰' 사이에서 어떤 양상을 보여주는지를 더 직관적으로 알려면 〈대부〉를 보는 편이 더 낫다.

1대 대부인 돈 콜레오네(말런 브랜도)와 2대 대부인 마이클 콜레오네(알 파치노)가 사는 세상이 다르고, 또 그 후세대가 사는 세상이 다르다. 〈대부 2〉 회상 장면에서 삼남인 마이클이 '시실리 남성'의 세계에 염증을 느껴 태평양 전쟁에 해병대원으로 자원입대를 할 때 마이클의 큰형이며 그 아버지의 장남인 써니는 죽일 듯이 달려들며 이렇게 외친다. "이 미친놈아! 어떻게 모르는 사람을 위해서 목숨을 기나?"

'시실리 남성'의 폭력은 패밀리를 위한 것이다. 국가라는 공적 기구는 '모르는 사람'일 뿐이다. 우리는 이런 사고방식이 한국 사회에서 굉장히 '보편적인' 것이란 걸 안다. 그래서 사회 지도층은 '모르는 사람을 위해 목숨을 거는 상황'을 피하기 위해 아들의 병역을 빼준다. 어쩔 수 없이 병역의 의무를 지는 다른 대다수는 군대에서 '공적 기구'로 충분히 전환되지 않은 '모르는 사람의 폭력'을 경험하고 그 낯선 상황에 대한 분노를 미필 남성과 여성들에게 분출한다.

가령 "대통령을 '가업'으로 여긴다"고 비판한 전여옥의 말대로 박근혜 대통령은 '패밀리 비즈니스'와 국가 기구를 동일시할 수 있는 사람이다. 한국 사회의 절반은 이 사실에 불편해하지만, 그보다 조금 더 많은 절반은 오히려 그 사실에 안도한다. 다른 패밀리들은 박근혜와 같은 '행복한 일치'를 경험할 수는 없지만 그래도 각자의 패밀리를 위해 살아간다.

그러나 이런 생활 습관은 변화된 환경에서는 불협화음을 일으킨다. '시실리 남성'에 저항하다가 아버지가 피습당하고 형이 죽는 상황에 맞닥트려 패밀리를 계승해야 할 지경에 이른 우리의 주인공 마이클은 아내와 점점 멀어지는 자신을 발견한다. 그래서 어머니에게 "(패밀리) 비즈니스와 패밀리(가족)가 충돌하면 어떻게 해야 하나?"라고 묻는다. 어머니는 "패밀리(가족)와는 헤어질 수 없다"고 답한다. 그러나 그것은 돈 콜레오네의 아내에게 해당하는 일이었을 뿐 마이클의 시대에서 취할 수 있는 대답은 아니었다. 그는 패밀리 비즈니스에 골몰하면서 패밀리와 별거 상태에 놓이게 된다. 이게 한국 사회와 뭔 상관인가 하겠지만 중산층에 만연한 글로벌 분산 가정인 '기러기 아빠' 가정의 사례를 보면 단지 자녀의 계층 상승 때문이 아니라 마이클과 비슷한 이유에서 분가한 경우도 많다. 글로벌 분산 가정은 종종 한국 사회의 중산층 가정에서 부부끼리 도저히 서로 이해하고 살 수 없지만 이혼은 할 수 없을 때 내리는 결단이다.

〈대부 2〉의 마지막 장면에서 마이클은 친형(차남) 프레도를 살해한다. 프레도가 자신의 적과 잠깐 결탁했다는 이유로 말이다. 종래의 '시실리 남성'의 룰에서 이는 말도 되지 않는 일이다. 실제로, 마이클 역시 자신이 죽인 다른 수십 명에 대해선 죄책감을 느끼지 않으면서도 이에 대해서만큼은 무한한 죄책감을 느낀다. 〈대부 3〉을 보면 노년에 접어든 그는 당뇨로 실신할 때 "프레도!"를 외치고 신부 앞에서 "내 아버지의 아들이며 내 어머니의 아들인 이를 죽였다"라며 흐느끼며 고해성사를 한다.

그러나 냉정하게 보았을 때, 시실리인들의 동네에서 상납을 받던 '돈 콜레오네 패밀리'가 호텔 카지노를 인수하고 정계에 로비를 하는 '마이클 콜레오네 패밀리'로 발전했을 때 그 '시실리의 룰'은 더 이상 작동할 수 없게 되었다고 봐야 한다. 폭력배와 기업인은 이권을 두고 싸운다는 점에선 같지만 전자는 목숨을 날려도 후자는 이권만을 날린다. 만약 삼성그룹의 총수인 이건희 역시 상속에서 배제된 형인 이맹희를 죽였다면 죄책감을 느꼈을 것이다. 사실 〈대부 2〉에서 마이클이 살아생전의 친형을 대하는 태도도 이와 비슷하다.

마이클이 큰형 써니의 아들인 조카와 만나게 되는 〈대부 3〉에서 그 불협화음은 더 심각해진다. 영화는 끝부분까지 마이클이 큰조카를 단지 조카라는 이유만으로 믿을 수 있는 것처럼 그린다. 시실리 남자들의 틀에서는 그게 맞다. 게다가 마이클에게는 물려줘야 할 패밀리가 있으니 조카로서는 그에게 충성해야 할 충분한 동기도 있다. 하지만 영화 내내 그의 적들은 조카가 삼촌을 배반할 수도 있다고 간주한다. '시실리 남자'의 룰로는 있을 수 없는 일이나 그 아이가 어려서 천대를 받았다면 일어날 수도 있는 일이다. 이는 정몽준이 아버지(정주영)와 형(정몽헌)의 유지를 배반하고 대북 협력 사업을 적극적으로 방해하는 정치 세력과 함께 있는 것에 비유할 수 있다.

## 우리 안의 시실리

그러나 '패밀리의 룰'은 붕괴되었지만 '패밀리 비즈니스'는 남았다. 어쩌면 박근혜 시대 대북 협력 사업의 재계 여부는 박근혜의 정치철학이나 신념이 아니라 정몽준과 현정은 간의 '패밀리 비즈니스'의 알력 관계에 달려 있는지도 모른다. 그간 진보 지식인들은 한국인의 집단 심리와 보수성에 대하여 '우리 안의 파시즘'을 성찰할 것을 주문했지만, 나는 '우리 안의 시실리'가 더 적절할지도 모른다고 생각한다. 그리고 이렇게 볼 때에야, 민주당의 전통적 지지층이 내미는 '영남 패권주의'라는 말을, '반호남 인종주의'를 뒤집은 '반영남 인종주의'가 아닌 한국 사회의 지배계급의 의식을 포착하는 개념으로 전유해낼 수 있다.

'시실리 남성'과 '파시즘'은 어떻게 연결될 것인가? 한국의 지도층이 국가에 대해 '모르는 사람'이란 태도를 취했단 것은 익히 알고 있다. 하지만 그들은 민중에게는 국가를 '나란 존재와 동일시할 수 있는 영원한 실체'로 취급할 것을 강요했다. 그리고 그 민중들은 밖에서는 그렇게 파시즘적 대중이다가 집으로 들어가면 또 다른 '시실리 남성'이 되었다. 동양사적 농담으로 한다면 '외왕내제(外王內帝, 외부적으로는 왕을 칭하지만 내부적으로는 황제를 칭하는 이중 체제. 베트남 몇몇 왕조나 원 강점기 전의 고려 같은 상황)'였는지도 모른다.

이게 한국 사회에서 어떻게 작동하는지를 보려면 근대의 룰만 봐서도 안 되고 가부장제만 봐서도 안 되며 파시즘만 봐서도 안 되는 것 같다. 아마도 《남자의 탄생》을 쓴 정치학자 고(故) 전인권 박사였다면 내가 하는 말들에 동의했을 것이다. 그러나 우리는 이 사실들을 알기 위해 《남자의 탄생》을 본 후 《박정희 평전》을 읽어야만 하는 것이 아니라 〈대부〉를 보아도 되는 것이다.

나는 내가 시실리 남성이란 사실을 안다. 내가 열아홉 살 이후 기꺼운 마음으로 '당원'이 된 이유는 마이클이 해병대에 자원입대한 것과 마찬가지의 심정이었는지도 모르겠다. 그리고 십 년 후 '그 진보 정당 운동'이 소멸하는 상황에서, '시실리의 룰이 사라진 패밀리 비즈니스의 세계'에 던져진 나는 이 세계를 개선하기 위해 무엇이 필요할지를 곰곰하게 고민하게 되는 것이다.

# 스타 리그

하지만 나보다 훨씬 어리고 멋진 소년들에게 열광하기 직전에, 저 기업들의 채용
정보를 체크해봐야 한다는 것은 지나치게 잔혹한 일이 아닐까?

게임 방송을 보면서 '스타크래프트 리그(이하 스타 리그)'의 팬이 되었
을 때, 처음 느꼈던 것은 이 새로운 취미가 주는 즐거움이 다른 것들
과 사뭇 다르다는 것이다. 간단히 요약하자면 이 취미에는 '강대국 따
라잡기'의 열망이 없다. 가장 대중적인 스포츠인 축구나 야구에서조
차 우리의 욕망은 항상 우리 자신의 즐거움이 아닌 '따라잡기'를 향한
다. '월드컵 16강'이란 숙원이나, 메이저리그(MLB) 및 일본프로야구
(NPB)와의 격차를 줄이고 싶다는 그 '따라잡기'의 욕망 말이다.

이에 반해 스타 리그는, 온게임넷 엄재경 해설위원의 말을 빌리자
면 그 자체로 축제다. 스타크래프트를 즐기는 유저들의 맥락과 프로
게이머들의 맥락, 그리고 그 맥락에 기대어 창작되는 수많은 팬들의
텍스트와 이미지를 즐기고 있노라면 우울함은 증발하고 하루는 짧
다. 스타 리그를 같이 즐기는 외국인들의 반응을 확인했을 때의 기쁨

은 싸이의 〈강남 스타일〉이 만든 한류의 영향력을 확인하는 기쁨과 비슷하다. 비록 작지만, 스타 리그는 그것을 10년도 전에 이룬 것이다. '스타크래프트 승부 조작 사태'에 연루된 몇몇 게이머에 대한 팬덤의 엄청난 분노도 그 자긍심에 생긴 상처들 때문이다.

산업적으로는 흔히 'e스포츠'란 이름으로 스타 리그에 접근한다. 그러나 그것은 스타 리그의 특수성을 잘 보여주지 못한다. 외국의 유명 프로게이머는 몇몇 종류의 게임 대회에서 우승한 이들이다. 그런 식의 'e스포츠'와 스타 리그는 조금 다르다. 한국에서처럼 하나의 게임에 대한 리그에 관심이 집중되면, 게임 회사는 재미가 없다. 〈스타크래프트 2〉를 발매하는 블리자드의 고민도 이에 있었고, 그 발매에 즈음해서 일부 팬들도 스타 리그의 장래를 불안해 했다. 그런 의미에서 스타 리그는 보통의 e스포츠에 비해 좀 더 게임 산업에 독립적인 어떤 상징성을 가진다. 게임 산업과 관련한 경제적 분석을 넘어선 별도의 문화적인 비평이 필요한 것이다.

### 소년들의 해방구, 스타 리그

〈스타크래프트 1〉(1998년)에서 〈스타크래프트 2〉(2010년)까지의 세월은 〈디아블로 2〉(2000년)에서 〈디아블로 3〉(2012년)까지의 세월과 마찬가지로 소년이 어른이 되는 시간이었다. IMF 구제금융 이후 세기말의 음울한 분위기와 신세기에 대한 막연한 희망 사이에서 방황하던 사람들을 사로잡은 블리자드의 이 게임들은 'PC방 열풍'을 불러와 퇴직한 실업자들에게 새로운 일자리를 제공했다. '지식 기반 경제'를 슬

로건으로 내건 민주 정부는 이 시대적 분위기를 '신지식인'론으로 뒷받침하여 '벤처 열풍'을 이끌어냈다. 전국적으로 PC방 사장들이 주최한 대회가 성행하고 자생적인 리그들이 탄생하면서 급기야 케이블 방송이 리그를 중계했다.

스타 리그는 한국 사회에서 '소년 로망'을 실현할 수 있는 유일한 공간이다. 이 소년들은 누군가의 우상이지만, 적어도 홀로 세계 대회에 출전하는 고독한 천재가 아니라 자기들끼리 웃고 떠들고 도발하는 그런 귀여운 친구들이다. 〈H2〉나 〈슬램덩크〉 등 일본 소년 만화들이 제공하던 그 로망을 나는 그들에게서 느꼈다. 자본에서 약간 벗어난 곳에 건설된, 지극히 자본주의적인 '공평한 경쟁'의 로망 말이다. 20대 중반이면 전성기가 끝나는 불안정한 직업인 프로게이머에 10대 소년들이 몰리는 이유는 다른 곳에서는 이런 '공평한 경쟁'의 공간을 찾기가 어렵기 때문 아닐까? 소년들이 승리하고 응원하던 부모님들이 눈물을 흘릴 때면, 나도 눈물이 났다.

〈스타크래프트〉 상금 대회의 열풍이 시들해졌을 무렵, 외국 게이머들은 이 땅에 흘러 들어왔고, 부모 몰래 학교 안 가고 PC방에서 게임을 하며 대회에 나가 챙긴 상금으로 컵라면 사먹던 청소년들이 '클랜'이라는 이름이 붙은 커뮤니티를 형성했다. 클랜은 곧 팀이 되고 팀은 안정적인 운영을 위한 스폰서를 찾게 된다. 최초의 프로게이머 신주영, '쌈장' 이기석 이후로 기업 스폰서가 끼어들기 시작한 스타 리그에서 최초로 부와 명예를 움켜쥐면서 성공 신화의 아이콘이 된 임요환·이윤열·홍진호·박정석 등 '4대 천왕'도 이와 같은 과정을 거쳐 프로게이머가 되었다.

업계 관계자들의 의도는 취미에 대한 자발적인 열정을 직업으로 바꾸는 것이었다. 그렇게 이 작은 세계는 대기업의 자본을 받아들여 대가를 지불하고 이 영역을 하나의 산업으로 바꾸는 데 성공했다. 그 결과 주로 통신사 대기업 등의 스폰서가 참여한 프로게임단이 형성되었다. 억대 연봉자는 늘어났지만 전체 구성원의 환경은 개선되지 않았고 자발적인 열정을 착취당하는 청소년은 더욱 늘어났다. 클랜의 합숙소에서 출발해 게임단의 합숙소로 합류하는 것이 정점인 프로게이머 지망생의 단체 생활은 마치 선수가 되기 위해 일상적인 학교생활은 모두 포기해야 하는 운동선수와 흡사했다. 선수가 된 이들도 점점 데뷔와 은퇴의 선수 순환이 빨라진 이 세계에서 퇴출될 경우 해설자나 코치, 갬블러 등의 길을 찾아야 하는 상황에 빠져들었다.

## 게임만으로 연봉 2억을 벌었던 별들

이런 어둠에도 불구하고 빛의 영역은 찬란했다. '게임만으로 연봉 2억 원을 버는' 게이머의 사례가 일본 쇼 프로그램에 등장했다(거기 등장한 것은 핸섬한 프로게이머로 유명한 SK텔레콤 T1 소속 김택용이었다). 스타 리그의 역사는 '4대 천왕'의 시대 이후 임요환, 이윤열, 최연성, 마재윤으로 이루어진 '본좌'들의 역사로 정리되었다. 2007년 3월 3일 마재윤의 철권통치가 김택용에 의해 꺾인 후 '택뱅리쌍'이라 불리는 김택용·송병구·이영호·이제동이 공존하는 시기로 접어들었다. 그 시기 나는 1983년생 동갑내기 게이머 박정석에서 1989년생 김택용으로 '팬심'을 갈아탄다. 하지만 스타 팬들은 '4대 천왕', '택뱅리쌍' 못지않게 활약을 펼친 강민·조용호·박성준·박태민·오영종 등의 이름을 적어주지 않으면 화를 낼 것이다. 2007년 즈음에는 신규 게이머들이 치고 올라오는 속도가 엄청나서 스타 리그가 망할 거라는 위기감이 팽배했다. 택뱅 시대가 리쌍 시대로 바뀌고 리쌍도 흔들흔들했다.

스타 리그를 본다는 것은 단순히 모르는 사람의 리플레이를 보며 경탄한다는 것 이상의 의미다. 게이머들이 만들어내는 '서사'에 대한 몰입의 쾌감을 부정할 수 없다. 해설자는 단지 경기의 흐름을 보여주는 사람이 아니라 종종 '서사'를 생산하는 사람이다. 훌륭한 만화 스토리 작가이기도 한 엄재경 옹의 포장이 빛나는 점은 바로 그 부분이다. 초기 게이머들에게 그가 붙인 '황제'(임요환)나 '폭풍'(홍진호), '영웅'(박정석)과 같은 별명들은 게임을 몰라도 승패를 즐길 수 있게 해줬다.

그런데 만약, 게이머의 이름에 조금 익숙해질 때쯤 그가 '듣보잡' 신인에게 패배하고 사라져 버린다면, 우린 무슨 재미로 스타 리그를 볼 수 있겠는가? 스타 리그의 현기증 나는 속도감이 그것 자체를 멸망시키리라는 예감은 그렇게 우리에게 다가왔다. 스타 리그라는 '환상의 스크린'을 유지하는 유물론적 조건에 대한 분석이 가능해지는 거다.

소년 소녀들의 스타가 된 4대 천왕은 게임질 열심히 해도 돈을 많이 벌고 적어도 젊은이들에게는 부러움을 받고 살 수 있다는 것을 보여주었다. 그 결과 예전보다 훨씬 많은 청소년들이 e스포츠 판에 유입되었다. 2000년에 데뷔한 홍진호와 2007년에 데뷔한 이영호는 모두 대전 사람이다. 하지만 홍진호는 공단이 있는 신탄진 소년이었고, 이영호는 대전의 대표적인 중산층 동네인 월평동에서 살았다. 심지어 이영호는 중산층 집안의 모범생으로 부모를 설득하여 프로게이머가 되었다. 이 점은 무엇을 보여주는가? 스타 리그가, 그것에 도전할 매력을 느낀 소년이 자신의 힘으로 중산층 엄마 아빠를 '설득'할 수 있을 정도의 크기로 자라났다는 것이다. 부모가 반대했던 이전 세대 선배들과 달랐던 것이다.

### 질레트배에서 인크루트배로, 소년에서 어른이 되는 시간

스타 리그 팬덤(특히 디시인사이드 스타크래프트 갤러리)에서는 2004년에서 2005년 사이에 '너 스타 질레트배부터 봤냐?'라는 말이 유행했다. 스타 리그 본 지 얼마 안 된 듯한 이들(팬들 말로는 X뉴비'라 불린다)을 비아냥대기 위해 쓰던 말이다. 질레트배는 스타 리그를 널리 확산시키는 데 기여했으나 임요환이 진출하지 못했던, 그러나 이전과는 달리 임요환 없이도 상업적 성공을 거둔 첫 스타 리그였다. 그런 특성 탓에 리그의 지반이 탄탄함을 보여주었으며 실제로 많은 신규 팬들이 유입된 스타 리그라 볼 수 있다.

그 후 스타 리그에선 '질레트 세대'란 말이 통용되었다. 4대 천왕과 질레트 세대가 피 터지게 싸우던 질레트배와 에버라텍배(2004년)는 스타 리그 올드팬들에게 추억의 리그로 남아 있다. 게임 포털 포모스에 올라온 글처럼 '질레트 세대'라는 규정에 견줄 만한 세대 규정으로는 '곰티비 세대' 정도가 있다. '곰티비 MSL(MBC게임 스타 리그)'은 온게임넷 스타 리그에 전혀 꿀리지 않을 만큼의 유명세를 갖추게 된 대회이면서, 당시 MSL 해설진들이 '뉴타입 군단'이라 칭했던 진영수, 김택용 등의 어린 게이머들이 데뷔하게 된 스타 리그였기 때문이다.

하지만 질레트배는 그처럼 세대의 분기점이기만 한 것은 아니었다. 나에게 그것은 그 스폰서의 홍보 문구만으로 스타 리그가 소년들의 로망이라는 사실을 입증하는 추억으로 남아 있었다. 이동통신사 스폰서들이 대다수였던 스타 리그 판에서, '내 생애 첫 면도는 질레트와 함께!'라는 질레트 스타 리그의 홍보 문구는 확실히 내 감성 어딘가를 잡아채는 데가 있었다. 아레나 MSL을 보고 "아, 우리한테 수영복도 팔아먹으려고? 하긴."이라고 생각했고, 박카스 스타 리그를 보고 "형은 국토대행진 싫어한다"라는 볼멘소리를 지껄이긴 했지만, 질레트배를 능가할 만큼의 임팩트를 갖춘 스타 리그 스폰서는 다시 나오지 않을 거라고 생각했다. 그때 스타 리그의 팬으로 유입된 소년들이 '첫 면도'를 고민해야 할 시기라는 걸 간파한 매우 멋진 상업적 기획이라 생각했다.

하지만 2008년에 스타 리그의 스폰서가 된 인크루트는 달랐다. 그 것은 질레트배와 정반대 방향에서 충격을 주었다. 취업 정보를 제공하는 사이트를 운영하는 인크루트가 스타 리그를 개최하게 되었을 때, 온게임넷은 인터넷의 중계권을 플레이플닷컴에 넘겼고 플레이플닷컴에서 게임 경기 동영상을 보려면 인크루트 회원 아이디가 필요했다. 이제 인크루트는 하루가 멀다 하고 내 이메일 계정으로 취업 정보를 전송해온다. 지방에서 열리는 스타 리그 8강전에선 인크루트가 주최하는 몇몇 기업들의 취업설명회가 병행된다고 한다.

첫 면도를 어떻게 뽀대나게 할까 고민하던 소년은 자신의 스펙과 기업들의 조건을 가늠해보는 청년이 된다. 소년 시절의 꿈에 잔혹한 현실이 틈입해온 것이다. 하지만 나보다 훨씬 어리고 멋진 소년들에게 열광하기 직전에, 저 기업들의 채용 정보를 체크해봐야 한다는 것은 지나치게 잔혹한 일이 아닐까?

그럼에도 불구하고 파티는 계속되었다. '스덕(스타크래프트 오타쿠)'들은 종종 농담조로 "이 길의 마지막엔 '보람상조배 스타 리그'가 있는 걸까?"라고 말했다. 〈스타크래프트 2〉가 발매되고 '스타 1 리그'와 '스타 2 리그'가 잠깐 공존하다 우여곡절 끝에 '스타 2 리그'만 남았다. 물론 게임을 좋아하는 이들은 '리그 오브 레전드(LOL) 리그'를 더 즐길 것이지만 말이다. 나는 이제 LOL 리그까지 즐기기엔 나이를 좀 먹은 것 같다. 하지만 오늘도 어디선가 저 멋진 소년들이 분투하고 있다는 걸 생각하면, 가슴 한구석이 설렌다.

# 우리편 전문가와 냉소

데카르트의 '방법적 회의'에 견줄 만한 '방법적 냉소'다. 그게 아니라 세상 모든 것
을 냉소해야 한다면 우리는 세상사에 대한 냉소를 거두고 자기 먹고사는 문제에나
신경 쓰는 것이 옳다.

　사람들은 정말로 어려운 글을 싫어하고 쉬운 글을 좋아하는가? 나
는 사람들이 좋아하는 건 '어려운 글이 자신을 편들어주는 것'이라고
생각한다. 사람들이 비난하는 글의 어려움도 내용의 어려움이라기보
다는 '누구 편을 드는지를 파악하기 힘든 어려움'이 아니었던가 한다.
가령 '이 글은 노무현을 찬양하기 위한 글입니다'라고 천명하고 시작
한다면 어떤 어려운 철학자나 정치학자의 말이 나와도 이해 받기는
어렵지 않다.

　지식인을 비판하는 사람들이 주장하는 것처럼, 세상은 단순하고,
복잡한 건 지식인들의 말밖에 없으며, 알아야 하는 모든 것들은 이미
알고 있다고 생각한다면, 미네르바에 대한 열광은 어떻게 해석되어
야 하는가? 2000년대 초반에서 후반까지 '블로거 담론'의 중심 중 하
나였던 '메타블로그 서비스' 이글루스의 블로거들은 자기들끼리의 논

쟁 과정에서 미네르바 현상을 해석할 수 있는 아주 적확한 어휘를 만들어냈다. '우리편 전문가'라는 말이다. 대중이 원하는 것은 우리편임이 확실하면서도 뭔가 내가 모르는 맥락으로 상대편의 기를 죽이는 사람이다.

문제는 그다음이다. '우리편 전문가'에 대한 열광이 '자위'나 '정신 승리' 이상의 의미를 지니려면, 적어도 전문가는 존재해야 한다. 즉 대중이 알아들을 수 없는 것이 무의미하단 단언을 넘어선, 어떤 전문 영역의 맥락이 존재해야 한다. 그것들은 수련을 통해 얻을 수 있는 지식이며, 우리가 사는 세상의 문제를 반영하는 것이라야 한다. 그런데 만일 전문가의 지식이 그런 것이라면, 그가 내리는 결론이 한 정치 세력의 입장과 온전히 포개질 수는 없을 것이다.

만일 어떤 전문가가 '우리편 전문가'가 되어 우리편의 입장만을 대변한다 생각해보라. 그의 '판단'이 전문가의 판단이라고 믿기는 좀 미심쩍지 않을까? 가령 자칭 '전문가'라는 사람의 말이 내가 검증할 수 없는 언어로 구성되어 있는데, 언제나 〈조선일보〉의 논조와 일치할 때 당신이 어떻게 받아들일 것인지를 생각해보라. 사실 그는 이미 결론을 내려놓고 있으며, 자신을 내세우고 치장하고 권위의 도구만으로 사용하기 위해 어려운 개념어들을 내뱉는 것이 아닐까?

### '우리편 전문가'와 지식인

결국 사람들이 사랑하는 '우리편 전문가'는 실은 사람들이 경멸해 마지않는 바로 그 정파 논리에 찌든 '지식인'인 것이다. 그런 의미에서 사람들이 경멸하는 것은 자신의 환상일 뿐, 진짜 지식인은 아니다. 한국인들의 인식 체계에는 지식인들이 뭐하는 종자인지에 대한 고려 자체가 없다. 그런 면에서 한국의 지식인들은 철저하게 무력하다. 한편 그 무력함을 타파하기 위해 노력하는 이들은 '우리편 전문가'를 사랑하는 이들에 의해 '자신을 내세우고 치장하고 권위의 도구만으로 사용하기 위해 개념어들을 내뱉는' 타락한 지식인으로 규탄받는다. 한 정파나 대중의 심리를 온전히 대변하지 않는다는 이유로 '수구세력의 나팔수'나 '친북세력의 개'가 되는 것이다.

따라서 '우리편 전문가'에 대한 열광보다 더 솔직한 것은 이 세상엔 아무것도 중요한 것이 없고, 그렇기에 지식인은 필요치 않거나 단지 사기꾼일 뿐이라는 그런 '냉소주의'일 것이다. 그런데 냉소주의가 슬픈 이유는, 냉소주의의 표명(表明)이 그 냉소적인 진실에 대해 적합한 표현 방식이 아니기 때문이다. 가령 정치가 우리 삶의 문제에 아무 도움이 되지 않을 거라고 강변하는 사람을 생각해보자. 그의 말이 옳다면, 그는 정치에 대해 냉소할 때마다 시간을 낭비하고 있는 것이다.《88만원 세대》를 읽고 그것이 제안하는 연대성을 비웃으며 토익 공부만이 답이라고 믿는 20대를 상상해보자. 그렇다면 그에겐 그 책을 읽은 것이 그저 시간 낭비일 뿐이다. 냉소주의자가 비냉소주의자와 토론이라도 하게 된다면 사태는 더욱 난감해진다. 토론에 쓰이는 1분 1초의 시간이 모두 삶의 진실을 배반한다.

인터넷에서 종종 냉소주의자들을 발견한다. 그들이 인터넷에 그토록 긴 글을 올리는 이유를 냉소주의로는 설명할 수가 없다. 하지만 짐작은 간다. 냉소적 기질이란 일종의 좌절에서 오는 것이기 때문이다. 정말 세상이 이렇게 생겨먹었다는 것을 긍정할 수 있다면, 냉소는 애초에 필요가 없다. 따라서 냉소주의자들 역시 세상은 이래선 안 된다고 생각하며 그 좌절을 다른 방식으로 표현하는 것뿐이다. '맹동(盲動)주의자'에 대한 그들의 냉소는 맹동주의자의 정치적 행동과 마찬가지로 시간 낭비란 점에서 자신이 파악한 '삶의 진실'을 배반할 뿐이지만, 그들은 이 모순을 넘어서기 위해 맹동주의자를 비판하는 '끝없는 글쓰기'를 해야만 한다.

얼핏 보면 그들과 별로 차이가 없어 보일 듯도 한 나 역시 냉소적 기질이 충만한 사람이다. 하지만 냉소적 기질과 냉소주의의 차이는, 전자의 경우 자신의 냉소를 '냉소하지 않아야 할 대상'을 발견하기 위한 도구로 사용할 수 있다는 데에 있다. 즉 '냉소적 기질'은 '건전한 활동가'와 '낭만으로 치장한 약장수'를 구별하는 데 도움을 준다. 오버하자면 데카르트의 '방법적 회의'에 견줄 만한 '방법적 냉소'다. 그게 아니라 세상 모든 것을 냉소해야 한다면 우리는 세상사에 대한 냉소를 거두고 자기 먹고사는 문제에나 신경 쓰는 것이 옳다.

물론 많은 경우 글쓰기는 어떤 쓸모를 위해서가 아니라 자아실현이나 인정 투쟁을 위한 것이기도 하다. 하지만 한국 사회에서 한 줌도 안 되는 '운동권'이나 처절하게 무력한 '지식인' 따위를 냉소의 대상으로 삼는 게 인정 투쟁이 된다면 그건 너무 슬픈 일이다. 그들의 인생은 멀리서 바라보듯 결여하거나 폼나지 않다. 그 '결기'나 '가오'가 웃긴다고 떠들기도 전에 그들 역시 이미 비루하며 본인들도 그 사실을 잘 안다.

종종 냉소적 진리를 응시할지라도, 그리고 냉소적 기질을 떨쳐내지

못할지라도, 시리도록 차가운 그 감정을 가슴에 품고 냉소주의자가
아닌 삶을 산다는 것은 가능한 일이다. 물론 그것이 쉬운 일은 아니
지만, 그렇게 치면 그 바깥에 달리 쉬운 일이 있는 것도 아니다. 사는
건 대개 다 어렵다.

# 소수에 대한 혐오

한국의 부동산 가격이 소득에 비해 지나치게 높아서, 고소득 여성이라도 독립적인 삶을 살지 못하고 그 이상을 벌거나 물려받을 재산이 있는 남성과 가정을 꾸릴 궁리를 하게 되고 결국 '시월드'로 스스로 걸어들어가게 되는 것이다.

 

지인인 여성이 '일베'에 대해 분석해달라 요청했다. "아직 특별한 생각은 없다. 많이들 하지 않았느냐"고 답했더니 '남녀 관계'의 측면에서 봐달라고 했다. 그러고 보니 '일베' 유저들이 민주화 세력과 호남을 싫어하는 이유에 대해선 말들이 나왔으되, 여성이란 성별을 싫어하는 이유에 대해선 다소 무심하지 않았던가 싶다.

혹시 대답의 단초를 찾을까 싶어 서가에 꽂힌 책을 꺼내 들었다. 해나 로진의 《남자의 종말》은 4만 년 동안 세상을 지배한 남성들을 40년 전부터 여성들이 밀어내고 있다는 선정적인 주장이 담겨 있는 책이다. 교육, 연애, 결혼, 노동 등 거의 모든 영역에서 여성들이 남자를 밀어내는 양상을 담았다. 이런 주장으로 인해 저자는 남성들에게는 '극단적 페미니스트'로, 페미니스트들에겐 더 이상의 투쟁의 필요성을 부정하는 '안티 페미니스트'로 비판받았다 한다.

상황을 요약하자면 책에 나오는 '유연한 여자와 뻣뻣한 남자'다. 경제 위기가 일어날 때마다 '남성적인' 일자리들이 줄어갔는데, 여성들은 수십 년 동안 남성의 영역에 쉽게 진입한 반면 남성들은 여성의 영역에 진입하기를 머뭇머뭇하고 있다는 것이다. 남자들이 육아와 가사노동을 아주 조금 더 하게 될 동안 여자들은 훨씬 많은 비가사노동을 하게 되었다. 여자들은 '남성적 일자리'에도 진입했지만 남자들은 아직까지 '여성적 일자리'에 별로 진입하지 못했다. 저자는 이런 상황에서 기존에 '남성적인 것'이라 여겨졌던 성격을 여성들이 많이 보여주고 있다고 진단한다.

이런 상황은 '여권 신장'을 보여주기도 하지만 여성들이 지난 세기보다 더 많이 일하게 된 상황을 보여주기도 한다. 어쨌든 그 결과 남성들이 위축되기 시작한 것이 금세기의 풍경이다. 남녀의 성격 차에 대한 설문조사는 주로 진화심리학을 통해 이야기되고 있다. 그들은 동시대 모든 국가에서 비슷한 경향이 나오는 것을 남녀의 성격 차이가 문화적인 것이 아니라 선천적인 것이라는 증거라고 주장했다. 그런데 동시대 모든 국가에서 나타나던 성격의 경향이 '동시에' 변하고 있는 게 최근의 추세라고 생각해볼 수 있지 않을까?

'전 지구적 자본주의'라는 말을 습관적으로 쓰지만, 그 말이 지칭하는 조류 속에서 이제는 문화 역시 '전 지구적으로 동시에' 바뀌어가는 것인지도 모른다. 그래서 문화주의에 맞서 선천주의를 주장하려면 이제는 동시대의 여러 문화권만을 비교해선 안 되고 시대의 추세에 따른 변화까지 고려해야 하는 것인지도 모른다(아마도 백여 년의 설문조사 결과가 더 쌓이면 진화심리학의 주장들을 더 유의미하게 검증할 수 있을 것이다.).

그런 전 지구적인 변동을 반영하듯, 이 책에는 한국 사회도 등장한다. '여러 세기에 걸쳐 한국은 세계에서 가장 엄격한 가부장제를 구축'해왔지만 '남아 선호 현상'이 '여아 선호 현상'으로 역전된 조류에는 함께하고 있다는 것이다. 하지만 저자의 논의가 옳다 해도 한국 사회가 이 국제적 추세에 동참하고 있다고 보기는 어려워 보인다.

### 왜 한국 남성은 여성을 싫어하는가?

한국에서도 여성들은 이전보다 훨씬 더 남성과 동등한 교육을 받고 있고, 일자리에 진입하는 순간의 남녀 임금 격차는 꽤나 줄어든 것으로 보이는데도 이런 논의가 한국 사회에 적용되기는 어려워 보인다. 두 가지 이유가 떠오른다. 첫 번째 이유는 한국의 부동산 가격이 소득에 비해 지나치게 높아서, 고소득 여성이라도 독립적인 삶을 살지 못하고 그 이상을 벌거나 물려받을 재산이 있는 남성과 가정을 꾸릴 궁리를 하게 되고 결국 '시월드(시집에 대한 은어)'로 스스로 걸어들어가게 되는 것이다.

두 번째 이유는 이 책에 나오는 '일하다가 아이 낳고, 아이 낳고 와서 또 일하는' 여성의 양태를 실현할 만큼 한국 노동시장이 유연화되어 있지 않다는 것이다. 한국 노동시장은 비정규직 비율은 엄청나게 높지만 퇴직 이후에 다시 정규직으로 돌아오는 쪽의 '유연성'은 전혀 없다. '노동 유연화'가 사용자와 노동자 모두 '필요한 시기에 필요한 만큼 일하는' 것을 실현하도록 디자인된 게 아니라 단지 노동시장을 분할하고 임금을 후려치는 수단으로 변질된 탓이다. 통계적으로도 드러난바 한국의 남녀 평균임금 격차는 첫 임금의 차이에서라기보단 아이를 낳은 후엔 비정규직으로 돌아와야 하는 여성의 처지에 맞물려 정규직/비정규직 임금 격차로 나타난다.

즉 한국에서 '남자의 종말'을 지연하는 건 역설적으로 한국 특유의 사회문제들이다. 그리고 한국 남성이 여성에 대해 분통을 터트릴 때 주로 '젊은 여성'을 지목하는 이유는 바로 이 짧은 시기의 남녀만이 저 전 지구적 현상에 동참하고 있기 때문인지도 모른다. 하지만 '남성의 종말'을 지연하는 이 사회문제들, 높은 집값과 노동시장의 이중 구조 속에서 과연 한국 남성들은 다른 선진국의 남성들보다 행복한 걸까.

### 근거가 없는 외국인 혐오

여성 혐오와 함께 인터넷에서 쉽게 볼 수 있는 현상 중 하나가 외국인 혐오증(Xenophobia)이다. 이것은 이른바 '보수 언론'들이 주동하는 것도 아니고, 인터넷에서 찾아보기 쉬운 시민들의 자발적인 정서다. 언론들은 이제야 이 현상에 주목하기 시작했지만, 사실 누리꾼들의 반응을 유심히 지켜봤다면 어제오늘의 일이 아니라는 사실을 알 수 있다. 화재 사고에 희생당한 외국인 노동자에 대한 누리꾼들의 싸늘한 반응은 이례적인 것이 아니다.

정말 불법체류자들을 비롯한 외국인 노동자들은 우리의 일자리를 뺏고 있는가? 물론 서구의 선진국에서도 그러한 이유로 외국인들을 혐오하는 사람들이 있지만, 그것이 타당한 이유 같지는 않다. 이 문제에 대해 연구한 학자들은 외국인 노동자들이 유입된 직업의 경우 일종의 '낙인 효과'가 생겨서 그 후로는 내국인들이 고용을 기피하게 된다고 한다. 외국인들을 쫓아낸다고 해도 한국인들이 그 일자리를 차지하는 것이 아니란 얘기다.

사실 기업 입장에서는 한국인들보다 더 싸게 부려먹을 수 있기 때문에 외국인 노동자들을 기용하는 것일 게다. 자본이 마음껏 이동하는 세계화의 질서를 대개 긍정하는 우리들이, 노동의 이동을 부인한다는 것은 무언가 앞뒤가 안 맞는 일이 아닐까? 한국 사회는 이미 '전 지구적 자본주의'의 맥락에 합류한 지 오래고 그 질서 속에서 외국인 유입을 독려하는 건 바로 한국 사회의 문제들이다.

한국 사회로 유입되는 외국인들은 '노동 이주로 들어오는 남성'과 '결혼 이주로 들어오는 여성'으로 요약될 수 있다. 즉 산업화 결과 농촌 지역이 방치되어 '다문화 가정'이 생겨난 것이고 최저임금 이하의 급여를 줘야 유지될 수 있는 업종이 있기에 '외국인 노동자'가 생겨난 것이다. 한국 사회는 그들의 유입이 없으면 사회의 꼴을 유지할 수 없기에 그들을 받아들이는 것이지 무슨 민족의 순수성을 흩트리려는 세력의 음모 때문에 그들을 용인하는 것이 아니다. 새누리당 이자스민 의원을 학력 위조를 한 거짓말쟁이로 몰아세운 야권 지지성향 누리꾼들이 인터넷을 통해 드러낸 외국인 혐오 정서를 보면 한국 사회의 정치적 감수성이 얼마나 보수적인지를 새삼 깨닫게 된다.

사실 국민경제의 관점에서도 굳이 '외국의 것'을 혐오해야 한다면 외국계 투기성 금융자본을 혐오해야 더 타당할 것이다. 하지만 우리는 쌍용자동차를 인수하러 들어와 기술 유출을 하고 떠나는 상하이차나 마힌드라와 같은 '먹튀' 자본엔 무관심하거나 관대하지 않은가?

어떤 이들은 단체를 만들어 시위를 하면서도 자신들은 불법체류자를 반대하는 것이지 '외국인 혐오'를 드러내는 것은 아니라고 강변한다. 하지만 외국인 혐오에 대한 사전적인 설명을 보자면, 원래 그것은 불법체류자들의 범죄에 대한 과민 반응으로부터 시작하는 것이다. 그런 단체들은 그들의 범죄율이 현저하게 높다고 주장하지만, 데이터는 그들의 범죄율이 합법적인 외국인들보다 오히려 더 낮다는 사실을 증명한다. 또한 한국에 거주하는 합법적인 외국인들의 범죄율은 한국인들의 범죄율보다 낮다. '증오 범죄'가 늘어나는 지금 한국 사회의 모습은 외국인의 범죄가 아니라 계급 격차에 의한 내국인의 범죄를 고민하게 한다. 결국 그들의 말은 다른 나라의 외국인 혐오는 A이지만, 우리는 A여도 외국인 혐오가 아니라는 말과 같다. 그들은 차라리 "외국인 혐오가 왜 나쁜가? 극우파가 왜 그른가?"라고 물어야 할 것이다.

### 인종주의를 넘어 인권 감수성으로

외국인 노동자들이 대개 (지금의 세계질서에서) 우리나라보다 못사는 나라 국민들이기 때문에, 이 혐오증이 일종의 인종주의가 아니냐는 해석도 나온다. 물론 그런 부분이 있겠지만, 좀 더 총체적으로 접근해야 할 필요도 있다. 불법체류자처럼 법적인 논리를 들이밀 수 없는

백인계 외국인 영어 강사에 대한 일반인의 혐오도 만만치 않다. 주로 그들이 한국 여성들을 꾀고 있다고 생각하는 한국 남성들이 그러한 혐오를 드러낸다.

여기에는 민족주의 정서와 서구적 외모에 대한 열등감이 묘하게 중첩돼 있다. 이러한 열등감이 실존한다는 사실은 인도 파키스탄 지역 출신의 외국인 노동자에 대한 태도에서 확인할 수 있다. 즉 경제 능력으로는 제3세계 출신에 속하면서 외모는 아리안 민족의 핏줄을 따라 서구적인 이들은, 한국 남성들에게 가장 격렬한 증오의 대상이 된다. 그러면서 그들은 이들의 외모에 속아나가는 한국 여성들의 무지함과 품위 없음에 대한 조소도 잊지 않는다.

쇄국정책을 펼 수 없는 이상 한국 사회에 외국인 문제는 계속해서 발생할 수밖에 없다. 게다가 북한과의 평화 협력 교류가 지속된다면, 대한민국은 '섬'을 벗어나 대륙과 맞닿게 된다. 러시아와 중국, 특히 중국인들의 유입이 많아지게 될 텐데 그들을 멸시해서는 중국 정부와 좋은 관계를 유지할 수 없다. 갑자기 중국이 한국에 있는 자국민들을 보호해야겠다고 모종의 조치를 요구하면 어떻게 할 것인가? 인구가 많은 강대국과 맞닿은 국가의 존립 자체가 위험해질 수 있다. 외국인에 대한 인권 감수성을 키우는 일은 우리의 품위를 높이는 일일 뿐 아니라, 실리적으로도 올바른 일이다.

## 교양의 실종

'요즘 철학자'들의 이름을 들이밀면서 잘난 척하지만 무능하고 무력한 인문 오덕들이 얼마나 많은지. 그리고 그들의 글을 보면서 인문학의 필요성을 느낀다는 것이 도무지 가능한 일인지.

세기말엔 지식인들이 '요즘 대학생들은 사회과학 도서를 보지 않고 《인물과 사상》이나 보고 있다'고 비판했다. 당시 고등학생이던 나는 《인물과 사상》을 읽고 있었는데 내가 인생을 잘못 살고 있는 것은 아닌지 뜨끔했다. 십 년이 지나기 전에 《인물과 사상》은 망했고 지금 대학생들은 시사 잡지는커녕 소설책도 보기 힘들다. 나는 이 기억을 떠올릴 때마다 오늘날의 《인물과 사상》은 무엇일까를 생각한다.

사회과학 도서를 읽던 시대가 있었다. 마르크스를 알지 못하면 대학생 취급도 못 받던 시대였다. 이 시대가 망하게 된 과정엔 두 개의 역사적 사건이 있었는데, 하나는 소련의 붕괴였고, 다른 하나는 IMF였다. 이 시대가 끝나자 교양 도서를 소비하려는 대중의 욕망이 생겨났다. 출판 시장에서 그 욕망에 조응한 이들은, 후배들에게 세미나 커리큘럼을 전해주던 전 시대의 운동권들이었다. 이제는 몰라도 되는 사람도 아는 진중권과, 여전히 아는 사람만 아는 이진경이 그런 사람들이었다.

그들의 시대도 끝났다. 비록 그들이 출판 시장에서 계속 지분을 차지할지라도, 그들처럼 쓰는 이들이 시장에 신규 진입할 수는 없을 것이다. 내 글은 진중권과 이진경에 비해서도 가볍다. 그건 물론 나 자신의 배움이 모자란 탓이지만, 한편으로는 시대가 그런 배움과 글쓰기를 허용해주지 않는 탓이기도 하다. 나는 언제나 내 글을 읽는 사람들이 교과서 이외엔 한 권의 책도 읽지 않았다고 가정하고 글을 쓴다. 최소한 언어영역 문제나 논술고사의 제시문보다는 쉽게 쓰려고 한다. 학자가 아닌 나는, 그렇게라도 해야 먹고살 길이 열린다. 그런데 요즘은 내 글을 보고도 어렵다는 사람들이 있다. 현기증이 나게 변화가 빠른 세상이다. 십 년도 더 전에 나온 진중권의 《네 무덤에 침을 뱉으마》를 읽는다. 열 번도 더 읽은 이 책이 갑자기 어렵게 느껴진다.

## 교양이란 무엇인가

사람들이 알아야 할 것을 알지 못한다고 탓하지 말자. 이것은 한국의 사회적 조건이며, 어쩌면 유럽이나 미국이 도달하지 못한 자본주의의 최첨단이다. 한국의 대학생들은 그 사이버펑크보다도 현기증나는 공간에서 실시간으로 싸우고 있는 전사들이다. 이런 사회에서 '교양'은 자신이 왜 존재하는지를 자본의 관점에서 설명할 수 있어야 한다. 그런데, 그럴 수 있을까?

어느 게시판에서 공대생으로 보이는 친구가 내게 대들듯이 질문한다. "교양을 뭐라고 정의합니까?" 나는 대답한다. "어디에 쓸모가 있는지 똑 부러지게 얘기는 못 하겠는데, 여하튼 남들이 알아야 한다고 말하는 그런 것." 그는 흡족해한다. 그럴 법도 하다. 이 정의에 입각하여 그는 그런 걸 퇴출시키자고 주장할 생각이니까. 물론 나는 그의 생각에 동의하지 않는다. 그런데 그에게 동의하지 않으려면 어떻게 해야 하는지는 알 수 없다.

'이 시대에 가능한 교양에 대한 두 가지 정의의 방식이 있을 것 같다. 하나는 교양 지식을 그냥 그 분야에 관심을 가지고 있는 이들의 취미 생활로 만드는 것이다. 그러나 그렇더라도, 우리는 인문학의 쓸모를 묻는 질문에 대한 대답을 포기해서는 안 될 것이다. 돌아 돌아서라도 쓸모가 있기 때문에 인류가 이 돈 안 되는 한심한 취미 생활을 수천 년간 지속한 것이 아니겠는가. 그 필요성을 잃어버린 시대에, 그 필요성은 언제나 현재의 관점에서 재서술되어야 하는 것이 아닐까.

교양 독서의 필요성을 강조하는 다른 방법은, 이 책에 어떤 절대적인 진리가 있다고 주장하는 것이다. 나는 이런 말도 믿지 않는다. 교양 도서가 중요한 이유는 거기에 실제로 뭔가가 들어 있기 때문이 아니라, 우리의 생각과 고민들을 해결할 방향에 대해 조언해주고 있기 때문일 것이다. 만약에 거기에 '진리'가 들어 있다면, 과학 도서처럼 수년마다 갱신되고 이전의 것들은 버려져야 한다. 그러나 세월이 지났음에도 '읽어야 하는 것' 같은 느낌이 드는 책이 있다면, 그 안에 들어 있는 것은 오늘날 우리가 생각하는 과학적 진리와는 뭔가 다른 것이어야 한다. 그런데 그것을 '인문학적 진리'라고 포장하는 것은, 뭔가 있어 보일 수는 있겠지만 본질적으로는 '비겁한 변명'일 뿐이다.

왜 우리는 플라톤과 아리스토텔레스에서 여전히 영감을 얻을 수 있는 걸까? 그들이 영원히 불변하는 천상의 진리를 적어놓았기 때문이라고 말할 수는 없을 것이다. 그러나 그렇더라도 그들이 수천수만 년 동안 인간들이 해결하지 못했던 문제와 씨름했기 때문이라고는 말할 수 있지 않을까? 오늘날엔 아리스토텔레스가 확정지은 수많은 학문 분과들이 존재하고, 학자들은 각자 학문의 방법론들로 현재의 문제와 씨름한다. 그런데 그러는 학자들조차도, 가끔은 플라톤과 아리스토텔레스를 읽으며 '아하, 이런 관점도 있었지!'라고 경탄하게 되는 것이다. 이 정도면 그 그리스의 할아버지들을 우리가 존중해야 하는 이유가 되지 않을까?

여기서 우리는 그들을 존중하면서도 그들이 필요한 맥락을 잊지 말아야 한다. 그들이 필요한 이유는 분명, '지금 여기'의 문제를 해결하기 위한 길잡이로서 그들의 도움이 필요하기 때문이다. 그러니까 '지금 여기'의 문제를 호출할 수 없다면 플라톤과 아리스토텔레스도 필요가 없다. 인터넷에서 아무 철학자의 이름이나 검색해보라. 아무 학자 이름이나 주워대면서 제 지식의 풍성함을 자랑하는 그런 '인문 오덕'들이 한국 사회에 절실히 필요하다고 볼 수는 없지 않은가.

## 지금 여기 있는 우리들에게 필요한 것

후배들이 '어떤 철학자의 책'을 읽어야 좋겠느냐고 물을 때 고민이 된다. '교양이 되는 것은 물론 누구나 동의할 수 있는 철학의 대가들이다. 플라톤, 아리스토텔레스, 칸트 같은 영감님들, 그리고 슬쩍 현대로까지 넓혀보자면 니체나 비트겐슈타인 같은 험담꾼들이 그들이다. 그런데 나는 그들이 오늘날의 우리에게도 해당하는 고민을 붙들고 있다고 믿지만, 읽는 사람이 '지금 여기'에 대한 고민을 아직 확실하게 정리하지 못한 경우 그들의 말은 뜬구름 잡는 소리처럼 들릴 수 있다. 가령 칸트가 《순수이성 비판》이라는 황당하게 긴 글을 쓰면서 해명하려는 문제는 '선험적 종합판단이 가능한가?'이다. 이 말이 무슨 의미인지를 이해하지 못하거나, 이해하더라도 도대체 무슨 문제를 해결하기 위해 주어진 질문인지를 이해하지 못한다면, 이 책을 읽어봤자 무슨 의미가 있겠는가?

그런 경우에는 오늘날의 사회문제를 직접적으로 지적하고 있는 현대의 철학자들의 글이 더 도움이 될 수도 있다. 그리고 그런 철학자들의 글을 읽다가 대가들의 글을 읽을 마음이 들 수도 있는 거다. 그러나 요즘 철학자들의 글을 읽을 때라도 '지금 여기'의 문제에 주목하게 된다는 보장은 없다. 다시 인터넷으로 가보라. '요즘 철학자'들의 이름을 들이밀면서 잘난 척하지만 무능하고 무력한 인문 오덕들이 얼마나 많은지. 그리고 그들의 글을 보면서 인문학의 필요성을 느낀다는 것이 도무지 가능한 일인지.

나는 그래서 '철학도'가 아닌 일반인들에게 필요한 철학 교양의 출발점은 여전히 그리스 철학이라고 생각한다. 플라톤과 아리스토텔레스는 오늘날의 학자들처럼 전임자들이 던진 문제의 숲 속에서 씨름할 필요가 없었다. 그래서 그들은 그리스의 현실과 직접 맞붙어 싸웠다. 오늘날 우리가 이해하기 쉽고, 배워야 하며, 우리 사회에서 실현해야 할 비평은 그런 것이 아닐까 한다. 그래서 여전히 그리스는 우리에게 소중하다.

아리스토텔레스의 《니코마코스 윤리학》을 펼쳐보라. '윤리학'이란 말에 쫄지 마라. 그는 인간이 추구하는 바는 '행복'이라고 설명한다. 누구나 다 그렇게 말하지 않던가. 여기서 윤리학은 그 '행복'이란 것이 어떤 방식으로 달성될 수 있는지를 말해주는 실천적인 학문이다. 그러니까 아리스토텔레스의 경쟁자는 종교 경전이 아니라 자기계발서인 거다. 그는 당대 그리스 사회의 현실에서 흔히 사람들이 '행복한 상태'라고 칭하는 경지에 도달하려면 어떤 것들이 필요한지를 구체적으로 설명한다. 때로는 대단히 논리적으로, 때로는 대단히 현실적으로. 행복하려면 돈도 좀 있어야 한다는 사실까지 말한다. 나는 '지금 여기' 있는 우리에게 필요한 것이 우리 시대의 《니코마코스 윤리학》이 아니겠느냐는 생각을 종종 한다.

이를 위해서 동의해야 할 명제들이 있다. 그중 대표적인 것은 '나 자신의 이성으로 고찰해보지 않은 삶은 가치가 없다(혹은 덜하다)'는 명제다. 윤리 교과서에서 나온 고상한 말로 바꾸면 '주지주의(主知主義)'가 된다. 물론 오늘날엔 주지주의가 아니라고 스스로를 소개하는 철학들도 있다. 그러나 주지주의 자체가 철학을 탄생시킨 욕망이란 건 분명한 사실이다. 교양 지식은 그 욕망을 충족시키기 위한 도구들의 컬렉션 같은 거다. 욕망이 없다면 그 컬렉션은 아무 의미도 없다. 그러므로 한번 이렇게 물어보자. 당신은 당신의 삶을 이성적으로, 혹은 객관적으로 고찰해보기를 원하는가?

동생과 대화를 한다. 그녀와 또래 집단들이 공유하는 관심사들이 있다. 연애, 성형, 그리고 취업. 대화의 80퍼센트 이상이 그것으로 구성되어 있다. 한편, 그 얘기들을 지겨워하는 그녀 자신도 분명히 존재한다. 그런 경우 자신에게 묻는다. '도대체 왜 나는 이렇게 사는 걸까?'라고. 누구나 다 하게 되는, 그러나 자본주의 사회가 고도화될수록 구성원들에게 망각시키려고 애쓰는 그런 고민이다.

플라톤이나 아리스토텔레스의 시대엔 그런 고민이 상시적으로 떠올랐던 모양이다. 아리스토텔레스의 《형이상학》을 펼친다. 첫 구절이 이렇게 시작한다. "인간은 본성적으로 앎을 갈망한다.(All men by nature desire to know)" 슬프다. 이분은 인간은 원래 그렇다고 써놓았는데, 요즘 나는 인간이 정말로 그런지 모르겠다. 하지만 '앎'이라는 단어에 쫄지 말자. 다음 문장을 보니 우리가 무언가를 똑바로 보고 싶어 눈을 깜빡깜빡한다는 얘기를 써놓았다. 그럼 그렇지. 그런 식으로라면 우리가 앎을 갈망하지 않을 리가 없지. 그리고 그런 구체적인 '앎'들 위에, '앎에 대한 앎', '앎이 무엇인지를 반성하는 앎'이 존재한다. 이런 걸 '메타(meta)'적인 것이라 한다. 형이상학은 영어로 'Metaphysica'다.

그런데 우리는 이런 앎을 갈망할까? 알 수 없다. 그런 사람도 있지만, 안 그런 사람도 있잖은가. 너는 왜 성형하고 싶어하느냐고 물으면 어쩐지 기분이 나쁠 것 같다. 남들 다 하고, 하면 남들이 더 좋아할 것 같아서, 남들의 욕망 때문에 하는 건데, 그걸 그렇게 대놓고 물어보면 안 하던 생각을 해야 하잖아.

그렇다. 그 욕망은 이렇게 남, 그리고 나 자신조차 불편하게 한다. 그러니까 우리는 늘 '앎에 대한 앎'을 욕망할 순 없다. 그러나 아무리 그것을 싫어하는 당신이라도, 아주 가끔은, 그것을 욕망할 때가 있다. 생각 없이 사는 게 불안하거나, 원하던 일이 안 돼서 짜증난다거나, 읽고 있는 이 글이 심히 마음에 안 든다거나, 혹은 필자의 유려한 필체에 감탄했다거나, 이유는 수없이 많다. 그런 욕망이 들었을 때, 당신이 들춰볼 텍스트가 조금은 있어야 하지 않겠는가? 나는 나 같은 사람이 밥을 먹고 살아야 하는 이유를 이런 식으로 설득한다.

이에 동의했다 하더라도 문제는 많다. 그 '앎에 대한 앎'을 성립시키기 위해 무엇이 필요한지 말해봐야 하기 때문이다. 형이상학은 위험한 학문이다. 질문에 대해 요상한 대답을 내렸다가는 이상한 사람이 된다. 이런 길로 빠지지 않고 진짜로 '앎에 대한 앎'을 가지고 싶다면 필요한 게 많다. 공부만 한다고 되는 게 아니다. 비평의 방법론에 대해서도 알아야 하고, 비평의 재료에 대해서도 알아야 한다. 근데 말이 쉽지 이걸 둘 다 하기가 굉장히 어렵다.

예를 들어보자. 나는 20대들의 삶을 서사화하기 위해선 웹툰에 대한 비평이 필요하다고 믿는다. 그런데 비평을 하려면 비평의 잣대도 있어야 하고, 웹툰도 많이 봐야 한다. 대부분의 지식인들은 웹툰을 안 본다. 그리고 대부분의 웹툰 소비자들은 비평을 어떻게 해야 하는지 모른다. 아마도 그러니까 이런 일은 나 같은 사람이 해야 할 거다. 그런데 이건 능력만 문제가 되는 게 아니라 독자층도 문제가 된다. 지식인들은 웹툰에 관심이 없고, 웹툰 소비자들은 비평에 관심이 없다. 그렇다면 '웹툰 비평'이 무슨 맥락에서 의미를 가질 수 있단 말인가? 교양의 컬렉션을 의미가 있도록 하는 비평적 욕망에 대한 씁쓸한 성찰은, 나 같은 사람이 끝까지 가져야 할 질문이다.

우리 시대에도 '교양'은 의미를 가질 수 있을까? 우리에게 성찰적 앎이 필요하고, 그 앎에 대한 길잡이를 요구하는 한, '그렇다'라고 말할 수 있다. 하지만 이 대답은 낙관론이 아니다. 특히 교양이 없는 시대에 교양을 희구하는 개인의 차원에서 따져보자면 더욱 그렇다. 독자들이 알아야 할 것을 모른다고 질타하는 진보 좌파 지식인들의 꼰대질을 반복할 생각은 없다. 다만 우리의 소통의 토대가 될 어떠한 공통 지식도 소유하지 못한 이 '세계 없음'의 현실이 우리 세대의 근원적인 조건이라고 생각한다. 나도 당신도 그곳에서 산다.

만약 당신이 이 세계에서 교양을 추구하는 대학생이라면 나는 당신에게 도서관을 권할 것이다. 대학이 취업 학원으로 전락할지라도 책은 서가에 꽂혀 있다. 다른 하나는 인터넷이다. SNS를 비롯한 수많은 소통은 당신에게 책이 전해줄 수 없는 '맥락'의 진리를 전해줄 거다. 양쪽 모두 잘못 쓰면 독이긴 하지만, 우리에게 주어진 것은 그것밖에 없다.

# 군대와 영어

"부모님에게 사랑받는 자식이 되려면 어떻게 해야 하는가?" 모든 종류의 논거를 끌어들여서 군대 생활이 좋다고 치장하려는 건 알겠는데, "그걸 왜 네가 간섭해?"라는 말밖에 안 떠오르더라.

필자는 군대를 모두가 가고 싶어하는 곳, 지식사회의 최고 공헌 집단으로 변화시킬 기회가 있다고 말한 바 있다. 그 방안으로 국방부의 공식 언어를 영어로 지정하고 지식 중심의 군대로 재편할 것을 제안했다. 군 복무 기간 동안 모든 군인은 영어만 사용하게 하는 것이다. 즉 국방부의 시계를 영어로 돌리는 것이다.

군대가 가진 최대의 장점과 최고의 강점은 격리된 집단생활이다. 시간을 통제하고, 언어를 통제하고, 생활을 통제할 수 있는 유일한 조직이다. 명령하고 지시하고 정확하게 알아들었는지를 복창으로 확인하는 유일한 조직이다.

일반 사회와 격리되어 있는 조직, 영어만 사용하게 하는 절박한 환경을 창조할 수 있는 유일한 조직이다. 이런 강제력을 가진 조직이 군대 외에는 없다. 어느 사단을 정해서 시범적으로 운영해보고 차차 확

대해나가면 발생할 수 있는 문제들에 효과적으로 대처할 수 있을 것이다. 2년 동안 영어만 쓰는 군대 생활이라면 누구나 가고 싶어하는 조직이 될 것이다. (이강백, '군대 가면 영어 잘하게', 〈경향신문〉)

이런 입장을 보고 있으면 화가 난다. 첫 번째, 전 국민이 영어 회화에 능통하게 되는 것이 어떤 무리수를 써서라도 한국 사회에 실현시켜야 할 만한 가치일까? 이런 입장보다는 진중권이 비판한 이명박 정부 인수위의 영어 교육관(진중권은 영어로 된 고급 정보가 번역이 잘 되는 시스템을 만드는 게 더 시급하다고 말하는데, 나도 여기에 전적으로 동의한다)에 대한 네티즌의 갑론을박이 훨씬 더 문제의 본질에 근접한다.

두 번째 비판받아야 할 것은 인수위의 영어 정책과 비슷한 수준의 초현실성이다. 도대체 누가 징병제 사병들에게 영어로 명령을 내릴 수 있나? 어떤 장교가, 어떤 부사관이 그런 능력을 가지고 있는가? 엄청난 자금과 시간을 들여 전군을 닦달해도 장교와 부사관이 그런 수준에 이르는 것은 불가능해 보인다. 부사관 중에는 언어능력이 뛰어난 분들이 많지 않다. 우리 부대 행정보급관이 하는 말은 한국말인데도 알아듣기가 힘들었다. 짬밥이 쌓이면서 눈칫밥으로 알아들었을 뿐이다. 따라서 사병들이 영어 몰입 군 생활을 하는 것도 불가능하다. 그러면 다시 우리는 도대체 저 정책 목표가 이런 난리를 쳐서라도 실현해야 할 필요가 있는 것인지를 물을 수 있다.

세 번째로 비판받아야 할 것은 저런 주장은 군대가 존속하는 이유를 망각하고 있다는 것이다. 아무나 군대에 다녀오는 징병제 체제 내에서, 한국 남성들은 누구나 다 군대에 대해 아는 척하지만 실제로는 그것에 대해 어처구니없는 주장을 하는 경우가 허다하다. 가령 언젠가 내가 '남녀 개병제는 현재 실정에서 초현실주의적인 정책이다'라고 주장했더니 어느 예비역이 부대마다 남녀 부대를 따로 운용하면 된다고 반론했다. 가령 통신대대1은 남자 부대, 통신대대2는 여자 부대로 만들면 된다는 것이다. 내가 기가 막혀서 그러면 전투력이 어떻게 되느냐, 군대가 무슨 남녀를 평등하게 굴리려고 존재하는 집단인 줄 아느냐고 물었더니 덧글을 지우고 달아났다.

영어로 명령 체계를 만든다고 생각해보자. 명령 하달에 소요되는 시간이 몇 초씩 더 걸린다면 어찌 되는 것인가. 갑자기 전쟁이라도 난다면? 군대의 정책을 얘기하면서 전시 상황을 상정하지 않는 것은 말이 되지 않는다. "전쟁 나면 한국어로 바꾸면 되지." 평소에 연습해 오던 걸 버리고 갑자기 한국어로 돌아가면 한국말로 명령을 하달 받던 병사들보다 버벅거릴 건 뻔하다. 24시간 몰입 교육을 한다 해도 그 경지에 도달하긴 힘들 텐데, 군 생활을 해보면 삽질하느라 정작 병기본(兵器本) 교육받을 시간도 부족해서 행정 처리 하는 경우가 많다. 훈련 양도 못 채우는 군인들에게 영어를 우선적으로 가르치는 것은 코미디도 못 된다. 나라 지킬 사람 부족하다고 해서 끌려갔더니 보이스카우트처럼 조직을 운용하면 황당하지 않겠는가?

## 장병들이 애들인가

마지막으로 비판받아야 할 것, 그리고 내가 가장 화가 나는 것은 저런 유의 주장들이 대개 성인인 군 장병들을 애 취급하고 있다는 것이다. 이것은 진보나 보수를 넘어선 한국 사회 전반의 인권 감수성의 문제인 것 같다. 훈련소 정신교육 교재에서 가장 황당했던 구절은 이런 것이었다. "부모님에게 사랑받는 자식이 되려면 어떻게 해야 하는가?" 물론 이 질문에 대한 답은 군 생활을 통해 '부모님에게 사랑받는 자식'의 덕성을 함양할 수 있다는 것이다. 모든 종류의 논거를 끌어들여서 군대 생활이 좋다고 치장하려는 건 알겠는데, "그걸 왜 네가 간섭해?"라는 말밖에 안 떠오르더라.

내가 부모님에게 사랑을 받건 미움을 받건 그건 내 문제지 국가가 간섭할 일이 아니다. 국가가 진짜 간섭해야 할 문제들은 다른 곳에 있다. 군에서 펴내는 장병 복지 관련 지침들을 보면, 그들은 장병들을 국가가 부모님 품에서 빌려 온 것으로 간주하고 있다. 그래서 간부들에게 휴가 나가는 병사들이 되도록 부모님 집에 오래 머무르도록 강요하라고 권유한다.

물론 대다수의 20대 초반 남성들은 부모의 집에 얹혀산다. 부모가 벌어다 주는 돈으로 밥 먹고, 부모가 제공한 시설 속에서 풍요를 누린다. 그러니까 부모님이나 다른 사람들이 '어린이'로 취급하는 것을 감내할 수밖에 없는 경우도 있다. 하지만 그런 인식을 국가가 법적으로 성인인 남성들에게 공식적으로 피력하고 있다는 것은 또 다른 문제다. 공적인 영역에서조차, 우리는 법적인 요건에 의해서 성인의 권리를 획득하지 못하고, 관습의 힘에 의해 어른이 되거나 아이가 된다. 더 큰 문제는 이것이 문제라는 사실을 국가가 알지 못할 것이고, 많은 이들이 나처럼 분노하지 않을 거라는 사실이다.

군 당국이 가장 두려워하는 것(혹은 성가시게 생각하는 것)은 부모다. 왜냐하면 부모는 민원을 제기할 수 있지만, 병사들은 그럴 수가 없으니까. 그러니까 저런 식의 발상이 가능하게 된다. 내가 군복무의 의무를 규정한 법률에 복종해서 군대에 입대했다면, 국가는 한시적으로 내게 이런저런 명령할 권리를 가지지만, 그 명령은 국방의 목적에 관련된 것에 한정되어야 할 것이다. 그러니까 영어 몰입 교육 따위는 의무 사항이 될 수가 없다. 그러나 그들은 그런 구별이 귀찮다. 한 국가의 시민 된 처지로서 권리와 의무가 있기 때문에 군대에 끌려간 것인데, 그들은 마치 부모로부터 나를 양도받은 양 취급한다. 그런 식으로 구성원을 아이 취급한다.

한국의 많은 경영자들이 (요새는 종신고용도 안 해주는 주제에) 노동자들을 그런 식으로 아이 취급하고, 특히 이랜드 같은 경우엔 자기네들이 교회 장로인 것처럼 굴지 않던가? 영어 공용화 주장의 변용인 이런 주장은 정책 목표의 오류나 비현실성의 문제를 넘어 이처럼 한국 사회에서 분명히 극복되어야 할 어떤 몰상식에 기대고 있다. 요즈음에 와서 군대가 한국 사회에서 특출 나게 인권이 말살당하는 공간이라는 생각까진 들지 않지만, 여전히 그곳의 경험이 우리의 인권 감수성의 수준을 낮추고 있다는 사실은 확실한 것 같다.

# 정치의 소비

스무 살 이후 내게 당적이 없었던 시기는 딱 2년, 병역 의무를 이행할 때뿐이었다. 따지고 보면 당은 군대나 교회와 가장 흡사하다. 그래서 포기하기가 이렇게 어려운 가 보다.

2001년 겨울, 열아홉 살의 나이에 나는 민주노동당에 입당했다. '민노당 2만 당원'이란 말이 관용어이던 시절이었다. 당원 번호도 있었다. 25074였다. 당원이던 시절엔 이 번호가 내게 그다지 의미가 없었다. 하지만 '민노당 10만 당원'이란 말이 생기고, '친북 세력'에게 당을 뺏겨 탈당을 해야 하는 처지가 되자 서글픈 마음으로 이 번호를 외웠다. 나는 2008년 2월 탈당하여 진보신당으로 넘어왔다. 민주노동당 내 평등파 2만 중 탈당 후 흩어지지 않고 진보신당으로 흘러들어간 7천 명의 대열에 합류한 것이다.

통합진보당과 진보정의당에 밀려 존재감이 제로가 된 진보신당의 당원으로서 요즘 남한 사회에서 진성당원제*의 당원이 된다는 것이 무슨 의미인지를 묻곤 한다. 탈당하고 싶을 때가 한두 번이 아니지만 이 마음에 차지 않는 당을 벗어나면 남한 사회에서 내가 '비판적으로라도 지지할 마음이 드는' 정치 세력이 하나도 없다. 당원이 아닌 지지자로 사는 게 더 편하지 않느냐고 자문하기도 하지만 박봉에 고생하는 상근자들의 얼굴이 눈에 밟힌다. 이 당의 당원임이 자랑스럽지도 않은데 그들에게 내 한 푼이라도 보태기 위해 탈당을 유예한다. 물론 다행히도 '진보 정당의 당원'임이 별로 문제가 되지 않는 직장을 다니고 있기 때문이란 점도 크다.

이러한 선택의 기로에서 주저주저하면서 나는 '당원'이라는 정체성이 고통을 주는 한편으로 어떤 종류의 쾌락을 주는, 일종의 중독 증세가 있는 것임을 확인한다. 그리고 이 중독의 의미가 무엇인지를 물어본다. 그것은 아마도 '내가 무엇인가에 기여하고 있다는 느낌'일 것이다. 한국의 정치는 철저하게 여의도 중심으로 돌아간다. 의원, 보좌관, 관료, 출입기자들로 구성된 수만 명 정도의 사람들이 그것을 좌지우지한다. 정치평론가들 역시 그들과의 친분을 통해 정보를 얻고 그 정보를 바탕으로 판단을 내린다. 한국 사회에서 정치는 그 수만 명의 의지의 총합이며, 그 수만 명의 나머지 오천만 명에 대한 소외다. 물론 인류는 대체로 그랬고 수십 명이 수만 명으로 확대된 것만으로도 한국 사회는 지난 몇백 년간 인류 문명이 추구해온 민주주의 질서의 최정점에 근접해 있는 상태라고 덧붙여야 할 것이다.

---

※ 멤버십과 당비 납부의 의무를 지닌 당원을 기반으로 운영되는 정당 체제. 한국 사회의 보수 정당은 이런 형태를 취하지 않고 천 원, 이천 원 내는 명목상의 당원이나 당직 선거 때만 명부에 오르는 '페이퍼 당원'만을 가지고 있다. 그렇기에 기업의 정치 자금으로부터 자유롭지 못하단 평가를 받는다. 미국의 민주당과 공화당은 진성당원제 없이도 한국의 보수 정당보다 투명하게 운영되지만, 유럽의 많은 정당들은 진성당원제가 기본이다.

2009년, 〈조선일보〉에서 한 여론조사를 근거로 대학생들의 보수화가 진행되고 있다는 진단을 내린 적이 있다. 〈조선일보〉의 판단은 이런 상황을 '대세'로 몰아 자신들이 지지하는 정파에 힘을 실어주기 위한 행동으로 보인다. 그런데 그들이 근거로 내세운 여론조사는 서울대생들의 지지 정당 조사였다. 이 조사에서 한나라당이 20퍼센트의 지지율로 1위를 기록했다. 한편 진보신당은 19퍼센트의 지지율로 2위를 기록했다. 〈조선일보〉는 전자에 대해 막중한 의미를 부여했다. 하지만 진보신당의 전국 지지율이 2~4퍼센트를 오가는 현실을 생각해볼 때, 오히려 호기심이 생기는 것은 후자일 것이다.

서울대생들의 진보신당 지지율 19퍼센트는 무엇을 의미하는 것일까? 운동권들의 시각으로 볼 때는 서울대는 NL이 기를 펴지 못하는 곳이었으니 진보신당의 지지율이 높은 것은 당연하다고 말할 수도 있겠다. 하지만 오늘날 캠퍼스에서 운동권들이 영향력을 거의 상실했다는 점을 생각한다면, 이런 해석은 충분하지 않다. 막말로 민주노동당뿐 아니라 민주당 등보다도 진보신당의 지지율이 앞서는 현실, 그것도 한나라당과 엇비슷한 수준의 광범위한 지지율을 얻고 있는 상황을 설명하기는 어려운 것이다.

사람들은 이 사태의 원인을 '서울대생들의 한나라당 지지율'과 다른 것에서 파악하려고 들지도 모르겠다. 하지만 양자의 원인은 같은 것일 수도 있다. 만일 서울대생들의 한나라당 지지율이 다른 대학보다 높다면(이건 긴가민가한데), 혹은 그것과 상관없이 이전 시대에 비해 높아진 서울대생들의 한나라당 지지율(이건 확실할 텐데)에 대해 설명해야 한다면, '서울대의 강남화'라는 현상을 빼놓을 수 없을 것이다. 이전 시대에 비해 사회에서 중간계급 이상의 자제들이 서울대에 수월하게 입학하게 되었고, 서울대생들의 한나라당 지지율은 그 세태를 반영한다는 것이다. 하지만 이 원인을 통해 진보신당의 높은 지지율을 설명해본다면 어떨까?

말하자면 진보신당이 〈시사인〉에서 발명해낸 조어, '강남 좌파'의 이미지를 가지고 있다고 생각해보자는 것이다. 가질 만큼 가졌고 배울 만큼 배웠다고 생각하는 이들, 하지만 한나라당은 택할 수 없는 이들에게 진보신당이 민주노동당, 혹은 민주당에 비해 손쉽게 택할 수 있는 대안이라면? 좀 더 적나라하게 말하면 아침에 식사를 하며 '경제적으로 성공'한 부모님의 정치에 대한 훈시를 듣고 학교로 오는 대학생들에게 "저는 이 정당 지지하는데요"라고 말해도 "넌 아직 세상을 모르는구나" 정도의 소리는 들을지언정 "그런 이들도 필요는 하지"라는 수준의 코멘트는 얻어낼 수 있는 '안전한' 대안이라면?

아마도 '강남 좌파'들에게 다가오는 진보신당의 이런 이미지는 유권자들이 당장 한국 정치에 요구하는 정당이 어떠한 것인지를 미리 보여주는 것이 아닐까? 진보신당을 선택하는 근거에는 이명박은 싫지만 지난 십 년간의 민주당 집권 기간도 좋은 시절이었다고는 보지 않는다는 생각과 친북 시비가 일어나는 좌파는 싫다는 생각이 포함되어 있을 테니 말이다. 이를테면 그들은 일종의 정치적 얼리어답터들인 것이다.

그러나 이들의 판단이 진보신당의 미래에 대한 전망을 밝게 하는 것은 아니다. 무엇보다 진보신당이 그들이 그리는 이미지대로의 정당은 아니기 때문이다. 이것은 한편으로는 '강남 좌파'에 포섭되지 않는 진보신당의 건전함 때문이라 말할 수도 있을 것이고, 부르주아 정치 내에서 착근할 수 있는 전략을 짜지 못하는 진보신당의 무능함 때문이라 표현할 수도 있을 거다. 진보신당이 중간층 이상의 사람들이 희구하는 '대안 정당'의 이미지에 정확하게 부합하지는 않는 정당이라는 사실은 긍정적이기도 하고 부정적이기도 하다. 얼마나 긍정적이고 얼마나 부정적인지는 판단하기 어렵지만 말이다. 진보신당이 가지고 있는 '강남 좌파'의 이미지 역시 이와 마찬가지라고 하겠다.

훗날, 2009년 내가 분석한 진보신당의 이미지를 선거에서 가장 잘 활용한 정당이 나타난다. 2012년 총선에서의 통합진보당이다. 그들은 '운동권'의 맨 얼굴을 최대한 지운 '강남 좌파' 메이크업으로 소기의 성과를 거두었다. 하지만 총선 후엔 다시 '맨 얼굴 그대로의 이전투구(泥田鬪拘)'를 보였다. '사람들이 원하는 진보 정당'과 '내 이념으로 본 진보 정당의 쓸모'를 조화시키는 일은 이렇게 어렵다. 특히 후자의 경우 정파마다 차이가 있기 때문에 더 그렇다. 대중은 진보 정당들이 너무 분열해서 망한다 하지만, '민주노동당 분당'과 '통합진보당 사태'는 그들이 통합해도 뾰족한 답이 안 나온단 사실을 보여준다.


### 당과 군대와 야구팀과 교회의 공통점


그럼에도 당원이라는 정체성이 쾌락을 주는 것은 아마도 앞서 말한 '소외 현상' 때문일 것이다. 쌓여가는 통장 잔고나 끝없이 증대되는 권력에서 쾌락을 느낄 일이 없는 어떤 소시민들이나, '수만 명의 리그'에 포섭될 수 없는 사람들에게, 한 달에 만 원 내고 공무원이 될 자격은 박탈하면서 '정치'라는 것에 관여한다는 '느낌'을 주는 것이다. 약팀의 서포터즈들은 구단과의 거리가 가깝기 때문에 사실상 자신들이 선수들과 함께 뛴다고 여길 것이다. 내가 만난 넥센 히어로즈의 팬들은 자신이 좋아하는 선수들의 연봉을 자신들이 준다고 생각하는 경우도 있었다. 진보 정당이란 것도 따져보면 비슷하다. 물론 이 '느낌' 역시 환상일 수밖에 없지만 세상에는 환상이라는 걸 알고 소비하는 환상도 있는 것이다.

객관적인 조건은 암울하지만, 참고 견디면 2002년에서 2004년 사이에 그랬듯 언젠가 다시 한 번은 내가 그 당의 당원임이 자랑스러운 시기가 올 거라고 믿고 싶다. 스무 살 이후 내게 당적이 없었던 시기는 딱 2년, 병역 의무를 이행할 때뿐이었다. 따지고 보면 당은 군대나 교회와 가장 흡사하다. 그래서 포기하기가 이렇게 어려운가 보다.

# 내려가는 사회

친구 하나는 그랬다. "내가 불행한 것도 문제지만, 아이를 이런 세상에 낳기는 싫다"고. 옳든 그르든 지금 세대가 세상에 대해 느끼는 감정이 이렇다.

영화 〈맘마미아〉를 좋아한다. 뮤지컬을 본 적은 없지만, 아바(ABBA)의 노래와 지중해 아름다운 섬을 배경으로 한 모녀의 사랑 이야기는 정겹다. 그런데 최근 문득 영화의 내용을 씁쓸하게 곱씹어보게 되었다. 이 영화에서 '청춘'은 부모 세대의 추억 어린 과거를 가리키는 말이지, 현재의 청년들과는 관련이 없다. 록 콘서트를 따라다녔던 소녀들, 히피들, 파리에서 사랑을 나누었던 연인들의 기억은 가슴을 두근거리게 하지만 그 낭만은 오늘날의 것이 아니다. 아마도 영화는 68세대의 청춘에 대한 후일담과 중년이 되어 세상에 적응했던 모습을 보여주면서 그들 특유의 자의식을 드러내는 것 같다. 그 자의식은 한국 사회의 386세대들이 '청춘'이란 말을 경외하고 소비하는 태도와도 포개진다.

오직 기성세대만이 청춘을 예찬한다는 사실은 놀랍지도 않다. 오늘날 한국 사회의 모든 정파와 세대들이 "모름지기 청춘이라면……"이란 조건문으로 시작되는 당위 명제를 읊조린다. 그러나 그중에서도 386세대가 독특한 부분은 그들이 '청춘'과 자신들을 전혀 구별하려 들지 않는다는 데에 있다. (적어도 다른 이들의 경우 '청춘'을 타자로 인정하기는 한다.) 그들은 마치 스스로 여전한 청춘의 일원인 양 청년들과의 대화에 끼어들려 한다. 그런데 회사 생활이 아니라 군대 생활만 해봐도 알 수 있는 사실이지만, 어떤 경우에는(상당히 많은 경우다) 적당히 권위적인 상급자보다 "마음을 툭 터놓아보자"라며 덤벼드는 상급자가 훨씬 부담스럽다. 그렇기에 소통을 위한 그들의 노력은 대개 실패하는데, 이때에 그들은 자신들의 방식을 반성하는 게 아니라 하늘을 쳐다보며 "청년들이 별로 청춘인 것 같지 않다"고 한탄하는 경향이 있다.

자신들은 여전히 진정한 청춘의 본질을 간직하고 있는데 오늘날의 젊은이들은 태어날 때부터 닳아빠졌다고 탄식하는 것이다. 청년 세대의 언어를 탐구한 엄기호의 책이 《이것은 왜 청춘이 아니란 말인가》란 제목을 택한 것도 아마 그러한 조류에 항변하려 했기 때문일 게다. 하지만 이제는 '청춘'의 시대가 끝났다고 말하는 게 더 정답에 가까울지 모른다. 자본주의 체제가 존속하는 한 또다시 68혁명이나 반문화 운동과 같은 체제의 사춘기가 올 것 같지는 않다.

비슷한 얘기로 한국의 대학생 문화에서 1980~1990년대란 시절은 다시 돌아갈 수 없는 '넘사벽'에 가로막혀 있다. 기온이 떨어지는 가을에 태어난 아이들은 그렇게 태어난 까닭에 봄의 아이들처럼 낭만을 말하지 못하는지도 모른다. 그런데 이 경우에도 문제가 되는 것은, 청년들이 '닳아빠진' 존재가 된 현실을 규탄하는 게 아니라 그 조건 속에서 우리가 무엇을 할 수 있을지를 탐색하는 것이다. 가령 '20대 개새 끼론'으로 알려진 시사평론가 김용민처럼 "대학생 때도 저항하지 못하는 이들이 회사원이 되면 얼마나 보수적으로 변하겠느냐"고 말하는 건 자신들의 삶의 궤적을 '정상'으로 설정하고 후세대를 비판하는 것밖에 안 된다. 대학생 때가 인생에서 가장 진보적인 순간이었단 게 그렇게 자랑할 일은 아니지 않은가? (훗날 그는 〈나꼼수〉에서 자신은 대학 시절 보수적이었으나 극동방송에서 해고당하면서 달라졌음을 고백한다. 나는 그의 말보다는 경험을 신뢰한다.)

특히 진보 진영의 '어른'들은 자신들과 물질적으로 혹은 업무적으로 엮이지 않는 활동가·예술가 후배들은 과도하게 칭찬하면서 막상 자신들이 삶의 공간에서 만나게 되는 청년들에게 그들 세대 특유의 빛바랜 윤리적 진정성을 요구하곤 한다. 이것은 그 자체로도 부당하지만, 더 큰 문제는 그런 부추김 속에서 점점 더 청년들의 운동이 '또래들의 현실'이 아니라 '선배들의 꿈' 속에서 지탱되게 된다는 것이다. 이것은 오늘날 다른 종류의 삶을 꿈꾸는 청년들이 빠지게 되는 가장 손쉬운 함정이다. 우리가 이 함정 속에서 시간을 보낼 만큼 여유로운지는 모르겠다. 겨울이 오고 있다.*

## 올라간 부모 세대, 내려가는 청춘 세대

저출산 문제 등을 놓고 기성세대가 오늘날의 청춘 세대에게 "이해

---

* HBO 인기 TV 시리즈 〈왕좌의 게임〉에 나오는 격언인 '겨울이 오고 있다(Winter is coming).'에서 차용.

는 하지만 우리는 그보다도 더 어려운 환경에서 아이를 낳고 길렀는데 지금 상황이 힘들다고 포기하면 안 된다"고 말하는 경우가 많다. 물론, 이해는 한다. 하지만 저출산이 '의지'의 문제가 아닌 '사회적 현상'이란 문제를 지나치더라도 다른 측면이 분명히 있다.

러시아의 시인 푸슈킨은 "마음은 미래에 사는 것"이라 말한 바 있다. 하지만 〈응답하라 1997〉에 대한 열광에서 여겨지듯 지금 한창 아이를 낳아야 할 그 세대의 마음은 이미 과거를 산다. 흔히 예전의 한국 사회와 지금의 차이로 '계층 이동 가능성'의 유무를 둔다. 과거의 사람들이 계층 상승이 가능하다 믿었고 그게 실존했다면, 지금의 사람들은 그게 거의 불가능하단 걸 이미 알고 있다는 얘기다.

그러나 문제는 계층 이동 가능성을 넘어선다. 부모님 세대는 사회 내에서 자신의 계층이 상승하지 않더라도 자신의 삶 자체가 상승한다고 느꼈다. 그리고 그것은 진실이었다. 사회는 올라가는 중이었다. 아이를 낳아야 한단 사실에 의문을 품은 바도 없지만, 아이를 낳게 된다면 그 아이의 삶이 나보다 더 나을 거란 것도 그들에겐 명약관화한 진실이었다. 실제로 어르신들을 만나보면 그렇게 부유하지 않은 분들도 '얼마나 세상이 좋아졌냐'라고 말씀하시곤 한다.

하지만 이 세대가 세계에 대해 가지는 '느낌'은 그와는 정반대다. 그들은 청소년기와 청년기 초반에 그들이 누렸던 삶의 질을 유지할 수 없다는 사실을 '안다'. 그리고 그들 부모님 세대가 그들보다 훨씬 고생했다는 것도 '알고' 있지만, 엄청난 요행이 생기지 않는 한 자신의 평생 기대소득이 부모에게 미칠 수 없음을 '안다'.

이것은 부모 세대로서는 매우 놀라운 일이고 받아들일 수 없는 일이다. 자녀 세대가 그러한 내심을 고백한다면 그들은 대번에 자녀들이 '야망이 없다'고 질타할 것이다. 그들의 생각으로는 자신이 좀 더 잘나 가지 못한 이유는 교육받지 못했기 때문이므로, 자신보다 훨씬 교육받은 자녀는 자신보다 훨씬 잘살아야만 한다. 심지어 그들은 자녀 세대의 기대소득을, 자기 또래의 비슷한 학벌과 학력을 가진 이가 현재 거두는 소득으로 놓는다. 교육과학기술부가 전국 학부모 1432명을 대상으로 실시한 조사에서, 그들이 자녀가 취업했을 때 기대하는 소득의 평균은 연 5천만 원이었다.

이러한 상승과 하강의 '느낌'이 삶의 질이나 행복도에도 직접적인 영향을 미치는 것이 아닐까? 어릴 때는 신문에서 가난한 나라 사람들의 행복도가 의외로 높다고 보았는데, 후에는 부자 나라 사람들의 행복도가 높다고 하다가, 요즘은 복지가 잘된 나라 사람들의 행복도가 높다 한다. 소득과 복지로 인한 삶의 안정성 문제와 함께, 성장하는 사회인지 정체하는 사회인지가 행복도에 영향을 끼치는 것은 아닌지 한번 고려해볼 일이다.

그렇다면 부모님 세대가 자신들이 세상을 만들어낸다 여겼던 그 '박정희 시대'를 향수하는 것만큼이나, 이 세대 사람들이 아이를 낳기 싫어하는 것도 이해받을 만한 감정이 아닐까? 친구 하나는 그랬다. "내가 불행한 것도 문제지만, 아이를 이런 세상에 낳기는 싫다"고. 옳든 그르든 지금 세대가 세상에 대해 느끼는 감정이 이렇다.

2부
# 루저들의 사회
### 여긴 어디? 나는 누구?

# 20대 멘토 담론의 현실

이런 실정에선 멘토가 청년들에게 멘토링을 하는 것이 아니라, 삶에 지친 청년들이 어떤 종류의 조언들을 소비하기 원하며 그렇기 때문에 그것들을 생산할 사람들을 바란다고까지 표현할 수 있다.

## 키워드로 살펴보는 20대 멘토들

멘토가 되려면 무엇이 필요할까? 일단은 지금의 세상이 어떤지에 대한 현실 인식이 필요할 것이다. 그리고 청년들에게 귀감이 될 수 있는 삶의 지침이 필요할 것이다. 전자를 평가하기 위해 현실 인식의 적실함을, 후자의 실질적인 효과를 위해 청년들에게 어필할 수 있는 권위의 필요성을 논할 수 있을 것이다. 이 기준으로 20대 멘토 담론에 관한 책을 꼽아보았다.

우석훈·박권일, 《88만원 세대》(베니앙, 2007)

김어준, 《건투를 빈다》(푸른숲, 2008)

우석훈, 《혁명은 이렇게 조용히》(레디앙, 2009)

김난도, 《아프니까 청춘이다》(쌤앤파커스, 2010)

엄기호, 《이것은 왜 청춘이 아니란 말인가》(푸른숲, 2010)

김형태, 《너 외롭구나》(예담, 2011)

이 책들은 제각각 어떤 현실을 담아내거나 담아내지 못한다. 그리고 저자들은 어떤 방식의 권위를 체득하고 있고 그것을 행사한다. 김난도와 우석훈과 엄기호의 경우 '강의자'라는 데에서 권위가 나오고, 김어준과 김형태와 박권일에게는 '남들과 다르게 살았는데도 안 죽고 살아남았다'는 사실 그 자체에서 권위가 나온다. 그런데 여기서 언급한 강의자들도 자신의 인생 성공담을 늘어놓는 이들은 아닌지라, 결국엔 '남들과 다르게 살았는데도 안 죽고 살아남았다'는 사실이 권위가 된다. 20대들의 말을 이끌어내려고 노력하는 엄기호라는 예외가 있기는 하지만, 대부분의 경우 청년들은 그 권위를 인정하며 그들의 말을 받아들인다.

이런 실정을 알면서, 이들의 담론을 가까이서 지켜본 내가, 이 저자들에게 어떤 말을 할 수 있을까? "바리케이트를 치고 짱돌을 들어라"는 우석훈과 박권일의 조언이 현실 세계의 20대들에게 전혀 와 닿지 못하더라고 비판해야 할까? 우석훈이, '프레카리아트'*와 같은 비정규 노동에 대한 문제 제기를 하는 일본의 아마미야 카린 같은 활동가가 한국에 필요하다고 역설하는 것은 또래가 자신의 위에 서는 걸 견

---

* 아마미야 카린의 저서 《프레카리아트―21세기 불안정한 청춘의 노동》에서 나온 개념으로 앞으로의 세대가 처할 수밖에 없는 노동 환경인 '불안정 노동'을 총칭해서 아우르는 말이다.

디지 못하는 20대들의 성정(性情)을 무시하는 것이라 말해야 할까? 김
난도의 조언이 결국 그의 강의가 대상으로 하는 서울대생들에게나 최
적화된, 80년대 대학을 다닌 기성세대의 꼰대질이라 말해야 할까? 자
못 진보적인 척하는 김어준과 김형태의 조언이, 한국 자본주의의 현
실과 동떨어진, 서구 68세대나 한국 386세대의 추억을 더듬는 퇴행적
인 것에 불과하다고 말해야 할까? 엄기호는 이들과는 전혀 다르게 강
의실의 청춘들의 생각을 수렴하여 시대를 모색하는 방법을 택했지만
그렇기 때문에 그는 결코 20대들의 멘토가 될 수 없었다고 말해야 할
까? 물론 이 모든 말이 가능하다. 그러나 한편으로는 부질없어 보인
다. 그 이유는 이들의 담론이 소비되는 양상이 이런 식의 조언의 내용
에 대한 비판과 전혀 다른 층위에 놓여 있는 것만 같기 때문이다.

### '정치의식'이라는 링의 필요성

이 책들을 당신의 발밑에 일렬로 늘어놓아 본다고 상상해보라. 어
떤 순서로 늘어놓고 싶은가? 이 책의 저자들은 아마도 스스로를 '진
보'로 여기는 사람들일 것이다. 사람들이 이들에게 가진 이미지는 천
양지차겠지만 이들은 가령 이번 대선에서 박근혜를 지지하거나 기권
을 했을 사람들이라 상상하기는 어렵다. 이들 중에선 박권일과 엄기
호가 가장 '왼쪽'에 선 이들이겠으나, 다른 이들의 면면을 생각하면
꽤 정치적으로 보이는 이와 꽤 탈징지석으로 보이는 이가 이번 대선
에서 문재인 후보를 지지했을 가능성을 충분히 상상할 수 있다. (나는
지금 남들의 투표 성향에 시비를 걸고 있는 것은 아니다. 지식인의 '이미지'와 그의 지지 정

치인을 통해 드러나는 정치 성향 사이에 일정한 차이가 있을 수 있다는 얘기다.)

그래서 저자들의 정치 성향의 스펙트럼으로 책을 배열하는 것은 의미가 없는 일인 것 같다. 차라리 이 책들은 스타일을 통해 배열될 수 있을 것 같다. 서툴게 손을 놀리고 나니 책이 두 패로 갈린다. 한편에는 일종의 '상담 수기'의 역할을 하는 책들이 있고, 다른 한편에는 무언가에 대해 '설명'하는 책들이 있다. 전자에는 김어준, 김난도, 김형태가, 후자에는 우석훈, 박권일, 엄기호가 배열된다. 그런데 이러한 분류는 어떤 보수 성향 필자들이 청년들에게 조언하는 책을 저술한다 할 때에도 동일하게 나타나지 않을까? 가령 복거일이나 공병호와 같은 이들이 이 도식에서 후자에 배열될 수 있다면, 허다한 자기계발 도서들은 전자에 소속될 것이다.

여기서 드러나는 것은 오늘날 '좌'와 '우'의 대립쌍이 두 가지 의미를 가진다는 것이다. 첫 번째 의미는 물론 통상적인 의미인 사회를 바라보는 총체적인 시각에서의 좌우 변별이 될 것이다. 그러나 오늘날 더욱 부각되고 있는 두 번째 의미는 사회를 바라보는 총체적인 시각을 가진다는 것 자체가 하나의 진보적인 행위가 될 수 있고, 그 반대편에 있는 보수성이란 것은 진보와 경쟁하는 것이 아니라 그저 그 총체성을 포기할 뿐이라는 데에 있다.

소위 진보적 지식인들이 복거일이나 공병호와 같은 우익 필자들을 비판하거나 조소하는 것은 쉬운 일이다. 그러나 진보적 지식인들에게 훨씬 더 어려운 일은, 오늘날의 청년들에게 사회를 바라보는 총체적인 시각을 가져야 할 필요성을 납득시키는 것, 본인과 복거일(또는 공병호)이 경쟁하고 있는 그 장에 청년들을 끌어오는 일이다. 출판 시장에서 그들의 대립각에 서 있는 것은 복거일이나 공병호가 아니라 차라리 김훈이나 장영희일 수가 있다. 여기서 우리는 상대편의 광활함에 화들짝 놀라게 되는데, '김훈이나 장영희'라는 말이 포섭하는 바가 너무나 크기 때문이다.

'이념보다 밥벌이'를 말하는 섹시한 마초 소설가와, 생명과 삶의 소중함을 말하는 감성적인 에세이스트는 전혀 다른 종류의 글쟁이인 것 같지만, 이 영역 전체에 대해 '진보 지식인'들은 개입하지 못하고 있는 것이다. 적어도 김훈의 독자들은 스스로 보수주의적이라 생각하거나 보수주의자의 책을 읽고 있다 생각할 가능성이 있지만, 장영희의 독자들은 정치적 보수주의의 차원에 있다기보다 아예 그 변별 바깥에 있다.

여기서 나는 김훈이나 장영희를 읽는 독자들이 정치에 관심이 없다거나 정치적 보수주의자라고 질타하는 것이 아니다. 오히려 말하려는 바는 정반대인데, '좌우' 변별과는 상관없는 이러한 '삶의 태도'의 영역을 진보 담론이 전혀 공략하지 못한다는 사실 자체가 문제인 것이다. 그리하여 '김훈이나 장영희'를 읽는 독자들이 굳이 탈정치적이거나 보수주의적일 이유는 없어 보이는데도 불구하고, 그러한 소설과 에세이를 읽는 독자들의 상당수는 정치의식을 가질 필요성을 느끼지 못하고 있다.

즉, 진보 지식인들이 링 위에 올라온 이들을 상대할 수 있다고 천명할 때 사실상 링이 필요하다는 사실 자체가 관심의 대상이 되지 못하는 그런 일이 발생하고 있는 거다. 결국 지금의 우리에게 필요한 것은 링이 필요하다는 사실을 어떻게 납득시킬 것이냐다.

## 진보 멘토? 보수 멘토?

20대 세대론과 청년 담론의 범람은 이 필요성을 무의식중에 자각한 진보 진영의 나름의 대응 방안으로 여겨진다. 그러나 이 과정에서 청년들을 사회문제 인식의 장으로 끌어들이는 것이 아니라 사회문제를 말하는 지식인들이 새로운 자기계발 담론을 통해 '멘토' 역할에 대한 경쟁을 시작한 것에 가깝다. 물론 여기서 '멘토'나 '멘토링'이 보수적이라고 질타하는 것은 큰 의미가 없다. 시장의 필요가 되었든 사람들의 심리 문제가 되었든 '멘토'를 요구하는 구조가 있었을 때, '88만 원 세대' 담론의 주창자도 멘토로 군림하게 되었고 그 세대론에 기반하여 청년층에게 이런저런 메시지를 전달하려는 이들도 멘토의 역할을 떠맡게 되었다는 분석이 더 타당하다.

여기에서 드러나는 진정한 문제, 혹은 슬픈 현실은 사회문제에 대한 총체적 인식에 대해 열심히 말하던 '진보적 어른'들에게 청춘의 삶에 대한 구체적인 조언을 요청할 경우 '보수적 멘토'들과 다르게 말할 수 있는 무언가가 없다는 것이다. 명문대생들이 고시나 공무원 시험에 몰리고 대학생 일반의 '취업 눈높이'가 높아져서 대기업에만 지원하는 현상에 대해선 이명박 대통령이나 〈조선일보〉도 우려를 한다. '취업을 안 해도 살 수 있으니 겁먹지 마라'고 당부하는 박원순이나 진중권의 충고가 이에서 크게 벗어난다고 보기는 어렵다. 진보적 평론가들은 특히 김난도의 《아프니까 청춘이다》에 대해 이런 문제를 제기할 가능성이 높지만, 김어준이나 김형태의 '남 눈 신경 쓰지 말고 하고 싶은 일 하면서 살라'는 조언의 현실 정치적 함의가 '공무원이나 대기업 정규직 지망하지 말고 중소기업 가거나 창업하라'는 우파의 조언과 겹쳐 보인다고 말한다면 내가 너무 예민한 걸까?

앞서 나는 멘토의 구성 요소로 현실 인식과 삶의 지침을 들었다. 그런데 일단 후자에 집중할 경우, '삶의 지침'이 청년들에게 수용되는 방식에는 굉장히 묘한 구석이 있다. '무규칙 이종예술가'라는 김형태의 '이태백' 세대에 대한 독설이 블로고스피어에서 크게 '히트' 친 것이 2003년이었다. 청년들은 자신들을 강하게 질타해주는 '어른'을 바라는 듯했다. 그리고 그 질타를 통해 관심을 얻기를 바라는 듯했다.

김형태의 청년에 대한 조언들의 모음이 《너 외롭구나》라는 제목으로 묶여 나온 것은 그런 관점에서 이해될 수 있다. 《아프니까 청춘이다》에 실리기 이전에 이미 네이버와 싸이월드에서 크게 히트 친 김난도의 '슬럼프'란 글도 마찬가지다. "나는 '슬럼프'라는 말을 쓰지 않아. 왠지 자신을 속이는 것 같아서……. 그냥 게으름 또는 나태라고 하지."라는 식의 맥락을 고려하지 않은 비난이 이어지다가 "여전히 너는 너야. 조금 구겨졌다고 만 원이 천 원 되겠어? 자학하지 마."라는 구절로 맺어진다. 오늘날의 청춘은 질타받기를 원하는데, 그것은 질타받는 것도 자기 존재를 증명하는 하나의 방법이기 때문이다. 그들의 질타가 쌩뚱맞으며 그 뒤엔 구조적 문제가 있지 않느냐는 지적이 오히려 그들의 '자기'에겐 더 감당하기 힘든 문제일 수 있다.

이런 실정에선 멘토가 청년들에게 멘토링을 하는 것이 아니라, 삶에 지친 청년들이 어떤 종류의 조언들을 소비하기 원하며 그렇기 때문에 그것들을 생산할 사람들을 바란다고까지 표현할 수 있다. 그리고 《88만원 세대》나 《이것은 왜 청춘이 아니란 말인가》역시 이와 같은 조언을 '토해내달라는' 요구에서 자유로울 수 없는 것으로 보인다. 우석훈은《혁명은 이렇게 조용히》에서, 마치 '멘토'처럼 등장해서 오히려 청년들에게 '운동'을 요구하는 퍼포먼스를 벌인다. 한편《이것은 왜 청춘이 아니란 말인가》의 엄기호는 청년층의 말하기를 이끌어내면서 오히려 기성세대에게 이 시대의 청춘에 대해서 '들으라'고 요구하고 있는 것 같다. 이 작업들이 성공한다면, 청년들을 향한 '조언'은 사라지고 그들은 자신들이 던진 질문을 되돌려 받게 된다. 그리고 이는 지친 삶을 위안받기 위해 서가를 기웃기웃하는 대다수의 청년들이 원하는 바는 아니다.

사회과학과 멘토링, 혹은 현실 인식과 저자의 권위라는 두 개의 링이 있다. 이것은 한쪽이 진보적이고 다른 쪽이 보수적이라는 식으로 양자택일될 사안은 아니며, 좌파 우파 양쪽 모두 '개입'해야 할 하나의 영역이다. '20대 멘토'라는 영역에 묶이는 저자들은 이 두 개의 링에 개입하면서 어떻게든 답을 찾고자 한다. 특히 진보주의자들의 시각에서 지금까지 그 답들이 만족스럽지 않지만, 김난도의 조언을 냉장고 앞에 붙여놓고 삶에 대한 주문을 외우는 어떤 청춘도, 우석훈이나 엄기호의 책을 읽고 위안을 받고 상처를 치유했다 말하는 어떤 청춘도 우리 사회의 구성원이다. 멘토는 추상적인 단언이 아니라 멘토링이란 활동에서 나올 것이니, 나는 딜레마를 극복하기 위한 이들의 시도가 지속적인 활동을 통해 업그레이드되기를 희망한다. 그리고 누군가는 계속 이들에게서 위안을 얻기를.

# 루저는 '세상 속의 자신'을 어떻게 인식하는가

엄친아들이 승리자인 세상은 젊은이들에게 완벽하게 이해 가능한 세상이다. 그 세상엔 신기한 것도 내가 모르는 것도 없고 다만 나의 욕망, 아니 부모님의 욕망에 엄밀하게 조응하여 움직이는 피에로들이 있을 뿐이다.

## 〈비트〉에서 싸구려 커피로

2009년, 장기하의 〈싸구려 커피〉가 인터넷 커뮤니티 여기저기서 울려 퍼질 때 문득 나는 1990년대 후반 사춘기 소년들의 막막함과 갑갑함을 대변했던 허영만의 〈비트〉를 떠올렸다. 이 만화는 1998년에 완결되었고, 완결되기 전인 1997년에 영화화되어 그 당시 극장에 걸린 한국 영화로서는 꽤 인기를 끌었다. 영화는 성인관람가였지만 당시의 수완 좋은 중고등학교 남학생들은 어떻게든 비디오를 빌렸다. 그러곤 무공비급을 얻은 젊은 협객의 심정으로 부모님이 안 계시는 친구 방에 삼삼오오 모여 숨죽이며 비디오를 보는 것이었다. 나는 중학교 기말시험이 끝난 직후 흔히 수업을 하지 않고 반 전체가 비디오를 보는 그 며칠의 느슨한 시기에 소위 '일진'이 빌려온 그 영화를 단체 관람했던 것 같다.

김성수 감독의 영화는 곧 잊혔지만 만화의 여운은 오래 남았다. 주인공은 고교생들이었고, 시대적 배경은 한국 사회에서 학벌 질서가 가장 공고했던 '1990년대'다. 천부적으로 싸움을 잘하는 남자 주인공 '이민'은 어느 '노예팅'에서 십만 원의 가격에 여자 주인공 '로미'에게 구매된다. 로미는 부유층 자제에 서울대를 목표로 하면서도 가끔 일탈이 필요한 아이였다. 전혀 다른 삶을 살아갈 것 같던 그들은 로미가 친구의 자살을 계기로 '대입 전선'에서 이탈하게 되면서 몇 년의 인연을 더 이어간다.

만화와 달리 영화의 이민(정우성)은 처음부터 기성 질서를 거부하는 듯한 눈빛으로 로미와 사랑에 빠졌고 죽어갔다. 반면 만화의 이민은 강남에서 '내신 4등급'을 벗어나기 위해 강북으로 전학 온 아이였고 머리는 나쁘지 않았지만 결국 입시 체제에 적응하지 못하고 겉돈다. 그는 친구 태수나 좋아하는 여자인 로미와 자신 사이에 계급의 격차가 엄연하다는 사실을 깨닫고 있었다.

영화 개봉 이후, 완결된 만화에서 이민이 '가늘고 길게 살겠다'고 말할 때 그건 쿨(cool)한 표현이 아니라 체념의 대사였다. 그러곤 결국 그는 우여곡절을 겪지만 로미를 포기하고 자주 가던 밥집의 딸과 결혼해서 길거리에서 테이프를 팔며 살아간다. 만화의 스토리 작가는 영화와는 달리 루저(loser)가 세상 속에서의 자신을 파악하고 적당한 위치에서 소시민이 되어 삶을 지속하는 모습을 보여주고 싶었던 것이다.

## 학벌 사회의 잉여 인간들

이민이 살아남은 시대와 그로부터 십여 년 지난 오늘날 우리의 시대는 비슷한 것 같으면서도 무척 다르다. 가장 다른 것은 '루저 정서'가 발생하는 위치다. 단순하게 말하자면 과거의 루저는 학벌 구조의 바깥에 위치했다. 그러나 오늘날의 루저는 바로 학벌 구조 안쪽에 있다. 〈비트〉의 이민과 로미는 대학에 진학하지 못했기에 '루저'로 취급된다. 집이 잘사는 로미에겐 해외 유학을 통해서라도 다시 기회가 주어진다는 식의 계급적 차이는 존재하지만, 그 세계에서 '잉여 인간'의 규정은 대학 진학 여부다. 그러나 오늘날의 잉여 인간들은 '학벌 사회의 잉여 인간들'이다. 오늘날의 루저 문화는 대학에 진학한 이들이 좌절에 빠져드는 정서인 것이다.

디시인사이드에서 폭발적인 지지를 받아 1만 장 이상 판매된 장기하의 〈싸구려 커피〉는 물론이거니와 한때 블로그에 자주 소개되던 언더 힙합 뮤지션 FANA(화나)의 〈잉여 인간〉을 봐도 그렇다. 〈싸구려 커피〉의 화자는 '뭐 한 몇 년간 세숫대야에 고여 있는 물마냥 그냥 완전히 썩어가지고' 살았다고 말한다. 대학을 다니고 취업 준비를 한 사람이 아니라면 오히려 공감할 수 없는 내용이다. 이를테면 아르바이트 일자리를 바꿔가며 그냥저냥 간신히 살던 이들이 그 반복되는 일상을 '세숫대야에 고여 있는 물'로 표현하기는 어려울 것이다. '빙학노 아닌데 오늘도 방 안에만 처박힌 내 모습'이라는 〈잉여 인간〉의 서술은 훨씬 더 직접적으로 대학생의 정서를 드러낸다.

어째서 이런 현상이 생기게 된 것일까. 무엇보다도 우리 사회의 경제구조의 변동과 큰 관련이 있다. 고등학생 이민이 삐삐를 차고 다니며 또래들과 싸움을 하다가 로미의 호출을 받고 달려갈 무렵 한국 사회는 IMF를 맞이했다. 1990년대 초반 학번의 대학생들은 IMF 이전에 취업을 한 '운 좋은' 동기들과 이런저런 핑계를 대며 취업을 유예하던 '운 없는' 자신 사이에 심연의 간극이 생기는 것을 체험했다.

특히 군대를 다녀오자 세기말이 닥쳐온 남학생들에게는 여자 동기들과의 비교가 살인적인 스트레스였다. 선배들은 수월하게 취업하는 것을 보다가 눈앞에서 문이 닫히는 것을 바라본 이들 또래는 386세대로부터 '정치의식이 없다'는 핍박을 받으며 그 세대 핍박의 논리를 철저하게 내면화하거나 그 세대에 대한 특별한 증오심을 가지게 되었다. 오늘날 '20대 망국론'을 공개적으로 떠드는 김용민이나 386 패거리가 나라를 망치고 있다고 규탄하는 변희재를 그 연배의 대표로 생각해도 무리는 없을 것이다.

IMF를 '극복'해내는 동안 문제는 더 심각해졌다. IMF 이전의 한국 사회는 기업들은 빚을 져도 개인들은 저축을 하는 사회였다. IMF 이후의 한국 사회는 기업들만 돈을 쌓아두고 개인들은 빚을 내어 돈을 굴리는 사회로 변모했다. 이제 개인은 안정된 직장에서 받는 쥐꼬리만 한 월급으로 알콩달콩 삶을 꾸리는 소소한 행복의 권리를 박탈당했고, 기업가적 마인드를 장착하고 담대한 마음으로 인생 역전을 노릴 수밖에 없었다. 사람들은 삐삐를 버리고 삼성 휴대폰을 샀다. 사람들의 인생이 팍팍해지는 십 년 동안 삼성은 다른 모든 재벌을 따돌리고 세계적인 글로벌 기업으로 자라났다. 다른 기업 총수들이 감옥에 갈 때에도 검사들에게 월급보다 더 많은 돈을 주며 국민국가를 쥐

락펴락하는 '글로벌 기업' 말이다.

벤처 기업에 새로운 성장 동력이 있다고 정부가 선언하자 돈이 그곳으로 몰리고 무분별한 창업이 시작되었다. 벤처 열풍을 믿고 공대에 진학한 젊은이들은 졸업하기 전에 그 열풍의 거품이 빠지고 미풍이 되는 순간을 목도했다. 어느 포털 사이트에 연재되던 〈공대녀 라이프〉란 웹툰이 있었다. '공대녀'인 작가 자신이 여성이 별로 없는 공대에서 겪은 소소한 생활을 그려 인기를 얻던 만화였다. 어느 회에선가 그녀와 친구들은 이렇게 말했다. "벤처 열풍 끝났대…… 우리 이제 취업 다 했다." 그것은 특정 시기에 공대로 잔뜩 유입되었던 그 청춘들이 어떻게 다른 영역으로 흩어지게 되었는지에 대한 정확한 스케치였다.

간단히 요약하자면 이렇다. 학벌 사회는 균질화된 학벌 엘리트들의 대다수를 대기업들이 안정적으로 고용해줄 수 있을 때에 제대로 작동할 수 있는 체제다. 그러나 IMF 이후 이 체제는 끊임없이 위기를 맞이하고 있다. 대학생들은 이전과는 달리 고등학생 때보다도 더욱 치열한 경쟁의 공간에 노출되었지만, 그럼에도 불구하고 '괜찮은 일자리'의 숫자는 점점 줄어만 간다. 어떤 이들은 심지어 이전 시대의 이민과 로미들이 한없이 부러워하던 명문대생임에도 불구하고 그렇다. 말하자면 이들은 어른들이 시키는 대로 다 했고, 그래서 경쟁에서도 승리를 거뒀는데도, 그럼에도 불구하고 앞날에 희망이 없는 그런 열패자들이다. 학벌 사회의 승자이면서 잉여 인간이 된 것이다. 이들의 열패감은 상상을 초월한다. 수월하게 취직했던 몇 학번 위의 선배들이나 얼마 안 되는 자리를 잡아채는 데 성공한 친구들과 자신을 끝없이 비교하게 되기 때문이다.

## 왜 정말로 힘든 사람들은 '희망'을 말할까

생활 세계에서 열패감을 강하게 내뿜는 이들은, 왜 담론의 영역에서 자신의 어려움을 얘기할 수 없을까. 그럴 수 없다. '어른'들은 스스로 비정규직 현장에 뛰어든 20대나 학자금 대출을 메우기 위한 아르바이트로 세월을 보내는 지방대생들 정도를 제외하면, 부모의 자산을 축내며 이런저런 준비를 하는 20대들 일반을 여전히 '팔자 좋은데 무능한 놈들' 정도로 치부하고 있기 때문이다. 특히 그들의 학벌이 '인 서울(in 서울, 서울 소재 대학들을 말함)' 정도라면 더 말할 나위도 없다.

사실 사회의 규탄 이전에 이들 스스로가 자신들의 처지에 대해서 부끄러움이란 감정을 내면화하고 있다. 사회와 부모와 자기 자신이 협력하여 그린 셀프 이미지(self image)에 훨씬 못 미치는 삶을 살고 있기 때문이다. 그네들이 특별히 잘난 척을 한 것도 아닌데 사회가 말해왔고 부모가 기대한 수준에 비해 바닥을 기고 있으니 부끄러울 수밖에 없다. 요즘 보이는 루저 문화라는 것은 이 부끄러움을 그나마 유머러스하게 풀어내려는 노력에서 나온 것이라 말할 수 있을 것이다. 그런 의미에서 이 정서는 정치적인 각성과 자기 학대의 중간 정도에 위치한다.

그런데 여기에서 하나의 문제가 발생한다. 루저 정서를 가지고 루저 문화를 만들어내는 이들이 사회에서 가장 어려운 이들은 아니라는 그런 역설 말이다. 《88만원 세대》의 공저자 박권일의 말을 빌리자면 88만원 세대 담론은 명문대생들이 가장 심각하게 받아들였다. 내 주위를 돌아봐도 취업의 문이 좁아진 세상에서 자신의 미래를 가장 심각하게 회의하는 것은 명문대생들이다. 왜냐하면 이들에겐 미래의 낙차가 '하늘과 땅'이기 때문이다.

　가령 이들이 대기업 정규직이라는 목표를 가지고 있다고 생각해보자. 명문대생에게 이 목표는 '달성되거나 안 되거나'다. 그리고 양자 간에 얼마나 현격한 차이가 있는지 잘 알고 있으며, 그렇기 때문에 목표를 달성하기 위해 안간힘을 쓴다. 주위에는 그 목표를 이미 달성한 사람도 있을 것이며, 그렇기 때문에 그는 더 그 목표에 안달하게 된다. 그러나 한편으론 그 대기업 정규직이라는 것도 자신이 바라던 삶이 아님을 인지한다. 금융권 취직이 가장 수월하다는 서울대 상경계열 학생들도 자신이 얻게 될 직장에 대해서 고민과 회의가 많다. 회사에 가봤자 영업직이고 자신이 원하는 종류의 관리직이 되고 싶어도 그 위에 미국 명문대학 MBA를 정점으로 하는 새로운 학벌의 피라미드가 있음을 발견한다. 그들은 집에 돈이 많지 않으면 공기업을 지망하는 것이 낫다고 말한다. 경쟁이 극심한 체제에서는 '자유경쟁'과는 거리가 먼 직장을 갈망하게 되는 것 같다.

　경쟁 체제를 찬양하는 어른들의 입장에서 볼 때는, 이들 명문대생은 천재적인 창의력을 가지고 다른 이들까지 먹여 살릴 수 있는 새로운 길을 열어줘야 할 사람들이다. 그러나 최근 신문 보도에 따르면 드디어 SKY 학생들까지 9급 공무원 시험의 문을 두드리기 시작했다. 이미 예전부터 전해지던 사례들이다.

　그러나 이보다 더 어려운 처지에 있는 이들, 예를 들어 흔히 지잡대

출신이라고 불리는 이들은 '하늘과 땅'의 현격한 차를 인지하거나 '하늘'도 별로 행복하지 않다는 사실을 깨달을 만한 여력이 없다. 왜냐하면 이들의 목표는 일단 저 명문대생들과 동등한 레벨에 서는 것이기 때문이다. 그들은 그렇게만 되면 뭔가 길이 있을 거라고 '희망'한다. 그 희망에 맞춰 열심히 살아도 모자랄 이들에게, 그 '희망' 너머에도 별것이 없다는 얘기를 할 수는 없다.

가끔 명문대에는 음악이 좋다고 홍대 주변을 배회하다가 몇 년 만에 돌아와서 강의실에 앉아 있는 고학번 친구들이 있다. 이 친구들은 명문대에 왔기 때문에 그 몇 년을 허비할 기회를 만들 수 있었던 거다. 물론 대개는 그 허비한 시간에 아무런 의미도 느끼지 못하고 침울한 표정으로 강의실에 앉아 있지만 말이다. 출발선에서 그들보다 뒤진다고 느끼는 다른 대학생들은 그 시간에 편입을 준비하거나 학점, 토익, 자격증 등에서 최대한 불리함을 상쇄하려고 애를 쓴다. 시간을 허비할 자유가 없기 때문에 다른 것을 추구해보겠다는 욕망 자체를 느끼지 못한다.

고졸들의 경우는 어떨까. 비정규직 투쟁 사업장으로 유명한 어느 업체의 해고 노동자들 중에 나보다 조금 어린 20대 여성이 있었다. 고졸로 노동자가 되어 꽤 오랫동안 이곳저곳에서 일한 바 있던 그녀는 그곳에서 오랜 시간 동안 복직 투쟁을 함께하다가 그 투쟁이 전국적으로 유명해질 무렵 아버지에게 머리채를 붙들려 집으로 끌려갔다. 지인들 말에 의하면, 그녀는 최근 수능 공부를 시작했다고 한다. 처음에 고등학교를 졸업하고 취업 전선에 뛰어들 때, 그녀는 그렇게 많은 것을 바라지는 않았을 거다. 그냥 일하면서 돈을 약간씩 모으고 좋은 남자 만나 결혼해서 애 낳고 살기를 바랐을 거다. 그러나 그런 평범한 소망이 충족이 안 되는 상황에 던져졌던 거다. 그녀에게 누가 "어차피 대학을 졸업해도 비정규직이 되기 십상이니, 에너지 낭비하지 말고 그대로 살라"고 충고할 수 있을까?

그러나 감히 그렇게 충고할 수는 없을지라도, 현실은 잔혹하다. 명문대생들의 고난은 도미노처럼 지방대생들에게 더욱 가혹하게 전가된다. 서울에서 밀려난 수도권 명문대생들은 지방에 존재하던 소수의 괜찮은 일자리에 유입되었고 지방대생들은 말 그대로 샌드위치가 되었다. 지방의 공장에 취직하는 20대들 중엔 대졸자나 대학 중퇴자가 꽤 있지만 애초부터 학력을 속이는 경우가 많다고 한다. 왜냐하면 회사 측에서 지방대 졸업생을 고졸보다 경쟁력이 없는 존재로 치부하기 때문이다. 이는 공장만의 문제가 아니라 '기간제 교사' 등을 채용할 때에도 나타나는 문제다. 내가 아는 이들은 기간제 교사를 구하는 이들이 석사 학력을 외려 부담스러워한다고 증언하기도 했다. 아마도 여기엔 '어리고 뭘 몰라야' 쉽게 부려먹을 수 있고 해당 직장을 오래 다닐 것이라는 고려가 깔려 있을 것이다. '비정규직'을 채용하는 주제에 '정규적으로 착취당할 수 있는지'를 고려하는 웃지 못할 상황이 벌어지는 거다.

그런 상황에서 취직 걱정을 하는 지방대생들은 차라리 희망을 말할 수밖에 없다. 출발선상이 애초에 다르기 때문에 이렇게 토익 점수 따고 자격증 따면 명문대생과 비슷한 반열에 오를 수 있을 거라고 위안하거나, 이게 실패해 비정규직 노동자가 되었을 때에도 살다 보면 괜찮아질 거라고 일단 위안해야 한다는 것이다. 자신이 포함될 수도 포함되지 않을 수도 있는 현실에는 문제의식을 가질 수 있지만 자신이 벗어날 수 없는 조건에 대해서 문제의식을 가진다는 것은 차원이 다른 고통을 수반하는 일일 게다. 이들에게 《88만원 세대》 담론은 벗어날 수 없는, 받아들여야 하는 조건일 뿐이다. 그렇다면 체념하고 위로하는 것이 빠르다.

강사들의 증언을 들으면, 《88만원 세대》를 가지고 수업을 하면 오히려 학생들이 이렇게 말한다고 한다. "저자들이 세상을 너무 부정적으로 바라보는 것 같습니다." 이런 상황이 말하는 것은 무엇일까. 문화평론가 이택광이 〈미디어오늘〉에서 한 말을 빌리자면, "현실을 비참하게 느낄 수 있다는 것 자체도 '특권'이라는 사실을 장기하 현상은 잘 보여준다." 하지만 이 말은 그 '특권'을 진짜 '특권'으로 받아들이라는 말은 아니다. 그 비참함은 특권의 눈으로 바라볼 때 드러나는 '가짜 비참함'이 아니라 실제로 현실의 비참함이니 말이다.

## 우리는 정말로 엄친아를 부러워하는가

여기서 우리는 '사회가 시키는 대로 했지만 만족스런 결과를 얻지 못한 그 열패자들' 위에 도대체 무엇이 있는지를 물을 수밖에 없다. 처지가 다른 학벌 사회의 잉여 인간들과 잉여는 아니지만 공장에서 부속품 취급을 받는 비정규직 노동자들 위에는 도대체 어떤 종류의 승자들이 있는 것일까.

2005년 웹툰 〈골방환상곡〉 8화에 나온 이후 일반명사로 등극한 '엄친아'에서 그 실마리를 찾을 수 있을 것 같다. '엄친아'는 '엄마 친구

아들'의 준말로 부모가 자식과 대화를 하는 문맥에서 튀어나오는 '너 (자식)보다 잘났고 완벽한 존재'를 가리키는 말이다. 이 말이 '매우 잘난 타인'을 가리키는 보통명사로 사용되었다는 사실에서 우리는 몇 가지 세태를 추론할 수 있다. 첫째, 자녀의 취업 문제는 그 개인의 문제가 아니라 그 가정 전체의 팀플레이의 문제다. 둘째, 취업 준비를 하는 자녀는 여전히 부모의 눈을 거쳐 세상을 바라본다. 셋째, 부모의 욕망과 자녀의 욕망은 더 이상 구분되지 않는다. 엄친아라는 말의 의미를 자조적으로 수용하는 젊은이들의 문맥에서, 부모의 욕망에 저항하는 자녀의 욕망은 이 시대엔 더 이상 존재하지 않는다고 말할 수 있다.

나는 엄친아라는 말이 그 수많은 젊은이들에게 스트레스를 주는 대상이자 어디에도 존재하지는 않는 대상이면서도, 실은 그 실체가 '별것 아닌' 것이라는 데에 주목한다. 그 완벽한 존재는 알고 보면 '최고 명문대에 다니고 잘생기고 부모님께 효도'하며 '그런 그에게 지금 취업난은 장난일 뿐'인 존재다. 그러니까 그는 고액 연봉자, 즉 노동자다. 하다못해 엄친아의 규정은 그가 그 고액 연봉으로 어떻게 즐겁게 사는지도 가르쳐주지 않는다.

다시 한 번 이 조어가 탄생한 대화의 문맥을 생각해보면 이런 일이 왜 생기는지를 쉽게 알 수 있다. 가령 젊은 나이에 사장이 되었다거나 벤츠를 몰고 다닌다거나 따위의 서술은 엄친아에 포함되어서는 안 된다. 왜냐하면 이 규정은 부모가 자식을 갈구는 문맥에서 작동하기 때문에, 자식이 자신이 부르주아가 아님을 자각하고 부르주아를 시기하도록 해서는 안 되기 때문이다. 아마도 엄친아에서 허용되는 '사장'은 인터넷 쇼핑몰 사장 정도가 고작일 것이다. 엄친아가 번다는 돈으로 어떻게 사는지 알 수 없고 자식과의 대화에서 그런 것은 등장하지 않는다. 실은 자식들도 그 고액 연봉자가 요트를 타고 다니기는커녕 매일 회사에서 과로로 찌들어 지낸다는 사실을 잘 알고 있다. 그러니 당연히 그런 것에 관심을 가질 리가 없다.

이를테면 시기라는 감정은 상대방이 내가 잘 모르는 어떤 쾌락을 누리고 있을 거라는 의구심에서 발생한다. 상대방이 내가 알고 있는 어떤 것을 나보다 더 잘 누리고 있을 뿐이라고 생각한다면 그 부러움은 심각해지지 않는다. 이런 맥락에서는 가령 이등병이 가지고 있는 병장에 대한 부러움은 시기의 감정은 아니다. 이등병은 병장이 부러운 이유를 명확하게 알고 있기 때문이다. 그리고 병장들은 끊임없이 후임들의 처지를 자신과 비교하면서 자기 자랑을 하는데, 그 이유는 그의 쾌락은 오직 더 처지가 나쁜 이들과의 비교의 문맥에서만 발생하기 때문일 것이다.

군대에서 혹은 과외를 하다가 강남 중산층 출신의 또래들을 만날 기회가 있었지만 그들이 언제나 부러운 것은 아니었다. 가령 '돈이 많아도 여자가 나오는 술집에나 다니겠지'라고 생각한다면 그런 상황이 부럽지는 않다. 어차피 나는 여자 나오는 술집에는 안 가는걸. 그러나 그가 양주 맛을 감별할 줄 안다는 사실을 알게 되면 이때부턴 얘기가 다르다. 그가 나보다 더 가진 자원으로 할 수 있는 구체적인 일이 있고, 그 일이 내가 상상하지 못했던 일이라는 것을 지각하면 미칠 듯이 부러워지는 것이다. 더 모호한 사례도 있다. 내가 내무반에서 철학책을 눈을 반짝이고 보고 있으면 고참이나 동기들은 호기심에 모여들어 이것저것 물었다. 바깥에서 그런 책을 가지고 다니는 이를 봤다면 그들은 '읽지도 않는 걸 들고 다니기는!'이라고 냉소하면서 지나갔을 것이다. 하지만 실제로 누군가 그런 걸 보면서 '재미'를 느낀다는 걸 깨달은 순간 호기심을 느끼게 되었던 것이다.

우리 시대의 '승리자'인 엄친아들의 문제는 그들에게선 '시기심을 불러일으키는, 내가 모르는 쾌락을 누린다는 의구심'을 느낄 수 없다는 데에 있다. 엄친아들이 승리자인 세상은 젊은이들에게 완벽하게 이해 가능한 세상이다. 그 세상엔 신기한 것도 내가 모르는 것도 없고 다만 나의 욕망, 아니 부모님의 욕망에 엄밀하게 조응하여 움직이는 피에로들이 있을 뿐이다.

### 루저들 간의 연대는 가능한가?

승리자에게 '다른 욕망'이 없기 때문에 루저들은 가끔 그 '다른 욕망'이란 것을 욕망한다. 가령 장기하 1집의 타이틀곡 〈별일 없이 산다〉는 듣는 사람에게 시기심을 불러일으키는 노래다. 그러나 이 노래를 부르는 사람들이나 듣는 사람들이나 "별일 없이 산다", "뭐 별다른 걱정 없다", "사는 게 재밌다"라고 말할 수 있는 처지는 아니다. 루저는 자신이 욕망하는 것들을 잘 알고 있고 고작 자신이 욕망하는 대상들만으로도 사회 전체가 돌아간다는 것을 잘 알고 있기 때문에 사회를 냉소한다. 시기할 것이 없는 곳에서 냉소는 싹튼다. '젊은이들의 보수화'라는 것도 이런 문맥 위에 있다. '다른 것'을 보여주겠다는 '좌파 어른'들에게 젊은이들은 되묻는다. 세상에 다른 게 어딨냐고.

시기할 만한 사람이 10만 명, 아니 1만 명만 있어도 다른 정치성이 나올 것이라고 말할 수도 있다. 그러나 이것은 우둔한 진술이다. 한 두 명의 예외적 존재라면 모를까, 그런 집단은 그것이 나올 만한 경제적 조건에서만 가능하다. '다른 것'이 싹트지 않을 만큼 경제적으로 팍팍한 곳이기 때문에 그것들이 없는 것이다. 청년 창업을 지원하자는 우파의 전술을 '밑 빠진 독에 물 붓기'라 비판할 수 있다면, 청년 활동가나 독립적인 청년 문화생산자를 지원하자는 좌파의 전술도 마찬가지 방식으로 비판될 수 있다.

가끔 세상에는 다른 것이 있다고 믿고 싶은 여학생들이 글쟁이나 예술가들의 모임을 따라 떠도는 광경을 보게 된다. 그네들은 거기서 속물을 만나고는 다시 상처받는다. 그런 얘기를 들으면 나는 웃으면서 "(그 예술가들이) 조금만 더 벌이가 좋았다면 그들도 충분히 그걸(그 속물성을) 가릴 수 있었을 텐데."라고 말한다. 나는 오랜 경험을 통해 예술가나 운동권들의 정신 건강이 회사원에 비해 얼마나 황폐한 수준인지도 알고 있고, 그들이 '예술성'이나 '진보성' 같은 어휘들을 그 황폐함을 가리기 위해 어떻게 활용하는지도 잘 알고 있다. 정신 건강은 연봉에 의해 전적으로 규정되지는 않지만 대체로 '양의 상관관계'를 지닌다. 예술계와 사회운동 진영의 현실은 일반 사기업보다 훨씬 더 황폐하기 때문에, 거기서 살아남는 중인 이들의 감성이 자본주의의 다른 영역에서 살아남는 중인 이들의 감성보다 나을 리가 없는 것이다.

시대의 조류인 '냉소'에 기대어 단언해보자면, 더 이상 이 세상에 새로운 것은 존재하지 않는다. 루저는 새로운 것을 만들 수 없다.

1990년대에 일본의 사회학자인 미야다이 신지는 길거리에서 원조교제를 하는 여고생들이 새로운 삶의 방법을 발견했다고 주장했다. 가족, 학교, 지역사회를 넘어서는 길거리라는 제4공간에서 여고생들은 성적 자기결정권을 가지고 나름대로 후기 근대에 적응하고 있다고 본 것이다. 그러나 그 사회학자는 십 년 후에 그 여고생들이 정신 치료를 받게 되었음을 깨닫고 자신의 주장을 철회한다. 일자리나 수입이 뒷받침되지 않는 한 '새로운 공간'에서 안도감을 얻는 이들이 그 모습 그대로 삶을 지속할 수는 없다. 결국 경제구조를 뛰어넘을 수 있는 '새로운 것'은 체제를 섣부르게 극복하려는 기성세대의 욕망 속에서나 존재한다. 나는 이 사례가 2008년 촛불시위를 주도한 십대 '여고생'들에 대한 한국 진보 지식인들의 '열광'에 정확하게 포개진다고 생각한다. 그들이 향후 어떤 세상에서 어떻게 살 수 있을지는 생각하지 않고 '새로운 아이들'이 나왔다는 열광을 반복하는 것이다.

루저 문화의 시사점이 있다면 루저를 이해하지 못하는 사람들이 느끼는 애매하면서도 색다른 '새롭다'는 정서가 아닐 것이다. 오히려 루저는 새로운 것은 아무 데도 존재하지 않는다는 것을 엄친아나 심지어 어른들보다 명료하게 인지하는 주체다. 기성세대가 말하는 꿈이나 희망, 열정 등이 무가치하다는 사실을 누구보다도 잘 알고 있는 것이다. 앞에서 나는 루저 감성이 정치적인 각성과 자기 학대의 중간 정도에 위치한다고 썼다. 하지만 여기서 자기 학대와 루저 감성과 정치적인 각성은 다른 문맥에서 놀고 있는 것이 아니다. '새로운 욕망'이 생겨나기 힘든 사회라면 정치성 역시 바로 그 사실을 지각하는 '냉소'라는 태도에서 발생할 수밖에 없는 것이다.

엄친아의 균열을 통해 발견한 자신을 규정하는 것이 루저라고 한다면, 그 루저와 루저들 간의 만남은 어떻게 될 것인가? 루저 감성의 소유자들은 숫자는 많지만 구매력은 없다. 하지만 장기하와 굽시니스트의 소략한 성공에 이르러 그들은 '1만 명' 정도의 소비자는 확보한 것으로 보인다. 당분간 루저 문화가 존속될 수 있는 틀 정도는 마련된 것이다.

이제는 '주류'에 대한 부정적인 규정으로서의 '나—루저'가 아닌 다양한 루저들의 삶을 담아내고 그 안에서 '차이'를 발견하고 서로의 모습을 발견해가는 시도가 필요한 때이다. 그런 시도가 진행될 때에 루저들은 '비참함을 지각할 수 있는 특권'이라는 굴레를 벗어나 자신보다 아래의 '부속품'들의 삶도 이해하게 될 것이다. 그리고 그런 일이 가능하도록 하기 위해 담론의 영역에서도 그들의 문화적 생산물을 통해 그들의 삶을 재현하려는 시도를 계속해야 할 것이다.

# '88만원 세대론'의 딜레마

공무원이 최고 인기 직종인 사회는 〈조선일보〉도 우려하고 진중권도 조소한다. 대학 진학률이 높아서 문제라는 얘기는 이명박 대통령도 하고 좌파도 한다.

### 《88만원 세대》 이후 5년 동안 벌어진 일

'88만원 세대론'이란 게 한국 사회에 '떡밥'처럼 투척된 지도 5년이 넘었다. 젊은이들 대다수가 88만 원을 받고 살게 될 거라는 묵시론의 예언에 맞서 〈조선일보〉는 우리의 젊은 글로벌 세대들이 세계를 제패할 것이라는 'G세대론'을 내세웠다. 그러는 사이 30~40대들은 20대가 투표를 안 해서 나라가 이 모양 이 꼴이라고 개탄했고 20대들은 사회를 이렇게 만든 게 모두 당신들인데 무슨 소리를 하느냐고 버럭 성질을 냈다. 2012년 대선 결과를 본 지금 시점에서 보면 "청년층이 투표를 안 해서 이명박이 왔다"는 '비판'이 얼마나 허황된 것이었는가를 알 수 있을 것이다.

세대론이 계급 문제를 은폐하고 우익들에게 이용당할 수밖에 없는 담론이라는 좌파들의 개탄이 있었고, 세대 불평등이 통계 자료에 유의미하게 나타나지 않는다는 어느 사회학자의 타당한 지적도 있었다.[*] 그러는 동안 취업 컨설턴트들은 '취업이 얼마나 어려운지'를 환기시키기 위해 '88만원 세대론'을 써먹었고 당사자 운동이란 걸 만들어보려는 극소수의 20대들은 암중모색 속에서 시행착오를 겪었다.

'88만원 세대론'의 본질을 무어라고 정리할 수 있을까? 나는 이 담론이 애초부터 중간계급을 위한 것이었다고 생각한다. 이를테면 이 담론의 시선은 '원래부터 88만 원 정도를 벌었던 젊은이들'에게 가 있지 않다. 이 담론의 종착지는 묵시론적 예언을 듣고 '혹시 나도 88만원 정도를 벌게 될지도 모른다고 불안감을 느끼게 된 젊은이들'이다. 그들의 불안감이 《88만원 세대》를 베스트셀러로 만들었다. 그 불안감은 한국 사회의 불평등을 온전히 대변하지 않으며, 더구나 '미래'에 방점이 찍혀 있다. 그러므로 '세대 불평등'이란 것이 통계 자료에서 드러나지 않는 것이 당연하다.

어찌 이 문제만이겠는가. 김용철의 《삼성을 생각한다》를 읽을 때 경악스러운 이유는 삼성의 부도덕성이나 뻔뻔스러움 때문만은 아니다. 삼성이란 조직이 운용되는 방식이 이 기업의 지속적인 생존가능성을 의심하게 하는 것이다. 저런 방식으로, '글로벌 기업'이 지속될 수 있을까? 문화평론가 진중권이 만난 어느 경제신문 기자의 말대로 "삼성이 잘된다고 대한민국이 잘되지는 않는다. 하지만 삼성이 잘못

---

[*] 신광영, "세대, 계급과 불평등", 〈경제와 사회〉, 2009년 봄호(제 81호), 이 논문의 핵심 내용을 웹에서 찾아보려면 http://socio1818.egloos.com/3448835 을 참조하면 된다.

되면 대한민국은 확실히 탈이 난다"이기에 '삼성이 망할 가능성'은 삼성 임직원이 아니더라도 공포스럽다. 이건희는 이미 중년의 나이에 들어선 아들을 믿지 못했기 때문에 복귀했다. 하지만 이건희라고 해서 영원히 살 수 있단 말인가. 핸드폰을 애플보다 열 배는 더 많이 팔면서도 수익은 그만큼 올리지 못하는 삼성, 비자금 관리자를 기술개발자보다 우대하는 삼성의 경영 방식은 가격 경쟁력을 위한 노동자의 희생을 필수적으로 요구한다. 저임금으로 노동자를 착취하는 이 '초일류 기업'이 노동자를 백혈병으로 죽이면서도 세계를 호령하는 일은 가능하다니! 한국의 지배계급이 정말로 '삼성의 몰락=대한민국의 멸망'이란 등식을 믿는다면 지금은 '지속가능한 삼성'을 위해 도시락을 싸들고 다니며 저 재벌 총수를 설득할 때다. 하지만 소위 '보수 진영'에선 이건희를 비판하는 사람이 아무도 없다.

## 미래를 생각하지 않는 한국의 자본주의

한국 자본주의가 '미래'를 생각하지 않는다는 것, 그것이야말로 세대 문제의 핵심이다. 한국 경제를 주도하는 장년 세대는 자신들이 이룩한 산업화의 성과에 뿌듯함을 느끼며, 자식 세대가 그것을 무한히 존경해주길 바란다. 그러나 되돌아오는 현실은 자녀들이 자식 가지기를 꿈꾸지 못하는 '출산 파업'이다. 이 현실에 맞닥트린 지배계급은 문제를 해결하는 것이 아니라 지연하기 위해 '낙태 반대' 캠페인을 벌인다. 출산율 추이로 향후 인구를 예상해본다면, 부모 세대가 만들어 온 '자랑스러운 대한민국'은 몇십 년 안에 사라져 버릴 것 같다.

'대한민국의 멸망'을 피하기 위해선 누군가 문제를 직시해야 하지만 뱀은 우물 바깥을 보지 않고 빙그르르 돌아서 자기 꼬리를 문다. 쌍용자동차 노동자들은 비정규직의 희생을 기반으로 한 '주식회사 대한민국'이란 뱀의 꼬리였다. 탐욕스러운 뱀은 날카로운 이빨로 자신의 꼬리를 잘라내어 집어삼킨다. 말하자면 그들은 남한 사회 정규직 노동자의 가장 약한 고리였다. 그들은 자신의 동네에서 벌어진 평택 대추리 투쟁에 결코 우호적이지 않았던 보수적인 중간층이었고 쌍용차 투쟁을 다룬 다큐멘터리 〈당신과 나의 전쟁〉에 나오듯 '쌍용차'를 몰고 다니며 처자식을 부양하는 가장이었다. 경영진이 비정규직 노동자들부터 잘라낼 때 정규직 노조는 침묵했다. 대신 그들은 대주주인 외국 자본 상하이차와 '총고용'을 보장하는 확약서를 맺었다.

그러나 확약서는 결국 휴지 조각이었다. 청문회를 통해, 우리는 '쌍용차 사태'란 게 꽤 긴 시간 동안 이어진 사건들의 결과란 사실을 알게 되었다. 먼저 참여 정부가 충분히 알아보지 않고 쌍용차를 상하이차에 매각했다는 의혹이 있다. 그리고 상하이차는 처음부터 회사를 경영할 생각이 없었고 '완성차 기술'만을 빼돌리려 했다는 의혹이 있다. 또 이 회사가 기술을 빼돌린 이후 한국을 빠져나가는 '자본 철수'를 위해 회계 조작과 기획 부도를 자행했다는 의혹이 있다. 마지막으로 조작된 보고서의 결론에는 해고를 막기 위한 노동자 파업에 대해 경찰이 무리한 강경 진압을 했다는 의혹도 있다.

그리고 그 결말은 해고 노동자와 그 가족들 사이에서 스무 명이 넘는 죽음(자살자, 돌연사, 병사 등)이다. 게다가 문제는 풀리지 않고 현재진행형이다. 무급휴직자는 애초의 약속보다 3년 늦게 복귀했건만 사측은 생색을 내고, 해고자들의 문제는 논의되지도 못한다. 새로운 대주주인 인도 마힌드라사는 상하이차와 마찬가지로 투자는 하지 않고 완성차 기술만 '먹튀'하려 한다는 의혹이 있다. 활동가들의 의혹 제기가 사실이라면 또 한차례의 홍역이 올 수도 있는 상황이다.

별다른 사회 안전망이 없는 상황에서 노동조합에 소속된 정규직 노동자는 해고 과정에서 큰 '삶의 낙차'를 경험하게 된다. 그것이 노조의 강경 대응을 불러오는 원인이다. 그런데 그럼에도 불구하고 노동자의 잘잘못과는 무관하게 진행된 이 해고 과정에서 노동조합이 할 수 있는 일은 거의 없었다. 정부가 상하이차의 기술 유출이나 사업주의 보고서 조작을 제대로 통제하지 못했고, 파업 상황에서도 일방적으로 사측만을 편드는 강경 진압을 행사한 상황에서는 그렇다. 노동조합이 있는 정규직이었음에도 무력했다. 그 억울함이 파업 이후 3년이 넘은 이 시점까지 투쟁을 지속하게 하는 원인일 것이다.

비정규직 노동자를 외면하고 사회문제를 외면하면 자신들만은 살 줄 알았던 그 노동자들이 하루아침에 해고됐다. 이들의 투쟁을 외면하면 우리는 언제까지 살아남을 수 있을까? 노동자들을 잘라내고 기업의 안녕을 도모하는 기업들은 그렇게 '제 살 깎아먹기'에 몰두하다가 나중에 물건은 누구에게 팔아먹을 생각일까? 대한민국의 기업들이 오로지 수출만으로 먹고살면서 제 나라 노동자들을 끝없이 착취하는 것이 가능할까? 박리다매로 글로벌 기업이 된 삼성조차 100퍼센트 내수인 금융으로 수조 원의 이익을 내는 것이 엄연한 현실인데 말이다.

쌍용차 노동자들이 미래를 모르는 탐욕스러운 뱀의 꼬리에 위치했다면, 88만원 세대는 어디에 있는가? 88만원 세대가 쌍용자동차 투쟁과 만나지 못한 근본적인 이유는 무엇인가? 그것은 쌍용의 노동자들이 오늘날의 젊은이들이 애저녁에 포기한 것을 요구하고 있었기 때문이다. 고용 안정을 보장받는 대기업 정규직 노동자라는 것은 젊은이들의 상상 속에 존재하지 않기 때문이다. 남들이 선망하는 대기업에 다니는 젊은이들 중 대다수가 돈이 조금 모이면 그 기업에서 나와 자기 사업을 하는 것을 꿈꾼다. 특히 여성 노동자들은 정년까지 일하리란 꿈을 꾸지 못한다. 안 그래도 자영업자 비율이 높은 한국 사회에 이 친구들이 쏟아지기 시작하면 어떻게 될까.

아무리 생각해도 이런 질문을 던지는 것은 '좌파만의 의무'는 아니다. 하지만 이런 질문을 던지면 '좌파'라는 힐난을 듣게 된다. 세상을 부정적으로 보지 말고 따뜻한 마음으로 바라보라는 소리를 듣는다. "좌파는 성선설(性善說)을 믿으니 문제"라던 사람들이 한편으로 '따뜻한 마음'을 말한다. 나는 이런 반응을 조소한다. 남한 보수주의자들에게 '좌파'로 매도당했던 고 노무현 전 대통령은 '노동자'의 시선을 보여주기는커녕 쌍용차에 투자하겠다는 상하이차 자본의 말을 곧이곧대로 믿을 만큼 자본가의 '선량한 마음'을 신뢰했다. 그 '신뢰'의 결과가 이 '파국'이다. 그 선량한 사람들의 순진한 행동 속에서, 일자리를 뺏긴 사람들은 '악'에 받칠 수밖에 없었다.

쌍용자동차 노동자들이 뺏긴 것은, 오늘날의 젊은 세대들이 처음부터 가지고자 욕망하지도 못하는 것들이다. 그런 것을 욕망하는 것은 그릇된 일이라고 배운 젊은이들은 작은 월급을 감수하고 안정성을 찾기 위해 공무원 시험에 목을 맨다. 공무원이 최고 인기 직종인 사회는 〈조선일보〉도 우려하고 진중권도 조소한다. 대학 진학률이 높아서 문제라는 얘기는 이명박 대통령도 하고 좌파도 한다. 이렇게 문제가 확실한데도 '이기적 개인들의 선택'을 효율적으로 조정하기 위한 사회정책을 입안하려는 시도는 지극히 미약하다. 체제는 스스로 변하지는 않는다. 뺏기기 시작한 사람들은 계속 뺏길 것이고 욕망을 거세당한 이들은 그 룰 속에서 아등바등 뛰어갈 것이다.

누구에게 하소연해야 하는가? 누구들이 힘을 합쳐야 이런 문제를 끝낼 수 있나? 세대론이 옳으냐 계급론이 옳으냐와 같은 문제 제기보다 더 근원적인 것은, '어떻게'에 대한 이러한 물음일 것이다. 그리고 그 물음에 뾰족한 대답이 떠오르지 않는 '현실'이 바로 우리의 출발점이다. 세대 담론은 계급 문제가 철저하게 정치에서 배제된 결과로 탄생할 수밖에 없었던 그런 담론이다. 이 '계급의 문제'를 넘어서 '세대 감수성'의 동질감을 통한 연대가 가능할 거라고 역설하지만, 실은 노동계급이 얼마나 가진 것이 없는지를, 그들의 투쟁의 출발선이 얼마나 뒤로 물려져 있고 그래서 얼마나 무력한지를 폭로하는 담론이다. 미래를 꿈꾸는 사람들이 본인의 거세당한 욕망을 '권리'로 인지하고, 그 권리를 쟁취하기 위해 현재 투쟁하는 이들과 연대하는 세상은 지금으로선 하나의 꿈이다. 그렇게 노동자들의 '고립'은 투쟁의 성공보다 투쟁 자체가 꿈이 되어버린 세태를 적나라하게 고발한다.

꼬리를 씹어 먹은 뱀의 머리는 계속해서 자신의 신체를 잠식할 것이다. 미래는 없지만, 그들에게 다른 방법은 고려되지 않는다. 모두가 불행해지더라도 지금까지 그랬듯 우리 모두 아등바등 살면 뱀 머리의 특권을 유지할 수 있다고 믿기 때문이다. 우리는 결국 모든 이가 공평하게 욕망을 거세당한 사회를 받아들일 것인가? 그런 결말을 피하고 싶다면 우리가 포기한 부분들, 우리의 몸에서 잘려나간 부분들을 응시하는 방법을 배워야만 한다. 쌍용자동차는 하나의 시작일 뿐이다. 계속해서 문제가 터지고 나서야 투쟁에 나선다면, 노동운동과 젊은이들은 서로에 대해 영향력을 행사하지 못한 채 패배할 것이다.

즉 세대론에서 설득력을 느끼는 이들의 불안감이 폭로하는 사회문제는 어떤 진보적인 가치 지향에서 잡히는 그런 문제가 아니다. 그 불안감이 던지는 질문은 "한국 자본주의가 스스로의 체제를 재생산할 수 있는가?"라는 것이다. 한국의 중산층은 부동산 가격의 지속적인 상승을 통해 자산을 축적했고, 약해진 기업의 경쟁력을 신규 노동시장에 진입한 이들의 임금을 낮추면서 보충해왔다.

적나라하게 요약한다면 '집값'은 높이고 '사람값'은 낮추는 체제를 운용해온 것이다. 그리고 그 결과는 그 체제를 지지해왔던 중산층 자신들의 자녀조차 월급으론 독립을 꿈꾸지 못하게 된 '멋진 신세계'다. 신나게 날다가 되돌아와 던진 사람의 뒤통수를 치는 부메랑이다. 이 '멋진 신세계'에선 "요즘 집값이 너무 비싸니 내가 몇 억 보태줘야지 뭐"라고 생각할 수 있는 부모를 가진 이들만 구원받을 수 있다. 내가 이렇게 긴 고민을 하는 이유는 내게 그런 부모가 없기 때문이다.

# 누가 우리를 명명하는가

20대의 일원으로서 나는 우리 세대를 '파편화된 취향과 만성화된 불안의 세대'라고 생각한다. 이들의 불안이 어떤 조건에서 어떤 방식으로 발생하는지 규명해내지 못한다면 우리의 정치의 미래도 밝지 않다.

## 강제로 규정된 청년 세대의 복잡미묘함에 대해

오늘날의 20대 혹은 청년 세대 담론이 흥미로운 것은, 청년들을 규정해보려는 윗세대들의 필사적인 노력에 대한 20대들의 철저한 무관심 혹은 소외 현상에 있다. 20대는 본인들을 어떻게 규정해야 하는지를 알지 못하며 관심도 없다. 한편 윗세대들 역시 청년 세대를 규정하는 데 20대의 견해를 참고하지 않는다. 정확히 말하면 누구의 견해를 참고해야 하는지를 정하지 못한다.

말하자면 오늘날의 청년 세대는 그들 자신의 공통 코드나 특성에 의해 성의되지 않는다. 오늘날의 청년 세대에게서 그러한 공통의 코드나 특성을 발견하기가 힘들다는 것에는 20대나 기성세대가 모두 동의한다. 그러나 한 세대를 '무규정성'으로 규정한다는 것은 말장난이나 다름없다. 그렇지만 규정하기 힘든 것에 대해 억지로 규정하려는 시도가 반복된다는 것은 그 자체로 비평거리가 된다. 따라서 오늘날의 청년 세대론에 대해 말한다는 것은 한국 사회가 맞닥트린 어떤 불안감의 실체를 대면한다는 것이다. 그리고 우리는 이 불안감의 이면에서 오늘날 한국 사회에 짙은 먹구름을 드리우는 청년 세대의 삶의 문제를 발견한다.

### X세대와 아버지, 그리고 N세대

청년 세대가 그 자체의 특성으로 정의되기가 힘들 때 가능한 하나의 접근 방법은 근접한 세대들에 대한 정의가 이루어진 문맥을 살피는 것일 게다. 1990년대 초, 지금의 청년 세대가 초등학생이거나 미취학 아동이었을 때 한국 사회는 문화 평론과 유행의 영역에서 강력한 세대론을 맞이하게 되었다. 이른바 'X세대'론이 그것이다. 당시 20대였던 X세대는 산업화의 주역을 자부하는 장년 세대와 민주화운동에 투신했던 386세대와 구별되어, 최초로 소비사회와 대중문화의 문맥에서 규정되는 세대가 되었다. 산업화와 민주화를 모두 이루었다는 한국 사회의 자신감의 산물이었다.

심지어 〈조선일보〉마저 왕년의 운동권들을 인터뷰하는 등 신문 시장에서 구매력을 갖춘 새로운 고객이 된 386세대의 비위를 맞추려고 애썼다. 386세대와 X세대는 소비사회의 새로운 주류였다. 1990년대의 '문화 대통령' 서태지는 20대만을 대변하며 등장했지만 영리하게도 〈발해를 꿈꾸며〉와 같은 노래를 통해 자신의 영향력을 386세대로까지 넓혔다. 한편 386세대와 그 후세대의 비평가들에겐 거대 담론에 복무했던 운동권의 집단주의에 대한 성찰과 대중문화의 시대에 대한 새로운 해석 틀이 필요했다. 새로운 세대에 대한 그들의 찬사는 그러한 맥락 위에 있었다.

'88만원 세대'에 해당하는 지금의 20대 후반에서 30대 초반까지의 세대는 X세대의 등장을 지켜봤거나 적어도 그들이 열어젖힌 새로운 세계에 영향을 받았다. 초등학생들은 교실에서 X세대들보다 더 열심히 '서태지와 아이들'의 춤을 췄다. 서태지를 기억하지 못하는 이들도 '은퇴한 태지보이스를 존경한다'고 말하며 등장한 HOT를 강력하게 지지했다. 이 시기의 10대들은 대중문화를 통해 세상을 인식했으며, 심지어는 팬클럽 문화를 통해 조직을 학습하게 되었다.

1990년대 후반 HOT 팬덤과 젝스키스 팬덤의 대립은 '취향의 전쟁'을 벌이는 10대들에게 조직화의 중요함을 가르쳤다. 그러므로 노사모의 핵심 인물로서 훗날 참여정부의 홍보 수석이 된 시인 노혜경이 "노사모는 HOT 팬클럽을 본떴다."고 말한 것도 단순한 농담으로 치부할 수 있는 일은 아니었다. 386세대에게 '표준적인 조직'이 '운동권 서클'이었다면 이 세대에게 그것은 '팬클럽'이었기 때문이다. 2000년대 누리꾼의 정치 참여의 장을 열어젖힌 '노사모'는 이 두 문화의 융합의 결과로 탄생한 것이었다.

그러나 X세대 담론을 둘러싼 장밋빛 미래는 IMF 구제금융을 통해 해체되고 왜곡된다. IMF 이후 X세대는 세대론의 중심에서 퇴출당했다. IMF 이후를 지배한 것은 40~50대 장년 세대들의 삶에 대한 연민이었고, 이른바 '아버지 신드롬'으로 대변되는 '가부장의 귀환'이었다.

소설 《아버지》는 1997년의 종합 베스트셀러 목록에서 2위를 차지했다. 물론 사회가 가부장의 역할을 강조하게 된 것은 역설적으로 가계의 붕괴 때문에 가부장의 권위가 땅에 떨어지게 된 세태를 보여주는 것이긴 하다. 그러나 한국 사회가 경제 위기의 충격을 '가족 이데올로기'의 강화를 통해 극복하면서, X세대가 표상했던 '자유'의 이념은 서구의 68혁명과 같은 '권위주의에 대한 거부'의 길로 나아가지 못하고 '소비의 자유'로만 머무르게 되었다. 이후 한국 사회의 세대론은 체제를 유지하기 위해 끊임없이 새로운 소비의 주체를 찾아다니며 자본의 이해에 따랐다. 1990년대 후반에서 2000년대 초반까지 유행했던 세대의 이름들은 주로 기업들의 마케팅 전략과 관련이 있었다.

가령 2002년 월드컵 직후 ㈜제일기획의 보고서 〈P세대의 라이프 스타일과 특성〉*을 통해 등장한 P세대라는 개념을 보자. 여기서 P는 참여(participation)·열정(passion)·힘(potential power), 패러다임의 변화를 일으키는 이(paradigm-shifter) 등 P로 시작되는 4개의 영어 단어를 의미했다. 이 보고서에서 P세대는 2002년 당시 17세에서 39세까지의 연령층을 일컬으며, 386세대, X세대, N세대, W세대를 포괄하는 개념이었다. 이 세대 규정은 2002년 대선 당시 노무현을 지지한 '젊은' 세대를 폭넓게 지칭한다는 의미는 있지만, 세부적으로는 각각의 세대가 갖고 싶어하는 전자제품을 분석하는 등 본질적으로 기업의 마케팅 전략을 위한 보고서라고 봐야 한다.

N세대 담론 역시 그중 하나이지만, 별도의 중요한 위치를 차지한

---

* 이 보고서는 《'젊은 그들'을 말한다: 대한민국 변화의 태풍》(2003년 5월 1일, 제일기획)으로 출간되기도 했다.

다. 왜냐하면 N세대는 훗날 '88만원 세대'로 불리게 된 오늘날의 청년 세대가 십대였을 무렵의 이름이라고 볼 수 있기 때문이다. IMF는 한국 사회에 포드주의로부터의 이탈을 강요했다. 대량 생산-대량 소비는 이제 더 이상 미덕이 아니었고 소비자는 까다로운 취향으로 새로운 품목의 생산을 유발하는 창조성을 발휘해야만 했다. 김대중 정부는 그러한 새로운 소비자를 네트(NET, 아마 오늘날이라면 '웹'이라 이름 붙였을 게다)를 통해 육성할 수 있다고 생각했다.

자본주의의 육중한 물질성을 벗어난 새 시대 소비자의 취향은 비물질적인 사이버 스페이스를 통해 만들어졌다. 정부는 지식기반 경제로의 전환을 역설했고 〈용가리〉를 제작한 감독 심형래를 '신지식인 1호'로 축성(祝聖)했다. 벤처 열풍이 테헤란로에 돈을 끌어모으자 '서민'들은 너도나도 코스닥 시장에 뛰어들었다. 소소한 월급 중 일부를 저축하여 집도 장만하고 차도 사는 '서민'의 삶은 더 이상 긍정적인 것이 아니었다. 있는 돈을 굴리지 않는 사람은 멍청이로 취급받았다. 돈이 없으면 빌려서라도 굴려야 시대에 뒤떨어진 사람 취급을 받지 않았다.

그런 가운데 김대중 정부는 '하나만 잘해도 대학을 갈 수 있다'는 신화를 유포시켰다. 이른바 '이해찬 세대'의 탄생이다. 지금 생각하면 우습지만 이 '이해찬 세대'는 컴퓨터 실습실에서 '야후'와 같은 검색엔진을 켜놓고 포털 사이트에서 자료를 검색하는 방법을 '실습'하곤 했다. '제한된 사이버 공간'인 PC통신에서 '제한되지 않은 사이버 공간'인 인터넷 커뮤니티로의 대이동이 일어났다. 이런 교육을 받은 중고등학교 학생들에게 사회가 붙여준 이름이 바로 'N세대'였다.

IMF 이후 주춤해진 X세대 담론을 대신하여 나타난 N세대론은 '새로운 소비의 주체' 이상의 의미를 가진다. 이 세대는 대중문화에 대한 X세대의 관심을 계승했다. 김대중 정부가 실시한 일본 대중문화 개방은 이들이 경험할 수 있는 문화의 지평을 넓혔다. 한편으로 이 세대는 사이버 스페이스에서 정보를 얻고 자신의 견해와 취향을 표명하게 된 시대이기도 했다. X세대 역시 PC통신을 통해 그런 문화를 열기 시작했다고 볼 수 있다. 오늘날 파워블로거로 알려진 사람들은 대개 PC통신 시절부터 글을 쓰고 사람들의 인정을 받았던 30대들이다. N세대의 일부는 PC통신 시대를 겪었지만 이내 인터넷 커뮤니티의 세상으로 옮겨왔다. 그들은 제약이 없는 사이버 스페이스에서 자신들의 특질을 더 강화해나가게 된다. N세대론은 X세대론을 따라다녔던 문화비평의 진보성을 가지진 못했으나, 기술적 진보의 측면을 더 강하게 포함하고 있었다. 그러나 그러한 N세대의 특질은 십 년 후 촛불시위 정국에서 웹 2.0세대라는 신조어가 등장하기 전까지 잊힌다.

## 88만원 세대의 등장

이 세대에 대한 새로운 호명이 바로 2007년 출간된 우석훈과 박권일의 책 제목인 《88만원 세대》였다. 어떤 이들은 세대론이란 접근 자체를 비판한다. '세대론'이 복잡한 사회문제를 특정 세대의 책임으로 단순하게 전가하는 구조를 가지고 있기 때문이라 한다. 이를테면 청년 세대에게 사회경제적 문제나 선거의 책임을 떠넘기는 것이 보수니 진보니 하는 진영을 막론하고 볼 수 있는 세대론의 단점이다. 전적으로 동의할 수 있는 지적이다. 문제는 그런 식의 세대론을 말한 건 '88만원 세대'가 처음이 아니었다는 거다. 사실 '88만원 세대론'은 기존의 세대 담론에 대한 방어 담론이었다.

그 기존의 세대 담론이란 건 무엇이었나? 노무현과 이회창이 박빙의 승부를 벌인 2002년 대선은 일종의 '세대 전쟁'으로 보였고, 노무현의 당선은 장년 세대에게 상실감을 주었다. 2004년 총선의 열린우리당의 승리는 386세대의 최종적인 승리라고 여겨졌다. 그런데 아이러니하게도 386세대가 선거에서 승리한 이후부터 세대 담론은 다시 그들보다 나이 많은 기성세대를 향하기 시작했다.

386세대는 너무 이른 정치적 승리를 거두었다. 산업화 세대, 특히 1955년부터 1963년 사이에 태어난 한국판 '베이비부머'는 아직 경제권을 가지고 있었고 은퇴할 시점이 아니었다. 노무현 대통령이 탄핵당한 동안 읽었다는 김훈의 《칼의 노래》는 베스트셀러로 등극했다. 김훈의 소설은 그야말로 장년 남성의 감수성을 미문으로 풀어낸 것이었다. 김훈은 그 후부터 한국 문단의 대표적인 베스트셀러 작가로 군림한다.

청년 실업의 문제가 심각하게 대두되었지만 신문의 시선은 청년 세대가 아니라 그들의 늦은 독립으로 고통받는 부모 세대에 있었다. 그리고 대체로 청년 세대의 부모 세대는 베이비부머에 해당했다. 경제신문은 '청년 실업 70만'과 '외국인 노동자 100만'을 같은 지면의 헤드로 뽑았다. 청년 세대가 눈높이를 낮추지 않아서 외국인 노동자를 쓰게 되어 사회문제가 생기고 한국 경제의 활력이 떨어졌다는 메시지를 노골적으로 전달하는 것이었다. 《88만원 세대》가 나오기 전, 〈동아일보〉는 당시의 20대에 대해 '눈높이를 낮추지 않아 부모의 등골을 빼먹는 암적인 존재들'로 묘사하고 있었다고 우석훈은 회고한다. 그야말로 '복잡한 사회문제를 특정 세대의 책임으로 단순하게 전가하는 구조'를 갖춘 세대론이 아니었던가. 이에 우석훈과 박권일은 이 세대 담론에 맞서 새로운 변혁의 주체를 호출하는 세대론을 만들어내야 했던 것이다. 그런 점에서 세대론의 한계에 대한 비판은 타당하지만, 그 책임을 《88만원 세대》로 전가하는 것은 동의하기 어렵다.

'88만원 세대론'은 20대의 대부분이 88만 원을 받는 비정규직으로 살아가게 될 거라는 묵시론적인 예언이었다. 한국 사회의 계층 불평등이 '세대'로 전이될 거라는 새로운 통찰이었다. 예전보다 훨씬 물질적으로 풍요로운 상황인데도, 요즘의 젊은이들이 열심히 살고 있지 않다는 어른들의 '상식'에 맞서, 《88만원 세대》의 저자들은 이후 세대의 평생 동안의 소득은 윗세대의 그것보다 적을 거라고 주장했다. 윗세대가 젊어서 훨씬 고생을 한 건 사실이지만 취직을 하고 나이를 먹으면서 소득이 크게 증가한 반면, 오늘날의 세대는 시간이 지나도 젊을 때와 비슷한 수준의 급료를 받게 될 것이기 때문이라고 했다.

### 88만원 세대론에 대한 반론들

박권일은 저자들의 작업이 "불안정 노동의 전면화라는 다분히 계급적인 문제에 세대론의 '당의(糖衣)'를 입힌다는 것"이었으나 "세대론에 집중하다 보니 세대 내부의 양극화, 20대와 50대에서 쌍봉형으로 나타나는 불안정 노동과 같은 주요 문제들이, 언급되긴 하지만 상대적으로 소홀히 취급"되었다고 아쉬워한다. 88만원 세대론은 유럽의 '천 유로 세대' 담론처럼 자본주의의 이윤 축적 방식이 변동하면서 피해를 입게 된 청년층의 문제를 주제화했다. 그것은 전 지구적인 자본주의의 문제였다. 《88만원 세대》를 꼼꼼히 살펴보면 이 담론이 유럽과 일본의 세대론을 참조하여 한국 사회에 적용한 훌륭한 '보세 가공품'이란 사실을 확인할 수 있다. 그런 점에서 단순하게 세대론과 계급론을 대립적인 것으로 파악하여 우석훈과 박권일을 비판한 일부 좌파도 현실 자본주의의 분석에 무능했다.

다만 한국적인 특수성은 있다. 가령 '비판사회학회 불평등연구회'의 김영미의 경우, "노동시장의 '인사이더'에 대한 보호 장치가 두터워 청년 세대의 신규 진입이 쉽지 않은 유럽과 달리, IMF 구제금융을 계기로 일자리 보호 장치가 파괴된 한국의 경우엔 불평등이 모든 세대에 걸쳐 증가하고 있다"고 지적한다. 노동시장의 유연화가 상당 부분 진척된 한국 사회에서는 계층 불평등이 세대로 전이되는 정도가 훨씬 덜하다는 것이다. 실제로 사회학자 신광영은 한국노동연구원이 5천 가구를 추출하여 1998년에 수집한 1차 노동임금패널 자료부터 2007년 제10차 노동임금패널 자료까지 10년간의 자료를 분석하고 각 연령의 근로소득 변화를 비교하면서 '계층 불평등의 세대 전이'(계층 문제가 세대 문제로 변화되고 있다는 주장)가 실증적 근거가 없다고 설명한다.

그렇다면 《88만원 세대》의 분석은 허황된 것이었을까. 먼저 우리는 '88만원 세대론'의 통찰이 미래를 향하고 있었다는 사실을 기억해야 한다. 즉 '계층 불평등의 세대 전이' 문제는 시간이 지날수록 심화된다. 1998년과 2007년의 자료를 비교하는 것은 《88만원 세대》의 문제 제기를 충분하게 반영하지 못한 것이라 볼 수도 있다. 당장 2008년 미국발 금융위기 이후부터 취업 시장은 꽁꽁 얼어붙었고, 이에 대해 정부는 '잡 셰어링'이란 명목으로 대졸 초임을 삭감하고 인턴을 늘리는 일에 적극적이었다. 한국의 자본주의는 워낙에 노동을 탁월하게 배제했기 때문에 유럽에 비해 '계층 불평등의 세대 전이'가 상대적으로 덜했다고 말할 수도 있겠다.

유럽의 경우 정규직(김영미가 말한 노동시장의 '인사이더')이 유지되는 가운데 청년층에게 그 정도 질의 일자리를 주지 못하는 상황이 온 것이지만, 한국 사회의 경우 IMF 구제금융 이후 이미 모든 세대에서 비정규직과 자영업자가 증대되고 있었기 때문이다. 하지만 위기가 닥칠 때마다 신규 대졸 정규직의 임금부터 깎는 한국 정부의 행태를 보면 그들이 앞으로는 '계층 불평등의 세대 전이'에도 탁월하게 앞장설지도 모른다는 불길한 예감이 든다.

또 하나 놓치지 말아야 할 부분은 부동산 문제다. 한국 사회의 계층 간 불평등은 임금 격차보다는 부동산 자산의 격차에 의해 크게 좌우된다. 한국 사회의 소득 불평등은 선진국들에 비해서 양호한 편이지만, 이것만으로 한국 사회의 계급 격차와 서민들의 박탈감을 설명할 수는 없다. 월급이 비슷하더라도 빚을 내서 아파트를 산 가구는 그렇지 못한 가구에 비해 계층적으로 훨씬 높은 곳에 있다. 그 아파트 값이 크게 상승하여 가장 효율적인 자산 축적 수단으로 기능했을 것이기 때문이다. 이 부동산의 문제에서는 '계층 불평등의 세대 전이'가 필연적으로 일어난다. 부동산 가격이 지속적으로 상승할수록 '이미 자기 집을 소유한 사람'과 '그렇지 못한 사람'의 격차는 커질 수밖에 없기 때문이다. 그리고 이 격차는 어느 정도 수준을 지나면 소득보다 세대에 의해 좌우될 수밖에 없다. 이를테면 부동산 폭등이 진행되기 전 기성세대는 소득이 다소 낮더라도 전세를 끼고 대출을 받아서라도 아파트를 사고 계층 상승을 노려볼 수 있었을 것이다. 하지만 오늘날의 청년 세대는 다른 이들의 선망의 대상이 되는 공무원이나 대기업 정규직이라 할지라도 '내 집 마련'의 꿈을 가지기가 쉽지 않다. 중산층의 자녀들이 전세금을 마련할 때에도 부모의 지원이 필수적인 것이 오늘날의 실정인 것이다.

게다가 수도권의 부동산이 이미 한계에 이르렀다 할지라도, 지역민들은 아직도 부동산 가격 상승에 대한 기대 심리를 가지고 있다. 《콘크리트 유토피아》의 저자 박해천은 대선 직전, 지난 5년간 부동산 가격 상승을 경험한 지역민들의 기대 심리가 보수 정권을 지지하게 될지 모른다고 예언했고 그것은 대선 결과로 증명되고야 말았다. 수도권 사람들은 부동산을 활용한 자산 축적의 가능성을 이미 포기했지만, 그들의 욕망이 '폭주 기관차'가 되어 다른 지역민들의 기대 심리까지 견인하고 있는 것이다.

다시 한 번 말하지만 '88만원 세대론'은 원래부터 88만 원을 벌었던 젊은이들이 아니라, 어른들이 시키는 대로 사회에 적응하며 살아왔는데도 88만 원을 벌게 될지도 모른다는 불안감을 가진 젊은이들을 위한 담론이었다. 그것이야말로 《88만원 세대》라는 책을 베스트셀러로 만든 원동력이었다. 그리고 그 불안감이 던지는 질문은 사실 "한국 자본주의가 스스로의 체제를 재생산할 수 있는가?"다. 박권일은 여러 지면에서 자신은 '88만원 세대론'이 청년 빈곤층과 기성세대

빈곤층의 연대를 위해 쓰이기를 희망했다고 밝힌 바 있다. 하지만 우리는 '88만원 세대' 담론이 지적한 문제와 그 담론이 성공한 요인은 모두 중산층의 불안 심리 내지는 중간계급의 욕망과 결부되어 있었다고 봐야 할 것 같다. 즉 '계층 불평등의 세대 전이'라 표현할 수 있는 '세대 문제'는 사회 전체의 문제라기보다는 중간계급이라는 특정 계층의 문제였는지도 모른다. 하지만 이들 계층이 사실상 그간 한국의 내수 경제를 지탱해왔단 점을 생각하면 이들 내부의 '세대 문제'야말로 디스토피아적 미래라 할 수 있다.

## 실크세대와 G세대의 반격

《88만원 세대》의 저자들은 "20대와 50대에서 나타나는 새로운 형태의 계급 모순들을 세대 모순의 형태로 형상화하기 위해 노력했고 그 과정에서 가장 힘이 센 세대, 이른바 386세대 비판은 필수적"이었다고 주장한다. 이 서술은 《88만원 세대》가 대중성을 획득하기 위해 치러야 했던 모종의 대가를 암시한다. 원론적으로 말하면 20대와 50대에서 불안정 노동 문제가 가장 많이 나타난다고 해도 그것이 386세대의 책임은 아니다. 하지만 그들은 386세대에게 책임을 돌렸다. '복잡한 사회문제를 특정 세대의 책임으로 단순하게 전가하는 세대론의 구조'를 역방향으로 차용한 것이다.

박권일은 《88만원 세대》의 후속작을 쓰기 위해 모였던 (나를 포함한) 20대들과의 대화에서 《88만원 세대》는 일종의 프로파간다'라고 설명했다. 사회 비평이 사람들에게 쉽게 다가가기 위해서는 누가 됐든 특정한 대상을 타깃으로 삼고 비판하는 작업이 필요한데, 《88만원 세대》의 경우엔 그 타깃이 386세대였다는 것이다. 그는 우리의 작업에 대해, 그러한 타깃이 명확하지 않아서 설득력을 가지기 어렵다고 조언했다. 사실 우리들은 그 타깃이 존재하는지에 대해서도, 그것을 애써 설정한다면 무엇이 되어야 되는지에 대해서도 서로 합의할 수가 없었다.

이 프로젝트는 오늘날의 청년 세대의 문제를 그대로 드러내면서 좌초되었다. 박권일의 설명이 옳다면, "그 결과 떠올린 방책이 '한국 자본주의의 구조적 모순'이라는 따분한 문제를 '한때 진보적이었던 386세대에 대한 비판'이란 섹시한 문제로 치환한다는 것이었다"로 이해할 수 있다. 우석훈과 박권일은 다분히 대중성을 위해 그런 길을 택했고 그 길은 성공적이었지만, 이것이 변희재와 〈조선일보〉에게 하나의 '빌미'로 작용했다는 것도 사실이다.

우석훈은 그보다 더 적극적으로, 유럽의 68세대와 한국의 386세대를 비교하며 한국의 386세대가 그 진보적인 아우라에 비해 한국 사회를 진보적으로 바꾼 부분이 별로 없음을 신랄하게 비판했다. 《88만원 세대》 서문에 나오는 386세대의 취업 환경에 대한 회고가 결정적이었다. 내 주변의 많은 20대들은 《88만원 세대》를 앞부분 1/3 정도밖에 읽지 못했는데(그들은 그것만으로도 그 책의 모든 내용을 파악했다고 주장했다), 가장 기억에 남았던 부분으로 대체로 서문을 꼽았다. 386세대들이 그렇게 학점이 나쁘면서도 직장을 골라가며 취직을 할 수 있었다는 걸 전혀 몰랐고 알게 되어 매우 놀랐다는 것이다. 그리하여 그 후로 인터넷에선 '개념 없고 노력도 안 하면서 정치적 관심도 없는 되바

라진 20대'와 '편하게 취업해서 운동 경력으로 꼰대질하는 386세대'
에 대한 상호 비방이 시작되었다. 이는 마치 일본의 고도성장기를 이
끈 '단카이세대'와 그 아래 세대가 서로를 비난하는 모습과 흡사했다.

변희재는 바로 그 지점을 노렸다. 변희재가 보기에 '88만원 세대
론'은 386세대의 허위의식을 비판하고 세대 문제를 제기했다는 점에
서 의미가 있었다. 하지만 그가 보기에 '88만원 세대론'은 20대의 자
질이 386세대의 자질보다 뛰어나다는 사실을 외면하고 있었다. 변희
재의 생각은 이랬다. 20대가 능력이 없다면 그들은 평생 88만 원을
받으며 살 수밖에 없을 것이다. 그러나 20대는 실제로는 뛰어나기 때
문에, 386세대의 훼방만 이겨낸다면 놀라운 잠재력을 발휘할 수 있
는 것이다.

'신세대(X세대)'부터 '88만원 세대'까지 386세대 이후의 모든 세대
담론은 386세대의 명명이었다고 변희재는 지적한다. 그래서 변희재
는 386 후세대의 이름을 스스로 명명하고자 했고 '실크세대'라는 조어
를 만들었다. 그의 설명에 따르면 실크세대는 "1970년대 이하 생들로
386세대들과 달리 인터넷과 대중문화를 기반으로 전 세계를 연결하
는 새로운 실크로드를 열어나가는 대한민국의 젊은 세대"이다.

변희재의 세대 규정이 그렇게 틀린 건 아니다. 문제는 다른 데 있
다. 20대가 평생 88만 원을 받으며 비정규직으로 살게 될 거라는 예
상은 20대의 자질과 관련이 있는 것이 아니라 한국 자본주의의 현실
과 관련이 있다. 기업은 20대의 자질이 모자라기 때문에 그들을 뽑지
않는 것이 아니다. 필요한 인력은 적지만 취업하고 싶어하는 젊은이
는 넘쳐나기 때문에 불균형이 생기는 것뿐이다. 20대가 취업이 안 되

는 이유를 20대의 자질의 문제로 환원하는 기성세대의 술자리 담론은 그 자체로 문제이지만, 거기에 대고 "사실 20대는 능력이 있으므로 앞으로 잘할 수 있을 거야"라고 말하는 건 하나 마나 한 소리다. 변희재는 일종의 창업 프로젝트를 대안으로 내세웠는데, 그의 논리대로라면 이 기획이 실패한다면 결국 20대의 자질이 윗세대들보다 떨어진다는 것이 입증되는 것이 아닌가.

더구나 창업 프로젝트를 내세운 이가 어째서 386세대를 적으로 상정해야 하는지는 이해 불능이다. 이것은 '실크세대'론의 내적 논리로는 파악될 수 없고 한국 보수 세력의 욕망의 관점에서 이해해야만 한다. 조중동은 2007년 대선에서 승리하기 위해 '반기업 정서에 찌든 386세대가 경제를 망쳐 이 혼란이 야기되었으니 청년 세대는 장년 세대와 연합하여 정권 교체에 협력하는 것이 옳다'는 논리를 유포했다. 보수 세력의 입장에서는 청년 세대와 장년 세대가 386세대를 정치적으로 포위하는 것이 언제나 '좋은 일'이다.

박권일은 변희재를 이렇게 비평한다. "'능력과 전문성도 없는 386세대'와 '무한한 잠재력과 전문성을 가진 젊은 세대'로 구별 짓기 하는 변희재식 세대론은 세대론이 아니라 차라리 변형된 인종주의에 가까운 것이다. 저 발언을 보면서 나는, '능력도 없으면서 탐욕스러운 유태인'과 '무한한 잠재력을 가졌지만 유태인들 때문에 고난을 겪는 아리아인'을 명확히 구별한 콧수염 달린 어떤 사내를 연상할 수밖에 없었다." 그의 지적은 일리가 있다. 변희재의 주장은 나치스의 인종주의 주장과 닮은 데가 있다. 그는 먼저 시장주의를 무비판적으로 신봉하며, 다음으로 시장을 교란하는 무능한 불순분자들이 있다는 것을 전제한다. 자연히 따라 나오는 결말은 이들을 타도해야 유능한 우리가 잘 먹고 잘 살 수 있다는 것이다. 그 불순분자가 유태인에서 386 세대로 바뀌었다는 것 정도가 차이점이다.

변희재의 실크세대론은 88만원 세대론의 맹점을 공략했고 노골적으로 정치적이었다. 하지만 이미 청춘을 벗어난 30대 중반의 변희재를 대표자로 포함시키기 위해 '1970년대 이하'를 대상으로 삼은 이 담론은 우파들이 보기에도 마케팅적인 참신함이 부족했다. 〈조선일보〉가 적어도 세대론에서만큼은 변희재를 버리고 G세대론을 들고 나온 것은 그러한 까닭이었을 거다. G세대는 1986년 서울 아시안게임, 혹은 1988년 서울 올림픽 이후 태어난 이들을 지칭한 말로 역사상 가장 많은 지원을 받고 자라났으며 외국어 능력과 컴퓨터 능력으로 무장하고 글로벌 시대를 헤쳐 나갈 능력이 있는 젊은이들로 묘사된다. 여기서 G는 바로 Global의 약어인 것이다. G세대론은 변희재식 세대 자질론을 이어갔지만 386세대에 대한 적개심은 소거시켰고 세대의 연령도 훨씬 낮췄다.

생물학적인 세대는 대략 25년의 주기로 나뉘고 문화적인 세대는 10~15년 정도로 분절하는 것이 보통이니, 〈조선일보〉의 과도한 분절보다는 차라리 변희재의 세대론이 개념적으로 더 그럴듯하다고 말할 수도 있을 것 같다. 하지만 실크세대론이 정치적 필요와 개인의 욕심으로 억지로 만들어낸 거라면, G세대론은 한국 사회의 욕망의 시선을 보여준다는 점에서 훨씬 비평할 가치가 있다. 이를테면 G세대론은 김연아나 박태환을 신기하게 바라보는 한국 어른들의 시선을 정확하게 반영하고 있다. 2010년 동계올림픽의 금메달리스트들에게

붙여진 '88둥이'라는 명칭과 G세대론에 담겨진 욕망은 동일하다. 실제로 그들은 외국어 능력이나 컴퓨터 능력과는 상관없이 〈조선일보〉에 의해 대회 이후 G세대로 호명되었다.

하지만 G세대론의 서술은 비록 세태의 일면은 담고 있을지라도 계층적으로 너무 한정된 대상을 다루고 있다. 〈서울대저널〉의 학생 여론조사에 따르면, 서울대생들은 "스스로 속한 세대를 어떻게 평가하십니까?"라는 질문에 대해 '특정한 세대론으로 규정할 수 없다'(35퍼센트), N세대(28퍼센트), 88만원 세대(17퍼센트), G세대(16퍼센트)의 비율로 응답했다고 한다. 오늘날 부르주아지의 계급 재생산 학교로 전락했다는 평마저 듣는 서울대에서조차 G세대론이 '88만원 세대론'만도 못한 공감을 받고 있다면, 이 담론이 지칭하는 대상이 '엄친아'와 비슷한 '환상'의 대상이라는 사실을 확언할 수 있을 것 같다. 어학 연수를 가는 학생들이 무척 늘어났지만, 그런다고 해서 그들이 모두 외국어 능력이나 국제 감각에 대해 자신하는 것은 아니니 말이다.

### 월드컵 주체와 웹 2.0세대는 다른 곳에 있나

이명박 정권이 탄생한 2007년 대선과 서울에서 민주당이 거의 전멸당한 2008년 총선의 패배는 소위 개혁 세력의 지지자들에게 큰 충격을 주었다. 이 두 선거에서의 패배는 결국 '민주화 세력'의 십 년 집권이 서민들의 삶을 개선시키지 못했고 그리하여 결국 외면을 받게 되었음을 보여주는 것이었다. 하지만 개혁 세력의 지지자들은 그 사실을 인정하기 싫어했다. 그들의 적나라한 욕망은 2008년 촛불시위에서 10대를 예찬하면서 타올랐다. 2008년 촛불시위를 계기로 과거의 정치적 실패는 보수화된 20대의 책임이며, 촛불시위를 일으킨 진보적이고 발랄한 10대가 한국 정치를 구원할 거라고 기대하게 된 것이다.

20대가 보수화 혹은 탈정치화하게 된 사회구조에 눈감은 담론이 사회학자 김호기가 내세운 '웹 2.0세대' 담론이었다. 김호기는 '80년대의 386세대'(민주화 1.0세대), '90년대의 신세대'(정보화 1.0세대), 'IMF 구제금융 이후의 88만원 세대'와 '촛불시위를 주동한 웹 2.0세대'를 구별한다. 그것은 보수화된 20대와 구별되는 새로운 세대를 찾아 헤매는 386세대의 적나라한 욕망의 발현이었다. 설령 그렇지 않았더라도, 이 논의가 후기 자본주의 시대의 경제적 측면('88만원 세대'를 만들어내는)과 문화적 측면(웹상의 소통을 일상화시키는)을 억지로 구분하는 오류를 범했다는 점은 분명하다.

취직을 못 하고 정치적으로 무기력한 88만원 세대와 인터넷 인맥을 통해 시위를 주동하는 웹 2.0세대는 동전의 양면인 것이다. 실제로 시위가 진행되면서 웹 2.0세대는 언론 매체에서 '시위 현장에서 문자질로 소통하며 경찰들의 방어선을 농락하는 젊은 세대' 정도의 의미로 쓰이게 되었다. 이들을 스케치한 기사에서 10대와 20대의 구별이 사라졌음은 물론이다. 시위 현장에서 20대의 정보기기 숙련도는 10대와 별 차이가 없었던 것이다. 김호기의 웹 2.0세대론은 이 점을 도외시하면서, 오늘날의 10대 역시 20대와 동일한 사회경제적 조건에 처하게 될 것이라는 문제를 간과했다.

여기서 돌아봐야 할 것은 2002년 월드컵이다. 왜냐하면 2002년 월드컵 길거리 응원의 집단 체험이야말로 그 후의 촛불시위들을 가능하게 한 경험적인 조건일 것이기 때문이다. 우리가 흔히 잊는 사실이지만 촛불시위는 일회적인 현상이 아니었다. 비록 담론적으로는 언급하는 사람들이 거의 없지만 2008년 촛불시위는 무의식적으로 2002년의 촛불시위를 참조하고 있는 것이 분명하다. 십여 년 동안 한국 사회에서 문화 평론을 했던 스콧 버거슨은 촛불시위에 대해 타당한 분석을 내놓았다. 촛불이라는 것은 죽음에 대한 애도라는 상징을 가지고 있는데, 2008년의 시위가 애도한 것은 '예상되는 미래의 죽음'에 대한 애도라는 점에서 하나의 판타지가 아니겠냐고.

그의 말은 정확한 것이다. 사실 2008년에는 사람이 죽지 않았다. 다만 시위대는 이러다가 '미친 소'를 먹고 죽는 사람이 나올지도 모르겠다는 생각을 했을 뿐이다. 그런데 왜 아무도 "근데 우리 왜 촛불을 드는 거예요? 누구 죽었어요?"라고 묻지 않았던 것일까. 이에 대해 스콧 버거슨은 미군 장갑차에 의한 여중생 두 명의 죽음으로 촉발된 2002년의 시위가 '촛불 소녀'라는 캐릭터의 형성에 영향을 미친 것이 아니겠느냐고 지적한다.

나는 스콧의 말에 동의한다. 2008년에 죽음에 대한 애도라는 상징을 가진 촛불이라는 기호가 시위를 위해 봉사할 수 있었던 이유는, 우리가 이미 2002년에 여중생들의 죽음을 애도하며 촛불을 든 적이 있었기 때문이다. 그리고 2002년의 촛불이 가능했던 이유는 그 직전에 있었던 월드컵 거리 응원의 경험 때문이었다.

그해 초 미국 솔트레이크시티에서 열린 동계올림픽 때 '하필 일본계 미국인'인 안톤 오노에게 김동성이 금메달을 강탈당한 일과, 그해 여름 '월드컵 4강 신화'에서 붉은악마가 보여주었던 민족주의는 미국에 지나치게 의존적이었던 이전 세대와는 달리 우리도 이제 요구할 것은 요구해야 한다는 자주 국가에의 욕망을 가지게 했다. 물론 그것은 80년대 이후 NL 운동권들의 오랜 소망이긴 했지만 그것이 대중적으로 폭발한 것이 바로 그때였다. 촛불시위를 통해, 젊은 세대는 2002년 노무현이라는 사람을 대통령으로 만들었다. 그때 청년 세대들은 분명 스스로 민족을 호출하여 자신의 정치성을 과시했다.

그런데 '붉은악마의 민족주의'는 고도성장을 담당했던 전후 1세대의 '동원된 국가주의'와 민주화운동에 투신했던 386세대의 '진보적 민족주의'와도 다른 것이었다. 자본이란 요소가 계속해서 그것을 침식하기는 했지만, 적어도 2002년의 길거리 응원을 촉발시킨 욕망은 국가로부터 나온 것이 아니라 젊은이들로부터 나온 것이었다. 그리고 그들이 말했던 민족은 '통일을 통해서야 완성될 우리 민족'이라는 '미래의 약속'이 아니었다. 그것은 지금 이 순간 우리가 즐기고 누리는 삶, 대한민국이라는 정치적 공동체에서의 삶을 긍정하고 그것이 유지되기를 바라는 이들이 만든 판타지였다.

물론 북한의 이탈리아전 승리를 대한민국의 승리와 동일시하는 'Again 1966'이라는 구호와, 역사적이기보다는 환상에 가까운 〈환단고기〉류 초고대사 담론에서 나온 치우천황의 깃발은 '진보적 민족주의'나 '전근대적 환상으로서의 민족'과 잇닿아 있는 데가 있다. 하지만 붉은악마의 자긍심의 출발점은 분명 '지금 이 순간 우리들의 삶'이었다는 것이 나의 생각이다.

《한중일 인터넷 세대가 서로 미워하는 진짜 이유》를 쓴 일본의 사회학자 다카하라 모토아키가 '고도성장형 내셔널리즘'과 '개별불안형 내셔널리즘'이라 구별한 것처럼 한국의 젊은 세대 역시 기성세대와 구별되는 새로운 내셔널리즘을 형성하게 되었다. 하지만 공통의 체험을 통해 더 직접적으로 그것을 형성하게 되었다. 인터넷에서 유희적으로 극우적 언사를 내뱉는 일본의 젊은이들이 '사건' 없이 '주체'를 형성했다면 한국의 젊은이들은 '사건'을 통해 '주체'를 만들어냈던 것이다. 그런 면에서 당연히 이 젊은이들을 '월드컵 주체'라고 부를 수 있을 것이다.

붉은악마는 '오지 않은 노스탤지어로서의 민족' 대신 '현존하는 정치적 단위를 구성하는 민족'을 논했다는 점에서 서구의 근대 민족주의를 연상시키는 진보적이고 실천적인 함의가 있다. 그러나 한편으로 이것은 '폐쇄적'인 담론이었다. 붉은악마의 옹호자들은 이렇게 말할지 모른다. 외국인들도 붉은 티를 입고 한국인들에 섞여서 응원했는데 그게 어째서 폐쇄적인 것이었느냐고. 그러나 여기서 우리가 살펴봐야 할 것은 인종에 대한 차별이 아니라 생각의 차이에 대한 용인이다. 2002년의 대한민국에서는 외국인이라도 한국 대표팀을 응원하면 붉은 무리에 무리 없이 섞일 수 있었다. 하지만 한국인이라도 한국 대표팀을 응원하지 않거나 그들의 승리에 무관심했다면 그들은 틀림없이 소외감을 느꼈을 것이다.

그리고 2008년의 촛불시위에서도 폐쇄성은 드러났다. 월드컵 거리 응원에서 그랬듯 이 시위에서도 '시위대의 주장에 동의만 한다면' 외국인이라도 '같은 편'으로 인정받을 수 있었다. 하지만 시위대에 반대하거나 의구심을 품는 이들은 쉽게 '외래인'으로 매도당했다. 시위 현장에서 흔히 들을 수 있는 구호는 "이명박을 오사카로!"였다. 그들은 그들이 싫어하는 대통령의 고향을 문제 삼아 그를 '외래인 군주'로 취급하고 있었던 것이다. 젊은 세대 간에 널리 공유되는 '딴나라당'이란 조어에 담긴 정치적 판타지 역시 그와 비슷한 것이 아닐까?

2008년 촛불시위의 현장, 거리에 존재했던 '주권'은 자신의 적대자를 '외국인'으로밖에 이해하지 못하는 폐쇄적이고 통합적인 나였다.[*] 촛불시위의 전성기 때 우리의 10대들은 이명박 대통령이 독도를 포기할 거라는 '루머'를 퍼트리고 있었다. 여기서 드러나는 그들의 정치성은 붉은악마의 그것과 대동소이하다. 즉 20대와 10대는 후기 신자유주의의 한국적 현실을 살아가는 이들로서, 사회경제적 조건에서도, 문화적인 소통의 환경에서도, 그 정치성에서도 동일하게 묶여야 하는 이들이었던 거다.

그런데 우리는 2002년 당시 탄생한 '월드컵 주체'가 형성한 자긍심이 절반 정도는 좌절되었다는 사실에 주목해야 한다. 그들은 '현존하는 정치적 공동체인 대한민국에 대한 자긍심'을 바탕으로 노무현이란 사람을 대통령으로 만들었는데, 참여정부는 세상도 그들의 삶도 더 좋게 만들어주지 못했다. 그것이 바로 20대 보수화론자들이 말하는 2007년 선거에서의 '20대의 선거 이탈' 현상이다. 2002년 참여정부를 만들어냈던 그 20대들이 5년 후에 자신들의 업적을 포기한 것이다. 참여정부의 당선은 장년 세대를 좌절시켰지만, 참여정부의 통치는 청

---

* 스콧 버거슨과 친구들, 《발칙한 한국학》, 351~423쪽, "왜 우리는 무력한 촛불이 되었나: 촛불의 일면성을 넘어서기 위한 자기 기술", 한윤형, 《그대는 왜 촛불을 끄셨나요》, 19~35쪽을 참고.
** 조성주, 《대한민국 20대, 절망의 트라이앵글을 넘어》

년 세대를 좌절시켰다. 조성주는 '20대 보수화'론을 분석하기 위해 17대 대선의 투표율과 16대 대선의 투표율을 잘게 잘라 비교했다.**

| | 19세 | 20대 전반 | 20대 후반 | 30대 전반 |
|---|---|---|---|---|
| 17대 대선 투표율 | 54.2% | 51.1% | 42.9%, | 51.3% |
| 16대 대선 투표율 | | 57.9% | 55.2% | 64.3% |

여기서 두드러지는 것은 16대 대선 때 '20대 전반'이었던 이들이 17대 대선 때 '20대 후반'이 되어 보여준 투표율 저하 현상이다. 전반적인 투표율 하락의 추이에서도 15퍼센트의 하락은 예사로운 일이 아니다. 조성주는 이 하락의 원인을 '대학 등록금 1천만 원 시대'의 개막에서 찾는다. 17대 대선 당시의 20대 후반이 다른 세대와 구별되는 삶의 문제라면 아무래도 등록금 문제가 제일 크기 때문일 것이다. 2002년에 6580억 원 규모였던 학자금 대출액은 2007년엔 2조 1296억 원으로 5년 사이 급격히 증가한다. 2002년에 27만 8천 명 정도였던 학자금 대출자의 수도 2007년엔 61만 5천 명으로 크게 증가한다. 2007년의 20대 후반은 이러한 환경 변화에 직격을 당한 세대다. 이러니 함께 참여정부를 만들었던 30대 직장인들이 '투표를 하지 않는 20대'를 질타해도 씨알이 먹힐 리가 없다.

조성주의 분석은 2008년 촛불시위에서 예찬 받았던 그 10대들이 장래에 오늘날의 20대와 비슷한 모습을 보여줄 가능성이 있음을 보여준다는 점에서 섬뜩하다. 우리에겐 청년 세대들을 분리해서 예찬하거나 비난할 겨를이 없다. 이미 '일베'의 이용자들은 일본의 사회학자 모토아키가 '개별불안형 내셔널리즘'이라고 명명한 일본의 청년 극우파의 모습을 보여주고 있다. 2008년 촛불시위를 주도한 그 세대가 계속해서 진보성을 간직할 거라는 기성세대 믿음 역시 근거를 찾기 힘들다.

### 파편화된 취향과 만성화된 불안의 세대

세대의 특성은 사회가 만든 것이다. 우리가 지금까지 논의했던 청년 세대의 특성, 즉 인터넷, 대중문화, 민족주의의 정치성, 취업난 등은 모두 사회적인 조건에서 만들어진 것이다. 이 점을 인정하면서 20대들의 특징에 대해서 하나 더 덧붙여야 할 것이 있다면 '파편화된 취향'의 문제다.

'파편화된 취향'은 인터넷의 소통과 대중문화의 영역에서 만들어진 것이긴 하지만, 정치의 문제이기도 하다. 1970년대 대학생들은 리영희를 중심에 두고 토론할 수 있었고, 1980년대 대학생들이 마르크스를 가지고 토론할 수 있었으며, 1990년대엔 포스트모던 철학자들이 유행의 대상이 되었다면, 오늘날의 청년 세대에겐 서로 얘기를 할 수 있는 출발점이란 것이 존재하지 않는다. 물론 오늘날의 젊은이들도 리영희를 읽을 수 있고, 마르크스를 읽을 수도 있으며, 문화 연구를 참조할 수도 있다. 실제로 어떤 이들은 그렇게 한다. 그러나 중요한 점은 그들이 더 이상 또래들에게 이해받지 못한다는 것이다.

오늘날의 청년들은 각자의 고립된 공간에서 고립된 주체로 살아간다. 이런 세상에서는 정치성 역시 '파편화된 취향'과 비슷한 것이 되었고, 그 중심에 대중문화와 인터넷이 있다. 인터넷에서 우리는 취향이 비슷한 사람들끼리 만난다. 대중문화의 시대가 오래 지속되면서 점점 사람들은 서태지나 HOT와 같은 공통의 취향에 머무르지 않고 여러 가지 취향을 지니게 되었다. 그런 소통 환경에 익숙해진 우리가 정치 문제를 논한다고 해서 갑자기 공동체의 공동 관심사의 문제를 논하기는 어렵다.

'파편화된 취향'의 문제를 극복하고 공동체의 정치를 논하기 위해서는 모종의 통합의 경험이 필요하다. 그 가능성은 대략 두 가지이다. 하나는 비교적 공통적인 조건에 놓인 20대의 삶의 문제를 제시하는 문화 콘텐츠를 통해 20대 스스로의 삶을 성찰하게 하는 것이다. 진보 진영에서 주시하는 다큐멘터리들, 여성영상집단 '반이다'의 〈개청춘〉이나 석보경, 장경희, 정동욱의 〈방 있어요?〉 같은 것이 하나의 사례일 것이고, 좀 더 대중적인 측면에서 보면 주호민의 〈무한동력〉이나 〈신과 함께〉, 윤태호의 〈미생〉과 같은 웹툰들을 거론할 수 있을 것이다.

다른 하나는 취향의 영역에서 서로 다른 취향들을 소통하게 만들면서 공통의 영역을 넓혀가려는 시도다. 이런 시도는 주로 패러디의 측면에서 이루어지는데, 여러 취향의 오타쿠들이 즐기는 문화적 콘텐츠를 활용하여 교양만화나 시사만화를 그리는 굽시니스트가 대표적이다. 문제는 기존의 정치-문화 담론 생산자들이나 기성세대들이 이런 이들의 작업에 대해 알지 못하거나 관심조차 없다는 것이다.

정말로 기성세대들이 20대를 투표장으로 끌어내고 싶다면 도덕적 훈계가 아닌 훨씬 세밀한 접근 전략이 필요할 것이다. 청년 세대를 분석하고 그들에 대해 접근한다는 것은 한국 자본주의의 현재에 대해 말한다는 것과 다를 바 없으므로, 그들을 위해 노력을 기울이는 것이 의미 없는 일이라 말할 수는 없을 것이다. 20대의 일원으로서 나는 우리 세대를 '파편화된 취향과 만성화된 불안의 세대'라고 생각한다. 이들의 불안이 어떤 조건에서 어떤 방식으로 발생하는지 규명해내지 못한다면 우리의 정치의 미래도 밝지 않다.

# 왜 세대론이 우리를 괴롭힐까

나를 포함한 몇 명의 20대를 신세대 논객으로 칭하고 한 세트로 묶어서 담론 시장에 소개하는 문법이 나타났다. 지면이 줄어들고 있던 나에게 갑자기 글을 써달라는 이들이 늘어났다. 그것은 나로서도 황당한 경험이었다.

## 중간계급만의 촛불시위

2008년 여름을 수놓았던 촛불은 그 자체로 하나의 스펙터클이었다. 당시 그것이 가능했던 이유는 무엇이었는지, 또는 그것이 무력해진 이유는 무엇이었는지를 두고 수많은 이들의 논평이 있었다. 재미있는 것은 전자와 후자가 별개가 아니라 종종 하나로 포개졌다는 사실이다. 가령 촛불시위의 한계를 논하는 대표적인 비평으로 중간계급의 것이었다는 것과 도시 중심적이었다는 것 두 가지가 있다. 그런데 이것들은 촛불시위의 한계뿐만이 아니라 그 성공 요인을 말하는 것이기도 하다.

그것은 촛불시위의 동력이 일종의 아이러니를 품고 있다는 사실을 의미한다. 단순하게 말하자면 이렇다. 나는 촛불시위의 활동성은 중심부에 대한 주변부의 저항이 아니라, 모두가 중심에 포섭되고 싶어하는 욕망에서 나왔다고 판단한다. 그런 점에서 그것은 87년 민주화 운동의 흐름에 이어지는 '한국적인' 시위다. 조선 사람들이 신분 질서를 뒤집지 못하고 모두가 양반이 되는 길을 택한 것처럼, 남한 사람들이 부동산 투기를 정치적으로 근절하지 못하고 모두가 그 열차에 올라타기를 열망한 것처럼, 그것은 중심을 지향했던 것이다.

한편으로 그것은 2002년의 시위가 보여줬던 것만큼의 급진성도 보여주지 못한다. 슬프게도 이제는 모두 잊어버렸지만, 2008년 촛불시위의 '원본'이라고까지 볼 수 있는 2002년의 촛불시위 때엔 운동권과 구별되는 최초의 주창자들이 뚜렷했고, 이들은 사실상 '지도부'의 역할을 수행했다. 자발적인 시민 그룹과 운동권 단체 사이에 껴서 논쟁을 주도하고 촛불시위의 접착제 역할을 했던 이들은, 촛불시위 이후 반전평화 운동에 관심을 가지고 팔레스타인 평화연대를 만드는 등 나름의 진화를 이루었다. 하지만 그들에 대한 기억이 희미해진 지금 소위 '깨어 있는 시민'들은 2000년대의 촛불시위들이 모두 '노무현을 좋아하는 시민'들이 만들어낸 것이었다고 착각하고 있다.

## 386세대는 무슨 생각을 하고 있는가

이런 상황에서 세대론이 등장하는 것은 필연적인 일이다. 말하자면 성찰 없는 반복의 몸짓을 설명하기 위한 언어로 세대론만 한 것이 없다는 것이다. 1980년대의 저항이 1987년 이후 주류가 되었을 때 중심은 그 참여자들에게 '386세대'라는 명칭을 부여했다. 그러나 386세대의 저항이란 것이 우리 사회에 어떤 진보적인 흐름을 이끌어냈는지를 묻는다면 그다지 할 말이 없지 않은가? 그래서 우리는 다시 한 번 새로운 세대를 '요청'하게 된다. 하는 짓이 비슷할지라도, 이번에는 '새로운 세대'가 그렇게 하기 때문에 뭔가 다를 거라고 주문을 걸어야 하는 것이다.

나는 이것이 촛불시위를 세대론으로 파악하려는 이유라고 생각한다. 정황 증거는 세대론이 뚜렷하게 두 가지 다른 방향으로 전개되었다는 사실에서도 나온다. 말하자면 촛불시위를 해석하기 위한 '세대론'은 삐걱거렸는데, 누구도 그 점을 지적하지는 못했다. 왜냐하면 그 삐걱거림은 모순이었으되 우리에게는 공기처럼 익숙한 그런 모순이었기 때문이다. 촛불시위에 대한 '세대론(1)'은 10대들을 예찬하는 세대론이었다. 도대체 10대들이 어떻게 20대와는 달리 이렇게 정치에 관심을 가지게 되었느냐는 기성세대와 386의 호들갑이 있었고, 그것을 설명하기 위한 많은 가설이 제시되었다. 그런데 촛불시위가 절정에 이르고 무력해지자 갑자기 386들이 한심하게 여기던 20대들을 위한 세대론이 등장했다. 이른바 '20대 논객론'인데, 이것을 '세대론(2)'라고 부를 수 있을 게다.

나를 포함한 몇 명의 20대를 신세대 논객으로 칭하고 한 세트로 묶어서 담론 시장에 소개하는 문법이 나타났다. 지면이 줄어들고 있던 나에게 갑자기 글을 써달라는 이들이 늘어났다. 그것은 나로서도 황당한 경험이었디. 십 년 동안 인터넷에 비슷한 글을 쓰고 있었는데 (물론 십 년 전에 쓰던 글보다는 최근 쓰는 글이 좀 더 좋다는 식의 진전이 없지는 않았지만) 갑자기 우연한 계기로 전혀 다른 글을 쓰던 사람들과 한 묶음이 되어 담론 시장에 진열된 것이다.

어째서 20대를 배척하는 10대들의 세대론과 20대 논객을 갈구하는 세대론이 공존하게 되었는가? 그보다는, 어째서 그런 식의 세대론의 삐걱거림이 있었는데도 아무도 이상하다고 생각하지 못했을까? 그것은 이 세대론의 본질이 어떤 논리적인 범주가 아니라 '386 이후'를 기약한다는 심정적 갈망에 있기 때문이다. 왜 민주화운동의 역량과 승리를 통해 구축된 '87년 체제'는 진보적인 사회를 만들지 못하고 이 시대의 젊은이들을 불행하게 만든 신자유주의 경제구조를 택하게 되었을까? 이 질문에 대답하는 것은 한국 사회를 변혁할 수 있는 어떤 결정적인 단서를 발견할 수 있는 길이다. 그렇기 때문에 그만큼 어렵다.

우석훈은 《88만원 세대》에서 기러기 아빠와 원정 출산 등의 행태를 이유로 386세대를 강도 높게 비판한다. 하지만 이런 세태에서 진정한 문제는 386세대가 자신의 이념을 배반했다는 것이 아니다. 오히려 그들을 시위에 나가게 한 욕망과 제 아이를 외국으로 보내서 교육시키도록 하는 욕망이 비슷하다는 것이 '진정한' 문제다. 나는 2000년대 중반에 참여정부의 정치인 누구누구를 후원하는 사업가나 전문직들을 몇몇 만난 적이 있었다. 재미있는 것은 이들 역시 대개는 기러기 아빠였다는 사실이다. 그들에게는 자신의 행위에 대한 부끄러움이 있었을까? 천만의 말씀이다. 그들은 한국 제도권 교육의 폐해를 역설하면서 자신의 아이가 외국에 가서 얼마나 행복해졌는지 진정 어린 음성으로 증언하곤 했다. 이건 구차한 변명이 아니었다. 그네들은 정말로 그렇게 믿고 있었던 거다!

그러니까 기러기 아빠를 가능하게 하는 욕망은 '그저 내 가족 잘 먹고 잘 살게 하자'는 욕망조차도 넘어선다. 대한민국 교육에 대한 가장 급진적인 비판과 기러기 아빠의 욕망은 공존할 수 있을뿐더러 일맥상통하는 것이었다. 이를테면 우파가 자식을 미국으로 보낼 때 소위 좌파들은 자식을 독일이나 핀란드로 보내고 싶어하는 그런 상황이다. 물론 그들은 교육 정책에 대한 비판도 하고 개혁도 요구하지만, '내 아이는 행복하게 살게 하기 위해' 그런 대안을 취하는 것이다. 그런 상황에서 우석훈과 같은 방식으로 386세대를 비판하는 것이 어떤 현실적인 함의를 지닐 수 있을까? 내가 적극적으로 대안교육을 찾으려는 이들을 불신하게 된 것도 이런 세태를 본 이후였다. 사실 오늘날의 대안교육은 자식을 독일이나 핀란드로 보낼 정도의 재력은 없는 진보적인 부모들이 만들어낸 대한민국 안의 '작은 독일'이며 '작은 핀란드'다.

역설적으로 말한다면 오늘날 대한민국에서 '창의성을 말살하는 값싸고 질 나쁜 공교육'을 그대로 받아내고 세상에 나오는 것만큼 급진적인 일이 어디 있겠는가? 물론 나는 그걸 견뎌낼 수 없는 이들이 있고, 그런 이들에게 그걸 감내하기를 요구하는 것이 폭력이라는 사실을 안다. 하지만 그렇게 공교육에서 밀려난 이들의 경우 부모가 유학을 보내주거나 대안학교에 보내줄 자본이 없을 때 그저 검정고시를 치게 된다. 또한 '값싸고 질 나쁜 공교육'에 대한 비판은 다분히 시장주의적이다. 그에 대한 비판은 공교육 체제의 교사는 경쟁을 모르고 교육 시장 '소비자'들의 수요를 충분히 반영하지 않는다는 식으로 이루어진다. 그렇기 때문에 그들의 대안은 쉽사리 사교육을 향해 치달는다. 그러니 자기 팬들을 향해 대한민국 교육제도를 비판하는 언술을 남발하다 이명박 정부 시절 학원 광고를 찍게 된 가수 신해철은 지극히 상식적인 한국인이었던 것이다.

하지만 사람들은 그 지점을 애써 보지 않으려고 한다. 신해철이 죽일 놈이 되었던 이유도 그래서일 게다. 사람들은 대체로 일제강점기 친일파를 욕하지만, 또한 같은 입으로 매우 자연스럽게 일제 치하에서는 친일파가 아니고서는 살 수 없었다고 말한다. 사적인 우여곡절이 있었겠지만 노동운동가 단병호의 딸이 검사가 되는 상황을 진보 언론이 미담처럼 기사화하는 나라다. 부르주아에 대항하는 노동계급의 의식이 따로 존재하는 것이 아니라 모두들 노동계급을 뛰어넘어 '시민'이 되려고 한다.

이런 상황이야말로 정치에 대해 많은 이들이 불만을 가지고 또한 기대를 가지는 이 나라에서, 정치가 성립하기 힘든 이유다. 하지만 이것은 그저 '비판'만 하고 지나가야 할 일이 아니다. 아무리 '비판'한다 하더라도 한국 사회의 그러한 구조가 바뀌지는 않는다. 단병호의 딸이 검사가 되었다고 욕하는 것이 지금의 한국 사회에서 정치개혁을 위해 어떤 의미를 가질 수 있을까? 386세대에 대한 우석훈의 비판과 '진보적 학부모'에 대한 김규항의 비판의 맥락이 바로 그런 지점에 서 있다. 하지만 거기에만 머문다면 우리의 현실 인식과 담론 인식은 언제나 분열될 수밖에 없다.

무력한 지식인에 대한 대중의 혐오가 곧잘 표출되는 것도 이러한 세태와 관련이 있다. 한국 사회의 생활인들은 이러한 간극을 체험적으로 알고 있다는 것이다. 그들은 '몸'과 '입'이 따로 놀아야 하는 상황에 익숙하다. 반면 지식인들은 미국에서 어쨌네 유럽에서 어쨌네 하면서 제 '입'에 우리의 '몸'을 맞춰야 한다고 말한다. 생활인들 입장에서 이런 상황이 어찌 우스워 보이지 않겠는가?

안티조선 운동의 기수였던 강준만 교수가 《한국 현대사 산책》 시리즈를 쓰면서 깨달은 것도 그런 '진리'였다고 생각한다. 그는 1960년대 초 주한 미국대사관 문정관이었던 그레고리 헨더슨이 한국을 규정하면서 사용한 '소용돌이의 정치'라는 말을 적극적으로 활용한다. 마치 블랙홀이 모든 빛을 빨아들이는 것처럼 한국 사회의 중심은 주변의 모든 자원을 빨아들인다.

운동권 바닥에서 발언권을 가지려 해도 명문대를 가야 하는 이 '현실'을 우리는 어느 정도는 인정해야 한다. 그렇기 때문에 한국 사회의 주변부에서 '그럭저럭 살 만한 진지'를 구축하기란 쉬운 일이 아니다. 그런 일이 가능할 수는 있는데, 심지어 그렇게 하려고 해도 학벌 등 중심부에서 '먹어주는' 자원을 하나 정도는 가져야 한다. 이래서야 그걸 주변부라고 볼 수 있겠는가?

이 인식 앞에서 우리는 두 가지 선택의 유혹을 받는다. 하나는 "운동권도 다 똑같지. 세상은 어차피……"라는 허무주의의 길이다. 한국 사회의 대부분의 상식인들은 무의식으로는 여기에 굴복했고, 그것만으로는 세상이 재미가 없어서 가끔 정치인들과 연예인들에게 신경질을 부린다. 정치인의 부패에 대한 분노는 그래도 공저인 이유가 있지만 연예인의 학력 문제 등에 대한 집착은 꽤나 광적이다. 다른 한쪽은 한국 사회를 사회 교과서 혹은 그 이후의 책에서 발견한 이국의 '보통의 사회'로 뜯어고치겠다는 욕망을 가지는 것이다. 많은 지식인들은 이 길을 택한다. 그게 된다고 믿지는 않는 것 같지만, 어쨌든 이 길을 택하면 글을 쓰기는 쉽기 때문이다. 그리고 결국 이 양 갈래 길은 본질적인 수준에서 대립하지 않는데 그렇게만 해서는 문제가 해결되지 않는다는 것을 모두들 본능적으로는 알기 때문이다.

## 보통의 사회는 어디에 있는가

사회과학에서 자본주의를 이해하는 개념 중 하나로 '자본주의의 다양성'(VOC, Variety of Capitalism)이란 것이 있다고 한다. 예전에는 자본주의가 발전할 경우 모든 국가의 사회제도가 우수한 제도 하나로 수렴될 줄 알았다. 그런데 현실의 변동을 보니 각 사회가 제각기 다른 제도를 가지고도 비슷한 수준으로 발전해 잘살게 되더라는 것이다. 그 이유는 각 사회의 그 독특한 제도들이 모두 유기적인 연결망을 형성하고 있기 때문이라고 한다.

가령 사회학자들은 유럽의 교육제도와 대학의 커리큘럼이 유럽의 노동시장과 문화와 연결되어 있고, 미국의 교육제도는 미국 노동시장의 특징과 관련되어 있다고 설명한다. 따라서 미국에서 노벨상이 더 나온다고 유럽 대학을 미국식으로 바꾸는 것은 이념적인 차원에서 비판하기 이전에 실효성도 없다. '신자유주의 개혁'이란 것의 엉뚱함이 바로 그런 수준에 있다고 하겠는데, 그간 남한 진보 담론은 이에 대한 반동으로 유럽 사회의 제도 및 문화를 한국(혹은 미국)에 무리하게 이식해야 한다는 생각에 너무 집착한 것은 아닐까?

유럽 사회가 한국 사회보다 발달된 사회이기 때문에 이 사회의 제도와 문화와 가치 규정을 이식하자 주장하는 것은 한국 사회가 그들 사회보다 후진적인 것이 명백할 때에만 대중적인 설득력을 지닐 것이다. 그러므로 시간이 지날수록 이런 주장의 설득력은 떨어질 수밖에 없는데, 아마도 오늘날 진보 담론이 점점 더 퇴조하는 것처럼 보이는 데엔 이런 이유가 있을 것이다. 만일 한국 사회가 프랑스나 독일, 핀란드보다 후진적인 사회임을 사람들이 직관적으로 납득한다 하더라도 이 경우 진보주의자들은 문제를 모두 해명한 것이 아니라 기껏해야 '발달된 미국의 체제'를 받아들이자는 신자유주의자와 경쟁해야 한다. 그리고 그 경쟁 관계에서 진보 담론은 '방법론'을 설명해 내는 데 종종 실패하곤 했다.

가령 우리가 서울에 있고, 파리로 이동하고 싶을 경우, 중요한 것은 서울에서 파리로 이동할 수 있는 루트가 어떤 것이냐는 것일 게다. 서울을 나갈 수 있는 루트는 몇 개가 있는데, 이 중 어떤 길을 선택해야 한다든지, 현존하는 길을 선택해서 '파리'로 나아갈 수 없다면 저항이 적은 어떤 지점에 새로운 도로를 건설할 것인지 등의 문제에 대해서 구체적인 논의를 해야 한다.

하지만 2000년대 초반에 잠깐 흥행했던 진보 담론은 이러한 지점을 통째로 소거한 채 그저 우리가 '파리'로 나아가는 것이 옳다고 말했을 뿐이다. 진보 담론이나 개혁 정책이 설득력을 가지려면 결국 '이상향'에 대한 집착을 거두고 한국 사회의 제도나 문화의 맥락 위에서 자신들이 밀하는 가치 규정을 실현시키는 방법에 대한 매우 세밀한 고민을 시작해야만 한다.

"미친 소, 너나 먹어!"라는 촛불시위대의 외침은 문화평론가 이택광의 말대로 '쾌락의 평등주의'를 보여준다. 이는 다른 시민이 누리는 쾌락을 나도 누려야 한다는 욕망에서 나오는, 한국 시민들의 활동 전반을 설명하기 위해 만들어진 개념이다. 그리고 《88만원 세대》의 공저자 박권일의 냉소적인 지적처럼, 한국 사회의 평등주의는 사회 구성원들의 평등을 문제 삼지 않는다. 그들은 대체로 '나'와 '부자' 사이의 평등만 문제 삼을 뿐이다. 그것은 비판받아야 할 일일까? 물론 그럴 수도 있다. 하지만 촛불시위가 그토록 호소력 있고, 강력하게 사람들을 사로잡았던 이유 역시 바로 거기에서 기인한 것이 아니겠는가?

그렇다면 우리가 해야 할 일은 이 소용돌이의 사회, 아니 블랙홀의 사회를 분석하고 중심을 지향하는 개개인들의 욕망을 인정하는 토대 위에서 변혁의 가능성을 모색하는 것일 게다. 이것은 물론 "내 말을 들으면 세상이 좋아질 것이다!"라고 섣부른 훈수를 두는 것보다도 훨씬 어려운 작업이지만, 이런 작업이 없이는 한국 사회의 변혁은 불가능하다. 많은 사람들이 이 질문을 진지하게 받아들일 때에, 촛불시위를 둘러싼 세대론의 망령도 떨쳐낼 수 있을 것이다.

'새로운 세대'는 우리를 구원하지 않을 것이다. 왜냐하면 우리의 몸이 구원을 거부하고 있기 때문이다. 결국 새로운 세대 역시 외계에서 온 생물체가 아니라 한국 사회의 밥과 반찬을 먹고 이 사회에서 생존할 수 있는 '몸'집을 불리며 커온 이들이다. 그렇다면 우리는 이 몸과 함께 그 몸을 넘어서는 길을 고민해봐야 하지 않겠는가?

# 한국에 파시즘이 도래하는 날

진입 문턱이 높은 한국의 선거제도가 좌파 정당이나 특정 종교 정당뿐 아니라 파시
즘 정당도 공평하게 가로막고 있다고 말할 수 있을 것이다. 한국의 시민들은 일상
적으로 '정치는 잘나고 똑똑한 놈들이 하는 것'이라고 말하니 말이다.

## 새로운 극우파의 등장

먹물들의 글을 보면 종종 한국에 파시즘이 도래할지 모른다는 우울한 전망을 볼 수 있다. 나 역시 그러한 우려에 동의한다. 여러 평자들이 분석하는 것처럼, 그 '전조'를 보여주는 사건들도 적지 않다. 특히 유럽과 일본에서 늘어나는 '선진국형 극우파'의 특징을 공유하고 있는 '일베' 유저들을 보면 그러한 우려가 들 수밖에 없다. 이들은 독재자들을 존중하며, 김대중이나 노무현, 문재인 그리고 야권 인사 및 그 지지자들을 광범위하게 조롱한다. 말하자면 이들은 내가 앞서 '월드컵 주체'리 분식했던 이들과 비슷한 세대지만, 정반대의 정치성을 소유한 이들이다. 그러나 그 존재가 우려스럽다 해서 그런 이들이 곧바로 정치 세력화에 성공하게 될 것 같지도 않다. 그러니 이쯤 되면

사태를 정확하게 파악하기 위해 질문을 이렇게 고쳐보아도 될 것이다. "어째서 그 모든 '전조'에도 불구하고 한국엔 정치 세력으로서의 파시즘 정당이 없는 것일까?" 물론 이런 질문에 대해서 어떤 사람들은 "아니 이 사람아, 새누리당이 바로 파시즘 정당이 아닌가!"라고 대답할지도 모른다.

그런데 내 생각은 조금 다르다. 새누리당은 극우적이긴 하지만 기본적으로 엘리트주의자들의 정당이다. 주호영 의원이 〈100분 토론〉에 나와, 자기 나라 유권자들의 시위에 대해 '천민 민주주의'라는 조어를 만들어내어 훈계할 만큼 정치는 일부 똑똑한 사람들이 해야 한다는 생각이 인에 박혀 있는 정당이다. 파시즘에 대한 우려는 선동에 대한 대중 동원과 이에 대한 열광이 낳을 여러 가지 폐해들에 대한 우려에 가깝지 않은가? 복잡한 학술적인 규정들은 생략하더라도, 이 문제에 관한 한 이자스민을 공천하는 새누리당보다는 '한·미 FTA와 다문화주의는 똑같이 외세를 끌어들이는 을사조약'이라 생각하는 일부 개혁 세력 지지자들이 차라리 파시스트에 가까워 보인다.

## 한국에서 파시즘 정당이 가능할까

왜 그들이 성공할 수 없는지를 밝히는 가장 간단한 방법은 실제로 해보는 것이다. 물론 실제로 할 돈은 없으니까 사유 실험이다. 먼저 인터넷에 돌아다니는 여러 의견들을 토대로 한국 사회에서 먹힐 것 같은 파시즘 정당의 강령을 추출해보기로 하자. 하나, 불법체류자에 대한 엄격한 통제. 그들 생각에는 대한민국 범죄는 불법체류자들이 모두 저지르고 있다. 하나, 비백인 영어 강사 금지. 그들의 감수성으로 보자면, 외국인 영어 강사가 한국 여성과 섹스하는 것도 짜증나 죽겠는데 유색인종이 영어 할 줄 안다고 강사 하면 열 받아 뒈질 것 같다.

너무 소소한 정책만 있다고 투덜댄다면 좀 더 큰 영역으로 나가보자. 하나, 다문화주의에 대한 전면 재검토. 자세한 설명은 생략한다. 하나, 간도 영유권 주장. 이 정도는 해야 극우가 될 수 있지 않을까? 하나, 독도에 해군 주둔. 이 정도는 해야 그들이 생각하기에 국가의 자존심이 서지 않을까? 이런 강대한 나라를 만들기 위해 필요한 정책들이 또 있다. 하나, 여성 의무복무제. 그들의 생각으로는 당연히 여성도 군대를 가야 하며 전방이 아니라도 다른 어딘가에서 2년 정도는 남성과 평등하게 노동력을 착취당할 필요가 있다. 하나, 사회지도층 자녀의 군역에 대한 상시적인 특별감시기구 설치와 그들의 의무 전방 복무. 이 정도는 해야 '노블레스 오블리주'가 되지 않겠나?

이런 종류의 정책들을 주장하거나 지지하는 정서는 인터넷에 넘실거린다. 그렇다면 이것들을 마키아벨리즘적으로 활용할 때 나는 금배지를 달 수 있을까, 없을까? 없을 거라 생각한다. 자본을 투입하면 지난 2012년 총선에서 진보신당(1.1퍼센트)이나 기독당(1.2퍼센트) 정도의 득표율은 가능할 것 같기도 한데, 그 이상은 무리일 것 같다.

여기서 우리는 진입 문턱이 높은 한국의 선거제도가 좌파 정당이나 특정 종교 정당뿐 아니라 파시즘 정당도 공평하게 가로막고 있다고 말할 수 있을 것이다. 혹은 일반 대중들도 엘리트주의를 폭넓게 공유한 사회에선 오히려 정치 세력으로서의 파시즘도 어렵다고 평할 수 있다. 한국의 시민들은 일상적으로 '정치는 잘나고 똑똑한 놈들이 하는 것'이라고 말하니 말이다. 극우 정당을 지지해야 하는 이들 중에서도 위 강령들 중 일부에 반대하는 이들이 나올 것이다.

또 한국의 극우 정치 세력인 새누리당이 엄연한 수권 정당이란 점을 들 수 있다. 위에 적은 강령들은 실제로 통치를 하는 입장에서 적용하기엔 매우 부담스럽거나, 제 발목을 베는 것들이다. 한국의 극우파들은 이런 종류의 대중 선동을 하지 않고도 충분히 권력을 지킬 수 있기 때문에, 이런 요소를 제 정당에 포섭할 필요성을 느끼지 못하고 있는 것일 게다.

하지만 이러한 사실들에 대해서만 안도하는 것으로 충분한 것일까? 세계적으로도 진보 좌파 담론이 퇴조하고 오히려 극우파가 힘들어진 서민층을 대변할 때에, 한국의 민주주의가 그들만큼 심화되지 않아서 파시즘 정당이 나타나지 않을 거라는 전망에 안주해도 되는 것일까? 이제는 '파시즘의 전조'에 대해 엘리트주의가 아니라 진보주의의 방어선을 치는 길에 대한 고민이 필요한 것이 아닐까?

3부
# 내려가는 시대에 살아남기
### 사회적 열패감과 무기력을 넘어

# 소통 없는 시대에 사람들을 설득하는 법

인터넷상에서 흔한 자칭 '키워'들은 '키워질'에 대해 이렇게 가르친다. 나는 상처입
지 않고, 남은 상처입히는 게 승리라고. 그러려면 스스로의 감정을 다스리면서 남
의 감정에 생채기 내는 술법들을 익혀야 한다.

## 토론 문화의 폐해

한국에서 '토론'이란 말은, '당연하게도 좋은 것'으로 여겨진다. 우
리가 토론을 징글징글할 만큼 겪어볼 일이 드물다는 것이다. 가령 '토
론 수업'이란 말은, 대부분의 수업에는 토론이란 것이 없다는 걸 보여
준다. 중학교 시절, 토론 수업은 '주입식 교육'보다도 더 지겨운 교육
이었다. 학생 수가 많은 한국의 교실에서 토론을 하려면 분단별로 수
업을 해야 한다. 선생님이 주제를 던지고 분단 토의를 '명' 하면 학생
들은 잡담을 하다가 교사가 다가올 때쯤 하나 마나 한 소리를 한다.
대개 오늘의 '토의 정리' 역을 맡은, 공부를 두 번째쯤 잘하는 학생이
잡담 내용과는 상관없는 주제에 맞는 적당한 얘기를 노트 한구석에
끄적거린다. 공부를 제일 잘하는 학생은 보통 이런 때에도 영어나 수

학 문제집을 붙들고 있고 교사들은 토의 수업에 열성적이지 않은 뭇 학생들을 나무라면서도 이상하게 그들의 모습을 보지 못했다. 고등학교에 진학하자 수능 공부에 '올인'하느라 이런 풍경조차 사라져 버렸다.

재밌는 것은 이런 상황은 어른들의 감언이설과는 달리 고등학교를 졸업해도 별로 달라지지 않는다는 점이다. 물론 많은 대학의 교양 강의들은 중고등학교 수업보다 더 자유로운 질문을 허락한다. 하지만 거기서 발견할 수 있는 것은 교수님의 일거수일투족에 집중하는 대부분의 학생들과, 단과대마다 하나 정도씩 있는, 자신의 모든 의문점을 교수에게 끝없이 질문하여 강의 시간이 끝나도 수업이 종료되지 못하도록 하는 '토론 종결자'들뿐이다. 그래도 토론 종결자 1인의 계통 없고 맥락 없는 질문에 시달리는 교수들을 보다 보니 나는 차라리 '가르칠 내용이 너무 많아서 내가 혼자서 다 설명해야겠다'고 선언하는 교수들의 강의를 더 좋아하게 되었다. 경험적으로 보았을 때 대개 그런 교수들의 강의가 더 흥미로웠고, 배운 것도 많았다.

이런 상황에서 그나마 '토론'을 하는 수업들이 있다면 '인터넷 게시판'을 활용하는 수업들이다. 많은 강좌들이 학교 홈페이지 서비스나 포털 사이트의 커뮤니티 서비스를 빌려 수업 게시판을 운용하고 있다. 그럴 경우 여러분은 한 학기 동안 한두 번의 발제문을 쓰고 두세 번 정도 남의 발제문과 '토의'할 의무를 짊어지게 된다. 좀 팍팍하다 느껴질 수 있겠지만 이런 규제가 있어야 한다. 어떤 순진한 교수는 성적으로 환산되는 토론량의 '기준'을 정해주지 않았다가 학점을 위해 계속 글을 올리는 모든 수강생들을 바라보며 정말 만족스러운 수업을 했다고 여겼다. 하지만 그 교수는 나중에 그 학생들이 그 수업을 고생스러운 것으로 여기고 자신을 원망했다는 사실을 알게 된다. '강요된 토론'이란 건 모순적인 말 같지만 토론이 잘 이루어지고 있음을 '전시'해야 하는 한국 사회에선 드물지 않게 벌어지는 사태다. 오늘날엔 일선 중고교의 수행평가 수업시간이나 대안학교의 체험학습 시간에 이런 일들이 종종 벌어진다고 들었다. 이처럼 특정한 시공간에서 토론이 강요되는 세태조차도 우리 사회에서 토론이 일상과는 거리가 먼 일종의 의례 행위임을 보여주는 것이다.

이런 환경에서 '인터넷 토론'이란 것은 다른 위상을 차지하게 된다. 일반적으로 한국에서 '인터넷'은 '토론'이 가장 활발한 공간으로 묘사된다. 다른 나라에서도 그런 경향이 없지는 않겠으나 한국에선 정도가 좀 심하다. 사회적인 관계에서 상하가 뚜렷하고 하급자의 이견이나 항변이 쉽게 수용되지 않는 사회에서, 인터넷은 해소되지 못한 욕망이 들끓는 뜨거운 냄비가 될 수밖에 없다. 이를테면 몇몇 민선 교육감들이 추진하면서 교육계에서 이슈가 되고 있는 '학생인권조례'나 중고등학교 교실의 '영원한 떡밥'인 두발 규제 논쟁 같은 것을 생각해보자. 한 명의 고교생이 이 문제를 교실에서 교사와 토론하는 모습을 상상할 수 있을까? 그런 직접적인 관계에서의 '토론'이 너무 부담스러운 상상이라면, 이런 것은 어떠한가? 〈100분 토론〉에서 교사와 고교생이 토론하는 모습은? 혹은 저널에서 교사와 고교생이 제 이름을 걸고 자기 입장을 내변하는 모습은?

실은 '학교에서 만나는 우리 선생님'과의 관계만이 문제가 아니라, '학생'의 처지로 '교사'와 공론장에서 '논적(論敵)'으로 만날 권리가 없는 것이다. (누군가 이런 기회를 준다고 제안한다 하더라도 당연히 거절하는 것이 좋다!) 2008년 촛불시위의 단상에서 많은 십대들이 뜨거운 발언을 했던 것은 분명 그들이 평소에 그런 발언의 공간을 찾기가 어려웠기 때문일 것이다. 그런 예외적인 공간에서 그들은 '대통령을 비판한다'는 전제 안에서 '한국 교육을 규탄할 자유'를 얻게 되었다. 그러나 그런 공간은 흔하게 생겨나는 것이 아니고, 시위 현장에 장학사를 배치함으로써 금방 닫히는 공간이며, 설령 열려 있을 때라도 시위대의 주장에 동의한다는 전제 하에서야 발언에 대한 호응을 얻을 수 있는 공간이다.

한국 사회에서 정치적으로 심하게 배제되어 있는 청소년을 예시로 소통의 희소함에 대해 논하는 건 보편성이 없는 사례일 수 있지만, 삼성 직원들의 경우를 생각하면 꼭 그렇지도 않은 것 같다. 그들은 '삼성 직원'이란 정체성을 숨기지 않는 한, 사내 커뮤니티나 인터넷에서나 '회장님'을 찬양할 권리만을 가질 게다. '삼성 직원'이 '삼성 사주'를 비판하지 못하는 것은 인지상정이라 말해보도록 하자. 그렇다면 '다른 회사 사장'은 비판할 수 있을까? 아마 대기업 회사 직원 중 협력 업체 사장들을 좌지우지하는 담당자들이 있겠지만 이것은 그 자체로 권력관계의 반영이지 권력관계의 역전은 아니다.

직장인이 좀 부자연스러운 처지라면 다른 사람들은 어떨까? 할리우드 배우 스칼렛 요한슨은 당시 미국 대통령이었던 부시를 마음껏 조롱하고도 사는 데 별 탈이 없었다. 하지만 한국의 연예인들이 그 정도 자율성을 누리고 있다고 믿는 사람은 아무도 없다. 2010년 〈PD수첩〉의 보도로 폭로된 2008년 국무총리실 민간인 사찰의 한 사례에서 중소기업 사장 김 모 씨는 자신의 블로그에 정부 비판적인 동영상을 스크랩한 후 사찰을 받아 별다른 흠결이 없었는데도 거래 은행의 압력을 받아 업계를 떠나야 했다.

한국 사회의 정치적 민주화가 다시 독재사회로 역전될 수 없겠지만, 여전히 '침묵'이 처세의 미덕이 되는 사회다. 서민들에게만 그런 것이 아니라 심지어는 '파워 엘리트'들에게도 그렇다. 새 정부가 발표하는 내각 인사들의 인터뷰를 보면, 그들이 '소신'을 가지기 보다는, '굴신(屈身)'의 자세를 '처신'의 기본으로 삼는 '가신(家臣)'이라는 느낌을 지울 수 없다.

### 인터넷 토론이란 뜨거운 감자

바로 이런 이유 때문에 한국 사회에서 인터넷은 해소되지 못한 욕망이 들끓는 냄비가 될 수밖에 없다. 그것을 가능하게 하는 인터넷 토론의 특성을 꼽아보자면 세 가지가 떠오른다. 첫째는 휘발성이다. 내가 남긴 말이 남들이 확인할 수 있는 공간에 오래 남지 않고 날아가버린다. 둘째는 개방성이다. 다른 곳에서 이루어지는 토론과는 달리, '나'와 '너'가 하는 말을 누구누구가 듣고 있는지 가늠하기 어렵다.

셋째는 비대칭성이다. 일단 신상 정보 공개의 비대칭성이 있다. 가령 내가 실명을 걸고 논쟁을 벌이더라도, 논쟁 상대방은 실명을 공개해야 할 의무가 없다. 이것은 인터넷 논쟁의 공간에서 우리가 익명성을 선택할 수 있다는 사실을 보여준다. 많은 사람들은 익명성이 인터넷 공간의 본질적인 속성이라고 생각한다. 하지만 사실 익명성은 인터넷에서 선택되는 것이며, 인터넷에서조차 그것을 지키기 위해서는 무던히 노력을 해야 한다. 디시인사이드 유저들의 '신상 털기'에 희생되는 수많은 사람들을 보면 그 사실을 알 수 있다.

또 다른 비대칭성으로 발언 기회의 비대칭성이 있다. 인터넷은 개방적 공간이기 때문에 '룰'을 만들어 발언 기회를 중재해야 하는 여타 공론장과는 다르게 발언 기회의 비대칭성이 생긴다. 더 많은 시간을 들여 더 많이 발언하는 이가 생긴다. 물론 그가 이 기회를 제 논리의 명료함이 아니라 제 논리의 모순성을 드러내는 데 사용할 수도 있지만 말이다.

마지막으로 발언 확산의 비대칭성도 있다. 쌍방이 말하더라도 쌍방의 말이 같은 범위로까지 퍼지는 것은 아니다. 이를테면 타블로의 스탠퍼드 영문학 석사 학력을 의심한 '타진요(타블로에게 진실을 요구합니다)'나 '상진세(상식이 진리인 세상)'의 주장 대부분은 〈MBC 스페셜〉이 방영되기 이전에 인터넷에서도 논파 완료된 것이었다. 하지만 '타진요' 회원들이 그들의 주장을 합리적으로 논박한 글이 없는 게시판에 자꾸 자신들의 게시물을 확산시켰기 때문에 의구심을 품는 사람들이 계속해서 늘어나버렸다.

이렇듯 인터넷 토론의 몇 가지 특징은 '소통'이 잘 되게 하는 요인이기는커녕 교란하는 요인이다. 그럼에도 인터넷이 토론의 온상이 된 것은 다른 곳에서 토론을 할 수 없기 때문이며, 다른 곳에서 얘기할 수 없는 정치적·사회적 약자들이 '도망 다니면서 자신의 주장을 개진할 수 있는 거의 유일한 공간'이기 때문이다. 이는 우리가 인터넷이란 매체를 조심스럽게 대해야 하는 이유를 설명해준다. 인터넷엔 기존 여론의 권력 구조에서 배제된 공론 형성을 위해 필요한 의견과 단순한 유언비어가 공존한다. 따라서 인터넷을 무작정 예찬하는 이는 저급한 음모론 수천수만 개가 가득한 세상에서 살게 될 것이며, 인터넷을 무작정 거부하는 이는 두세 개 당파의 도그마가 앎을 지배하는 세상에서 살게 될 것이다.

## 키보드워리어를 위한 토론법

인터넷 토론의 특성들이 '좋은 토론'을 방해하는 면이 있기 때문에 토론을 즐기는 개인들은 이 점을 보완하기 위해 무던히도 노력한다. 가령 개인 홈페이지나 블로그를 운영하면서 과거 글을 저장하는 이들은 '휘발성'을 줄이기 위해 노력하는 것이다. 그러나 이 소중한 노력들이 궁극적인 성공을 거둔다면 인터넷은 더 이상 소통의 공간이 되지 못할 것이다. 여기에 인터넷의 역설이 있다.

휘발성을 줄이기 위해 노력하는 것은 개인만이 아니다. 이제 많은 포털 사이트들은 흘러가는 말이었던 트위터의 글들에 대한 검색 기능을 제공한다. 이제 많은 회사들은 구직자의 트위터나 페이스북을 통해 누가 '반기업적' 언동을 일삼는지 확인할 수 있게 되었다. 인사담당자들이 최종면접에서 구직자들의 싸이월드나 블로그를 검색·확인하고, 구글에서 이름을 검색해본다는 식의 그럴듯한 새로운 '도시괴담'도 들려온다. 따라서 삼성의 행태엔 문제가 있고 2008년 촛불시위를 시지한다는 수준의 (사실 별로 진보적이지도 않은) 정치성을 지니고 있다고 해도 글은 필명으로 쓰고 인간관계를 인터넷에 공개하지 않는 편이 현명한 일이다.

이처럼 인터넷에선 이 세상에 존재하는 모든 것들을, 심지어 인간의 내면마저도 투명하게 만들려는 욕망과 그 모든 것에서 도망치고 싶다는 욕망이 길항한다. 앞에서 나는 익명성이 인터넷의 본질적 속성이 아니라고 말했는데, 그 이유는 익명성을 지키는 것은 인터넷에서도 '심연의 한가운데에 놓인 밧줄을 타는'(니체의 《차라투스트라는 이렇게 말했다》에서 인간을 설명하는 한 구절을 적당히 바꾼 말이다) 것처럼 아슬아슬한 일이기 때문이다.

이런 상황에서 인터넷 토론의 기술을 말하려면 '좋은 토론'이 무엇인지부터 말해야 한다. 어렵고 추상적인 정의를 내리겠다는 것은 아니다. 기술이 무엇에 종사하는지 정도는 분명히 하자는 것이다. 인터넷 토론을 흔히 '키보드워리어질'이라고 부른다. 우리 시대의 글쟁이들뿐만 아니라 역사적인 글쟁이들을 살펴봐도, 토론을 전투에 비유하는 것은 피할 수 없는 것 같다. 인터넷상에서 흔한 자칭 '키워'들은 '키워질'에 대해 이렇게 가르친다. 나는 상처입지 않고, 남은 상처입히는 게 승리라고. 그러려면 스스로의 감정을 다스리면서 남의 감정에 생채기 내는 술법들을 익혀야 한다. 특히 신상 정보 공개의 비대칭성을 유지하는 것은 '감정싸움'에서의 전략적 우위를 유지하는 방법이기 때문에, 내 정체를 들키지 않기 위한 심리적·기술적 술책들이 중요해진다. 이런 것들이 인터넷 세상을 살아가는 데 쓸모가 없다고는 말할 수 없다. 멀티, 도배, 인신공격 등은 인터넷 토론의 어디에나 따라다니는 것들이다.

그렇다면 좋은 토론을 위한 글쓰기란 어떤 것일까? 첫째, 소재로 삼은 사건에 대해 정확히 접근하는 글쓰기, 둘째, 토론이란 '나'와

'너'가 그 사건에 대해 얘기하면서 그것에 대한 이해를 심화시켜 나가는 것이란 점을 이해하고 있는 글쓰기, 셋째, 그렇게 하여 토론이 이루어진 공동체에 보탬이 되는 글쓰기다. 물론 고루한 얘기다. 그러나 이 원칙들은 '인터넷 토론'이란 구체적인 상황에 적용했을 때 '팁'이 된다.

### 사이버에서 제대로 된 논객이 되는 법 1 — 충실한 정보 조사

첫 번째 팁은 '주어진 논점에 대하여 충실하게 정보 조사하기'다. 우리는 주로 자신이 관심 있는 문제, 그래서 잘 알고 있다고 믿는 문제에 대해 어떤 이가 헛소리를 하면 분노하여 논쟁의 욕망을 느끼게 된다. 잘 모른다고 여겨지는 상대방을 공격하고 싶은 욕망에 휩싸인다. 그래서 토론의 장에 뛰어든다. 하지만 우리가 언제나 '가장 잘 아는 논제'에 대해 말하게 되는 것은 아니다. 그리고 우리는 자신이 충분히 잘 알고 있다고 믿었던 논제에 대해 생각했던 것만큼 알지 못하는 경우가 많다.

사실 자신이 얼마나 알고 있는지 모르는 것이야말로 무지(無智)의 본성이다. 그러므로 토론에 끼어들기 전의 정보 조사는 아무리 강조해도 지나치지 않다. 이 팁은 앞서 말한 '좋은 토론을 위한 글쓰기'의 첫 번째 조건, "소재로 삼은 '사건'에 대해 정확히 접근하는 글쓰기"와 관련이 깊다.

나 역시도 부정확한 정보와 기억으로 논쟁에 끼어들었다가 낭패를 본 경우가 많았다. 한번은 양심적 병역 거부를 옹호하는 입장에서

"나치 시대에도 양심적 병역 거부가 인정되었다"고 주장한 적이 있다. 또 한 번은 무상급식 논쟁에 끼어들면서 현행 초중고 급식이 위탁급식의 형태로 진행되는 것으로 오인하고 글을 쓰기도 했다. 전자에 대해선 위키피디아 검색만 해봐도 나치 시대에 1만여 명의 '여호와의 증인' 신도들이 강제 노역을 하고 그중 2천5백 명 이상이 순교했다는 사실을 알 수 있다. 후자에 대해선 간단한 뉴스 검색만으로도 초중고 급식의 대부분이 학교에서 직접 운영하는 직영 급식 체제로 전환되는 단계임을 파악할 수 있다.

그런데 필자는 왜 이렇게 어처구니없는 실수를 저질렀던가. 실수를 저지르는 누구나 그렇겠지만 믿는 바가 있었기 때문이다. 양심적 병역 거부에 관한 실수는 어느 퇴역 군인의 인터뷰에서 본 것을 그대로 따른 것이다. 나는 그 퇴역 군인이 군대에 관한 얘기를 그렇게 잘못 얘기하리라고 상상하기 어려웠다. 어쩌면 그는 '나치의 탄압 이후 양심적 병역 거부가 이슈화되고 인정받게 되었다'고 말하고 싶었으나 표현이 명료하지 못했거나 인터뷰를 쓴 기자의 착각 탓으로 그만 내용이 잘못 전달되어버린 것인지도 모른다.

무상급식에 관한 실수는 필자의 기억을 믿었던 탓이다. 2004년 무렵의 위탁급식 업체의 부실 도시락 파문의 기억이 너무 생생했던 것이다. 인터넷상의 '부실 도시락' 성토자들의 자료를 찾아보면서, 위탁급식의 비율이 만만치 않음을 확인했던 것이다. 사람들에게 6년 전의 일이란 '얼마 전의 그 일'로 지각되기 쉽다. '얼마 전의 그 일'이 언제였는지 구체적으로 기억해내지 않고, 새로운 자료를 검색하지도 않았기 때문에, 부실 도시락 파문 이후의 시간이 초중고 급식의 직영화를 추진하기에 충분한 시간이라는 점을 간과하고 말았던 것이다. 그래도 이 논쟁의 경우 당시 내가 제시한 논점의 핵심이 직영급식-위탁급식에 있는 것은 아니었기 때문에 치명적이진 않았다. 그러나 '쪽'을 판 건 매한가지였다.

여기서 우리가 느낄 수 있는 것은 한두 개의 정보만으로 사안을 판별하기는 어렵다는 것이다. 우리는 적어도 몇 가지 관점에서 쓰인 수십 가지 정보들을 고려해야 논제에 관한 대략적인 정보에 근접할 수 있다. 다행히도 이런 정보 수집은 인터넷 시대에는 그리 어려운 일이 아니다. 하나의 사건을 키워드로 검색하다 보면 1990년대 이후의 언론 기사들은 모두 검색이 되고, 운이 좋으면 그 사건을 직접 체험한 이들이 블로그 등에 남긴 소회 글도 찾아낼 수 있다. 이런 정보들까지 얻는 데에도 서핑 한두 시간이면 충분한데, 정보가 이 정도가 되면 실제로 그 사건을 겪은 당사자에 준하는 정보를 얻기 마련이다.

내가 했던 실수에서도 알 수 있듯이 피해야 할 것은 '원소스의 정보를 신뢰하는 것'이다. 위키피디아도 안 된다. 위키피디아 역시 누군가 축약한 정보가 원본과의 대조 없이 유통되는 인터넷의 한 장(場)일 뿐이다. 나는 예전에 읽은 책의 내용이 잘 떠오르지 않아 위키피디아를 뒤졌다가 그 내용 요약에 고개를 갸우뚱하며 다시 책을 찾아 읽은 적이 있다. 그래도 위키피디아 사용자는 의도적으로 정보를 왜곡하려는 의도는 없지만 인터넷상에서 본 누군가의 글이라면 의구심의 문제는 더욱 커진다. '타진요'가 인터넷 여기저기에 퍼 나른 타블로의 학력 의혹에 관한 글들이 제시한 근거는 허황된 것이었다. 즉 그들은 타블로가 하지도 않은 말을 했다고 하기 위해, 있지도 않은 학력 위조의 정황 증거를 제시하기 위해, 그림 파일들을 의도적으로 왜곡했다. 그들은 그 게시물을 본 대부분의 사람들이 게시물 안에서 끼워맞춰진 증거들의 논리에 동요되고 흔들릴 거라는 것을 너무도 잘 알고 있었다. 하지만 그 게시물에서 벗어나 블로고스피어에서 '타블로'나 '타진요'를 키워드로 검색해서 글을 살펴보면 〈MBC 스페셜〉의 방송을 본 적이 없더라도 그들의 주장이 얼마나 허황된 것인지를 충분히 알 수 있었을 것이다.

**사이버에서 제대로 된 논객이 되는 법 2- 논점에 대한 정확한 요약**

두 번째 팁은 '상대방의 논점을 정확하게 요약하기'다. 이것 역시 모든 토론에서 요구되는 덕목이다. 특히 TV 토론 같은 곳에서는 얼마나 빠르고 정확하게 상대방의 논점을 요약하고 이에 대한 방어 논리를 세우냐가 그 사람의 토론 실력을 보증하는 것이다. 인터넷에서도 '속도'는 물론 중요하지만, TV 토론만큼은 아니다. 상대방의 논점을 정확히 요약하라는 요구는, 상대방이 이 문제에 대해 어떻게 말하고 있는지를 이해하고, 그 이해의 틀 위에서 논점에 대한 자신의 견해를 재서술하라는 것이다. 그러므로 이 팁은 위에서 말한 '좋은 토론을 위한 글쓰기'의 두 번째 조건, "토론이란 '나'와 '너'가 그 사건에 대해 얘기하면서 그것에 대한 이해를 심화시켜 나가는 것이란 점을 이해하는 글쓰기"와 밀접한 것이다.

요약을 잘하는 사람은 정말로 부럽다. 어떻게 하면 '요약 도사'가 될 수 있을까? 너무 서두르지 않아도 된다. 사실 인터넷은 요약 능력을 걸음마 단계부터 뜀박질 단계로까지 향상시킬 수 있는 장이다. 인터넷 초창기의 토론자들은 마치 자신이 손으로 글을 쓰는 듯 상대방의 에세이에 자신의 에세이로 대항했다. 그런데 이런 식의 토론이 진행되면서 서로의 질문에 답하기보다는 자기가 하고 싶은 말을 유려한 문장으로 풀어내려고 하는 경향이 생겨났다.

그러나 PC통신에서부터 게시판 토론에 단련된 실용주의자들은 다른 방식을 택했다. 그들은 상대방의 게시물을 그대로 두고 그것을 단락별로 해체하는 방법을 택했다. 초창기 인터넷 게시판에서도 'Re' 버튼을 누르면 상대방의 게시물이 그냥 그대로 떴다. 우리는 그 단락 사이사이에 '→'와 같은 부호를 집어넣고 코멘트를 할 수 있었다.

상대방의 모든 단락을 찢어발기고 대꾸하는 이런 방식의 논쟁은 상대방도 이런 식으로 대응할 경우 종종 지저분해졌다. 문단 사이로 '→'가 난무하고 종국에 이르러선 'Re'의 연쇄 속에서 누가 한 말이 무엇인지조차 알아내기 힘들었다. 이런 단계를 지나치다 보면 상대방의 긴 글을 요약하고픈 욕망이 생겨난다. 이때에 상대방의 논점을 요약하는 방법은 간단하다. '→'와 함께 쓰인 내 짧은 코멘트들을 다시 한 번 주욱 읽어보자. 내용이 겹치는 부분이 있을 것이다! 그건 상대방이 비슷한 얘기를 했기 때문이다. 그런 것들을 정리하여 합치는 것부터 시작해보자. 훨씬 간결한 얘기를 할 수 있다.

이런 일을 반복하다 보면, 나중에는 그 사람이 글을 링크로 건 후 내가 쓰는 글의 본문에선 A4 반 페이지 정도 분량으로 그 사람의 A4 2~3페이지의 중언부언을 요약하는 일도 가능해진다. 사실 이런 식의 글쓰기는 'Re' 버튼이 없이 다른 주소에 놓인 텍스트, 예를 들어

트랙백을 걸어 논쟁을 하는 블로그 시대의 글쓰기에 걸맞다. 한번 실천해보자.

마지막 팁은 '나 자신의 옳음에 대한 강박을 버리기'라 말할 수 있다. 간단히 정리하면 패배를 두려워할 필요가 없다는 얘기다. 이 팁은 물론 앞서 말한 좋은 토론을 위한 글쓰기의 세 번째 조건인 '토론이 이루어진 공동체에 보탬이 되는 글쓰기'를 위한 것이다.

누구나 내가 남보다 잘났기를 바란다. 토론의 영역이라면, 내가 한 말이 옳기를 바란다. 그 말이 숙고 끝에 개진한 주장이든, 홧김에 내뱉은 말이든 간에, 자신의 말이 부정당하는 것을 좋아하는 사람은 없다. 하지만 무작정 내 말이 옳기를 바라는 것은 현실적이지도 않을뿐더러 토론의 역할에 비추어 봐도 바람직하지 않다.

토론을 하는 우리는 언제나 코끼리를 함께 더듬는 소경이다. 누구는 다리를 만지고 코끼리를 통나무와 같다고 하고, 누구는 몸통을 만지고 코끼리를 바윗덩어리 같다고 한다. 이들의 접근법이 만날 때 우리는 코끼리에 대한 하나의 상(象: 이 한자는 방금 말한 고사(故事)에 의거해, '코끼리'와 '모습'이란 뜻을 가진다)을 얻는다. 물론 이 상조차도 여전히 불완전한 것일 수가 있다. 여하간 토론을 통해 우리는 전진해나간다.

'좋은 토론자'가 된다는 것은 적어도 남들의 전진 속도에 뒤처지지 않으면서, 지금까지 나온 정보와 논점을 모두 활용하여 코끼리의 본질을 파악할 수 있는 의견을 펼친다는 것이다. 그러기 위해 나는 세 개의 팁을 제시했다. 하지만 우리는 언제든지 실수를 할 수 있다. 팁을 알아도 숙달되기 전에는 잘 실행이 되지 않을 수 있고, 팁이 숙달된 뒤에도 종종 실수를 한다. 인터넷에서 익명을 유지할 경우 논쟁을 하다가 줄행랑을 칠 수도 있고 줄행랑을 친 과거를 지워버릴 수도 있다. 이런 것들이 전적으로 나쁜 일은 아니다. 하지만 언제나 도망만 간다면 위에서 말한 팁들을 숙달할 기회가 생기지 않는 것은 사실이다.

어째서 어떤 사람들은 글을 많이 쓰는데도 잘 늘지 않고, 어떤 사람들은 글을 쓰는 만큼 느는 것일까? 그것은 그가 맞은편의 장님을 생각하는지, 아니면 코끼리에 대해 치열하게 고민하는지에 따라 달려 있다. 내게 주어진 정보로 코끼리를 제대로 파악하지 못함을 한탄하는 사람만이 좋은 토론자가 될 수 있다. 코끼리의 진짜 모습을 보고 싶어하는 사람만이 좋은 토론자가 될 수 있다. 설령 코끼리의 모습이 우리 장님들에게는 끝까지 확인되지 않는 저 너머의 것이라 해도 그렇다.

코끼리를 향하는 길은 언제나 좌절을 경험하는 길이다. 차이가 있다면 남들이 이미 겪고 지나친 좌절을 경험하느냐, 아니면 논의 자체의 한계에 부딪히느냐는 것뿐이다. 어느 쪽이든 우리가 넘어지는 것은 자연스러운 일이다. 인터넷엔 넘어지는 사람들을 보고 비웃는 사람들이 지나치게 많다. 이 글을 읽는 독자들을 비롯해 대부분의 사람들은 넘어지는 꼴을 사람들에게 보여주길 꺼릴 것이다. 그럼에노 물구하고, 잃는 것이 없이는 성장도 없다는 것은 만고불변의 진리였다. 인터넷을 통해 토론 능력을 향상시키려는 이들이 인정해야 하는 것도 결국 그런 진리다.

# 오늘날의 대학은 무엇인가

예전이라면 '여가'에 해당했을 활동조차도 '취직'이라는 목적에 합치하게 구조화시켜야 한다는 것이다. 동아리 활동이나 봉사 활동을 할 때조차도 동생은 이력서에 써넣을 수 있는 경력 한 줄을 생각한다.

## 대학에 대한 두 개의 관점

우리 시대에 대학이란 무엇인가? 사람들은 자본의 논리와 스펙 경쟁에 잠식된 대학을 자퇴하면서 쓴 '김예슬 선언'이 그것에 대한 본질적인 성찰을 요구했다고 말한다. 특히 진보를 표방하는 교수-지식인들과 동료 명문대생들에게 김예슬은 따라 할 수 없는 윤리적 행위를 한 숭고한 존재이다. 김예슬을 보고 반성한 교수도, 김예슬에 대한 연대를 다짐한 여느 명문대생도 김예슬의 길을 따라갈 수는 없었으므로 감히 "이 시대에 가장 위악한 것 중에 하나가 졸업장 인생인 나, 나 자신"임을 고백한 그녀의 성찰의 내용을 거스를 수 없다.

김예슬의 반대편에는 중앙대학교 이사장인 두산그룹 박용성 회장이 있다. 두산그룹 내에서도 노조 강경 탄압을 주도해온 박용성 회장은 중앙대학교를 기업 친화적으로 구조조정 하는 데 열심이다. 18개 단과대학, 77개 학과를 10개 단과대학, 46개 학과·학부로 통폐합하는 구조조정안에 맞서 중대 학생들은 마치 해직 노동자들이 투쟁하듯 타워크레인에 올라갔지만 그는 꿈쩍도 하지 않는다. 박용성 회장은 두산의 중앙대 인수 이후 "대학은 현실적으로 이미 직업교육"이며, "대학의 의사 결정권은 학교 법인에서 비롯되고, 운영 주체는 학교 법인의 이사회"라고 못 박았다.

**그래서 두산에 몇 명이나 취직시켜줍니까?**

오늘날 박용성과 김예슬의 대학은 어떻게 대립하는가? 김예슬을 지지하는 사람들은 박용성의 발언에 드러난 세계관을 그들이 투쟁해야 할 '적'의 것으로 받아들인다. 한편 박용성을 존경하는 많은 사람들은 아마 김예슬이 누구인지 그녀가 왜 논란이 되는 건지 알지 못할 것이다. 이렇게 두 사람은 이 시대의 양극단에 서 있다. 말하자면 박용성의 대학관이 관철되고 있기 때문에 김예슬은 대학을 떠난다고 볼 수 있다는 것이다. 김예슬이 말한 "이름만 남은 '자격증 장사 브로커'가 된 대학", "글로벌 자본과 대기업에 가장 효율적으로 '부품'을 공급하는 하청업체가 되어 내 이마에 바코드를" 새기는 대학은 박용성이 추구해야 할 바이기도 하다. 박용성이 좀 더 세련된 사람이었다면 시위하는 학생들에게 "김예슬이 옳다. 다른 것을 추구하고 싶다면 그녀처럼 대학을 떠나야 하는 것이다"라고 대꾸할 법도 하다. 그건 박용성의 내적 논리에서 모순되는 얘기가 아니기 때문이다. 따라서 냉소주의적 관점에서 본다면 중앙대 박용성 이사장에게 대학이 지성의 전당이라거나 상아탑임을 주장하며 반발하는 것은 현명한 일이 아니다. 우리는 박용성이 우리 시대의 진리를 드러내줬음을 인정하면서, 이렇게 물어야 마땅하다. "그래서 두산에 몇 명이나 취직시켜 줍니까? 정규직? 아니면 비정규직?"

여기엔 모종의 균열이 있다. 대학이 "대기업에 가장 효율적으로 '부품'을 공급하는 하청업체"조차 아닐 수 있다는 그런 가능성 말이다. 역설적으로 대학생들이 대기업에 수월하게 들어갈 수 있었던 시기에 대학생들은 대학의 다른 역할에 대해 고민할 수 있었다. 그리고 더 이상 대학 졸업장이 대기업을 향한 보증문서가 되지 못하는 시대에 대학은 '직업 교육소'가 되고 싶어 안달이다. 기초 학문이 전공인 학생들은 전공 공부마저 도외시하고 스펙을 쌓기 위해 토익 공부를 한다. 기업들은 학생들이 기업에 필요한 것을 전혀 배우지 못하고 온다고 투덜댄다.

박용성 이사장은 이 양자의 불만을 해소하고자 한다. 물론 해소가 가능한 불만은 아니다. 학생들이 아무리 '기업 최적화' 인간이 된다 하더라도 일자리 자체가 늘어날 리는 없다. 기업이 신입사원들에 대해 가지는 '업무 수행 능력'에 대한 불만은 전공 학문에 관련된 것은 아니다. 막말로 모든 학생들이 법학과 경영학을 전공한다 하더라도 기업은 여전히 불만을 가질 거다. 그러나 사립대학이 사기업과 사적 개인들의 욕망을 중재시키는 체제를 만든다는데 뭐라고 할 수는 없다. (당장 피해를 받는, 사라지는 학과의 재학생들의 문제를 잊고 생각한다면 그렇다.) 박용성이 여전히 건재한 이유는 학생들이 무기력하기 때문이 아니라 그가 학생들의 어떤 현실에 잇닿아 있기 때문이다.

## 어떤 대학에 대한 망상

하나의 망상을 전개해본다. 사립대학이 하는 일을 막을 수 없을 때, 우리가 할 수 있는 일은 크게 두 가지다. 하나는 사립대학이란 것 자체를 없애버리는 거다. 대학을 폭탄으로 날려버린다는 얘기는 물론 아니고 국가의 자본을 투입하여 사립대학을 공영화하는 것이다. '무상교육'을 얘기하는 진보주의자들은 대개 이런 층위에 있다. 그런데 사적 개인의 욕망으로 인해 대학 진학률이 세계 최고에 이른 거대한 한국의 사립대학 교육을 국가가 떠받칠 수 있을까? 한 자유주의 지식인은 김예슬 선언을 지지한다는 명목으로 "진보들은 대학생 숫자를 줄이는 방법을 고민해야 한다"는 본인의 평소 주장을 정당화한다. 김예슬을 핑계로 진보주의자들을 한번 비판하는 게 고깝지만 이들 대학생 전부를 국가가 떠받치는 것은 좀 힘에 부친 것도 사실이다.

그래서 떠오르는 다음 방책은 사립대학이 하지 않겠다는 것은 국가에서 관리해야 한다는 것이다. 시장에서 생산해내지 못하는 공공재는 국가에서 생산하는 것이 마땅하지 않은가. 사기업에 당장 필요하지 않은 것처럼 보이더라도, 그리하여 사립대학이 당장 '생산'을 포기할지라도, 기초 학문 종사자는 전체 국가 공동체를 위해 필요하다.

그렇다면 인문학과 기초과학 등 기초 학문들은 사립대학에서 가르치는 것을 '금지'하면 어떨까. 사립대학의 학과들은 강제로 폐지하고, 지역별로 '기초학문 국립대학'을 설립한다. 영어영문학과는 남겨달라든지 이런 항변을 받아들여서는 안 된다. 대부분의 지역에선 현존하는 국립대학을 활용해도 될 법하지만, 서울에선 서울대를 비싸게 팔아넘긴 후 사립대학 하나를 매입하는 쪽이 더 경제성이 있을지도 모르겠다. 기초 학문 학과 폐지에 서울대 민영화라니, 참으로 친기업적인 정책이다.

기초학문 국립대학의 등록금은 100만 원 수준으로 유지된다. 그 지역의 모든 사립대학은 기초학문 국립대학에 대해 일정량의 교부금을 납부해야 한다. 왜냐하면 기초학문 국립대학에선 타대생의 교양 교육을 위해 수업을 개방할 것이기 때문이다. 물론 이 교양 강좌의 학점은 해당 사립대학에서 인정된다. 따라서 이 대학엔 재학생 이외에도 강의를 듣는 학생이 붐빌 것이다. 학생 수 대비 교수 비율을 높은 수준으로 유지하기 위해 많은 교수를 뽑고 강사에게도 교원 자격을 인정하여 기초 학문 종사자들의 생활을 안정시킨다.

이 학교 졸업생들은 계속 해당 학문을 공부할 수도 있고 좀 더 구체적인 학문으로 바꿔 공부를 시작할 수도 있으며 취직을 할 수도 있을 거다. 대학 졸업 후 취직을 꿈꾸는 이들에게도 이 학교의 싼 등록금은 큰 메리트가 된다. 그리고 사기업들 역시 막상 이 학교의 졸업생이 배출되면 뽑지 않으리라는 법이 없다. 기업들조차 종종 대학에 교양 교육의 강화를 요구하기도 한다. 그게 사립대학에서 불가능하다면 국가가 이런 식으로 개입하는 것이 바람직하다.

이제 이 대학 바깥에선 사립대학과 사기업의 견고한 산학협동체제(?)가 유지될 것이다. 그러나 빠뜨려서는 안 되는 점이 있다. 그것은 자신들에게 필요한 인재를 교육해달라고 기업이 요구하려면, 기업 역시 그 교육 비용을 분담해야 한다는 것이다. 초중고나 국립대학과는 달리 개인과 기업의 필요를 중계하는 것이 사립대학 교육이라면, 그것에 소용되는 비용은 개인과 기업이 분담해야 하는 것이 마땅하다. 그러므로 모든 기업은 일종의 '대학세'를 내게 될 것이다.

중소기업에 너무 부담이 되지 않겠느냐고? 여기에 하나의 팁이 더 있다. 참으로 공평하게도, 고용하는 대졸자의 수에 맞춰 대학세를 내게 하는 것이다. 기업들이 세금을 많이 내고 싶지 않다면 단순 업무에 대해 대졸자를 고용하지 않으면 된다. 굳이 비싼 등록금 내고 빚을 짊어진 젊은이들에게 '눈높이를 낮춰'라고 말할 것 없이, 기업이 먼저 세금을 피해 눈높이를 낮춰 고졸자를 고용하면 된다. 고급 인력을 고용해야 하는 기업이 더 많은 교육료를 분담해야 하는 것은 당연한 이치다. 고급 인력을 고용해야 할 필요도 없는 기업이 굳이 많은 대졸자를 고용한다면 그들을 교육시키기 위해 자행된 사회적 낭비의 일부라도 분담하는 것이 타당하다.

여기까지 망상이 이어지니 이 망상은 대학 국유화만큼이나 요원한 과제가 되고야 말았다. 나는 이것들이 정책적으로 얼마나 실현 가능한 것인지에 대해 말할 능력은 없다. 오히려 말해야 할 것은 다른 부분이다. 나는 "당신들은 충분히 래디컬한가?"라는 진보주의자에 대한 김예슬의 질문을 뒤집어, "도대체 어디에서 래디컬한 것이 오는가?"라고 보수주의자에게 묻고 싶다. 애초에 시장주의자들이 이상으로 생각하는 그 대학을 만들기 위해 망상을 전개해도 이렇게 한국 사회와 멀리 떨어진 얘기가 나오니 말이다. 대다수 학생들의 마음에선 이미 사라진 '상아탑'이란 것을 지키기 위해 일부 교수들과 학생들이 대학과 싸우는 오늘날, 나는 대학과 기업이 다름 아닌 시장주의의 관점에서 경제주체로서의 책임을 다하고 있는지를 물어보고 싶다

## 청년 실업은 과연 사회문제인가

청년 실업 문제의 근본 원인을 따진다면야 성장이 정체된 사회, '고용 없는 성장'이 이어지는 후기 자본주의의 문제가 있을 것이다. 그런데 왜 이 문제에 대해 임시방편이나 미봉책마저 제대로 논의되지 못하는지를 질문해야 한다. 과연 청년 실업은 심각한 사회문제일까?

수치만 보면 그렇다. 청년층 고용률과 장년층 고용률의 격차가 역대 최대라니 말이다. 그러면 당사자들의 불만은 사회에 대해 위험 요소일까? '세대 투표'가 성사된 이번 대선 결과로 알 수 있듯이 이미 한국 사회의 세대 구성은 청년층이 소수자인 쪽으로 재편되었다. 그렇다면 이 '만만한' 녀석들의 불만이 어째서 사회문제가 된 걸까?

그들의 불만 때문이 아니라 그것의 파급 효과 때문이다. 말하자면 '사회'와 '부모'다. 사회의 입장에서는 청년층이 노동시장의 이중구조를 지탱하는 저임금 노동자로 편입되지 않는 상황이 괴롭다. 그리고 부모 입장에서는 많은 돈 들여 키운 자녀가 안정적인 정규직 일자리에 편입되지 않는 상황이 괴롭다. 이 청년층의 부모들은 하필 이 사회에서 가장 인구가 많은 베이비부머에 해당한다.

따라서 이들의 미취업에 불만을 가지는 두 주체의 이해관계는 충돌한다. 사실 두 주체는 따로 있는 게 아니라 한 현상에 대한 다른 관점의 반영이다. 가령 그들의 부모들은 자기 자녀에 대해서는 "이 사회

에서는 첫 직장이 제일 중요하니 일이 년 더 내 돈 받고 살더라도 좋은 곳에 들어가야 한다'고 말하지만 신문을 펴 들고 외국인 노동자가 많다는 소식을 보면 "요즘 애들이 눈높이를 안 낮춰서……"라며 혀를 끌끌 찬다. 청년 실업, 결혼, 부동산 문제 등에 대한 보수 언론의 보도를 유심히 살펴보면 그들의 우려가 정확히 청년이 아닌 그들 부모들의 문제에 집중되어 있음을 알 수 있다. 이는 최근 한두 해만의 현상은 아니다.

우석훈과 박권일의 《88만원 세대》로 시작된 진보 진영의 '세대 담론'은 2천년대 초반 반짝 인기를 끌었다가 참여정부 시기 내내 퇴조한 '유럽 선진국'들을 모델로 삼는 진보 담론이 스스로 반전하려는 시도였다. 즉 그들은 청년층에게 부모 세대의 삶을 모방할 수 없음을 강조하면서 사회운동을 통해 그것을 극복하라고 조언했다. "토플 책을 덮고 바리케이트를 치고 짱돌을 던지라", "지금 청년층이 해야 할 일은 '스펙 쌓기'가 아니라 사회운동이다. 그래야 서구 68세대나 한국 386세대처럼 평생 정규직으로 살 수 있다"라는 유의 조언은 많은 기성세대 진보 지식인에게서 반복되어 나타났다.

하지만 사실 지금의 청년층은 미계몽되었다기보다는 과계몽된 상태다. 그들은 '부모 세대처럼 살 수 없다'는 사실을 이해할 뿐 아니라, 그런 상황을 운동으로도 반전할 수 없다는 사실까지 이해하고 있다. 이런 상황에서 진보 지식인의 조언은 상당히 기괴한 것인데, 왜냐하면 그들은 자본주의의 문제를 말한다고 하면서 '자본주의의 사춘기'에 가능했던 저항의 형식을 권유하고 있기 때문이다. 오늘날의 체제는 68세대나 386세대와 같은 '그 청춘'들이 다시 등장한다 하더라도 양보할 수 있는 것이 별로 없다. 이런 상황에서 부동산을 살 수 없다면 부모 부동산을 물려받으려 하고, 얼마 안 되는 일자리 안에 나만은 포함되겠다고 판단하는 것이 청년 세대다. 이런 모든 주체들의 이해관계 속에서, '일자리 만들기'는 한계에 부딪혔으니 '일자리 나누기'를 사유하자는 고민은 설 자리가 없는 것이다.

## 대학생의 85퍼센트가 비정규직이 되는 세상

나보다 6학번이 아래인 동생을 볼 때마다 느끼는 것은 오늘날의 대학생들이 눈코 뜰 새 없이 바쁘다는 것이다. 일단 모든 이들이 학점 관리를 하고 있기 때문에 수업에 쏟아부어야 하는 시간이 예전보다 많다. 취직에 필수라는 외국어 능력을 쌓기 위해 불철주야 노력해야 한다. 여기까지는 그렇다 치자. 어떤 공부냐의 문제가 있긴 하지만, 대학생이 공부를 하는 것 자체는 좋은 것이라 볼 수도 있겠다.

하지만 더 놀라운 건 예전이라면 '여가'에 해당했을 활동조차도 '취직'이라는 목적에 합치하게 구조화시켜야 한다는 것이다. 동아리 활동이나 봉사 활동을 할 때조차도 동생은 이력서에 써넣을 수 있는 경력 한 줄을 생각한다. 이것에 놀라는 나는, 제때 졸업하지 못한 '옛날 대학생'일 뿐이다.

예전의 대학생은 고등학생과 직장인 사이에 끼어 있었고, 전후(前後)의 두 정체성에 비해서는 상대적으로 한가했다. 그리고 '엘리트'라는 정체성과 그에 수반되는 책임 의식이 있었기 때문에 학생운동이라는 것이 성립할 수 있었다. 하지만 오늘날의 대학생은 '진학률 86

퍼센트'가 말해주듯 특권층도 아니고, 다가올 취업 전쟁을 위해 경쟁하는 집단인 데다가, 예전에 운동권들이 담당했던 사회과학 세미나의 세례에서도 벗어나 있다. 그 결과를 대학생의 보수화, 혹은 원자화라고 본다면, 많은 이들이 우려하거나 비판하는 이 현상이 결코 놀라운 일이 아니다. 사회문제를 거시적으로 조망하는 시야를 잃어버린 대학생들에게 사회에 관심을 가지라고 요구하는 것은 쉬운 일이 아니다. 오히려 부당한 요구라는 생각이 들 정도다.

그렇지만 비정규직 문제에 대해서 관심을 가지지 않는 현실에 대해서는 대처해나가야 한다. 평균적인 대학생보다 사회문제에 관심이 많은 어떤 '운동권' 대학생에게, 비정규직 문제에 관심을 가지는 것은 소외 계층에 대한 연대일 수 있다. 하지만 이제는 평균적인 대학생들에게 비정규직 문제는 졸업 후 자신이 맞닥트려야 할 잔혹한 현실의 반영이다. 물론 그들은 바로 그것에서 도망치기 위해 청소년기부터 공부해왔고, 원하는 대학에 들어왔건 그렇지 못했건 다시금 취업 전쟁에 몰두하고 있다. 하지만 전체 대학생 중 그 망령을 대면하지 않을 이들은 몇 퍼센트나 될까. 지금 이 순간 전체 노동자의 40퍼센트가 비정규직이라면, 새로 생기는 일자리의 비정규직 비율은 훨씬 높을 것이다. 많은 대학생의 미래는, 확률적으로 볼 때 비정규직이다.

물론 모든 대학생들의 입장이 동일하지는 않다. 학벌 구조의 정점에 서 있는 이들은 자신들이 비정규직 문제에서 벗어나 있다고 생각하고, 그럼에도 불구하고 자신들이 택할 수 있는 일자리의 질이 그렇게 좋지 않다는 사실에 우울해한다. 그 바깥쪽 동심원을 형성하는 명문대생들은 이들의 '높은 콧대'를 조소하거나 그것에 안도하면서 인사 담당자의 환심을 사 '대기업 정규직'의 대열에 비교적 손쉽게 합류한다. 그 바깥쪽 그리고 그 바깥쪽 동심원의 구성원들은 혹시나 하며 호시탐탐 기회를 노린다.

이것은 5 vs 95의 문제다. 5에 합류할 수 있다고 여기는 이들을 15로 잡더라도 85는 비정규직 문제에 대한 사회적인 대처의 필요성을 느껴야 한다. 15의 경우는 자신이 5에 합류하지 못하는 2/3가 될 수 있다는 가능성 속에서 문제의식을 가져야 한다. 어느 동심원에 속했느냐에 따라서 확률의 차이는 있겠지만, 오늘의 대학생들 중에서 자신이 비정규직 문제와 상관없다고 말할 수 있는 이는 거의 없다.

지난 10년간 노동 유연화가 꾸준히 진행되었고, 현 정부는 그 추세를 거스르기는커녕 가속화시킬 가능성이 높으며, 고도성장을 끝낸 한국 경제는 '고용 없는 성장'의 문제에 직면했다. 게다가 미국발 금융위기에 휘청하는 세계 경기는 장밋빛 미래를 약속하지 않는다. 상황은 더 악화될 것이다. 그렇기에 비록 지금은 '기업을 살리기 위해' 비정규직이라는 현실을 감내해야 한다고 사람들이 말할지라도, 앞으로 여기저기서 비정규직 노동 착취 문제는 불거져 나올 것이다. 기업은 더 값싼 비정규직을 더 많이 쓰려고 노력할 것이며 사람들의 인내에도 한계는 있기 때문이다.

만일 많은 대학생들이 지금 비정규직 문제에 대해 연대를 시작하면, 몇 년 후에 그들은 강력한 당사자 운동을 조직하게 된다. 그렇지 못한다면, 몇 년 후 그들은 각자의 사업장에서 외롭게 싸워야 한다. 그렇다면 무엇이든 해야 하지 않겠는가.

# 사람들은 왜 파업을 불편해 할까

통계적으로 드러난바 '노조 활동은 싫지만 노동조합이 있는 괜찮은 직장에 가고 싶다'고 생각하는 청년들의 모순적 인식 혹은 영악함이 오늘날의 한국 사회를 떠받치는 근간일 것이다.

## 파업을 바라보는 시민들의 시선

언론사 파업들을 제외하고 내게 이명박 정부 시절 가장 기억에 남은 노동계의 사건은 기륭전자의 단식투쟁과 쌍용자동차 파업이다. 기륭전자의 경우 이명박 정부가 출범한 시점에 이미 그것은 파업 투쟁이라기보다 해고 노동자들의 농성 투쟁이었다. 사실 쌍용자동차의 경우도 그 77일의 옥쇄 투쟁보다는 그 이후의 상황들이 내 기억에 더 강하게 남아있다.

굳이 이 두 개의 '사건'을 끄집어내는 이유가 있다. 그것은 이 두 사건이 노동 문제에 정통하지 않은 내가 그나마 관심 가지고 글줄 끼적인 일이었기 때문만은 아니다. 오히려 이것들이 이명박 정부에 불만을 품은 시민들의 관심과 성원이 꽤 답지했던 사건들이기 때문일 것이다. 그랬던 만큼 나는 이 두 사건에서 시민들의 반응을 더 많이 관찰할 수 있었다. 그리고 이 반응들은 시사하는 바가 컸는데, 왜냐하면 두 사건은 각기 다른 방식의 전형성을 지니고 있었기 때문이다. 기륭과 쌍용의 차이는, 말하자면 한국 사회에서 '비정규직'과 '정규직'의 차이일 것이다. 그리고 동희오토와 같은 사업장의 상황이 전자에 들어간다면, 현대차 파견노동자들의 투쟁은 후자에 결부될 것이다. 엄연한 '비정규직 투쟁'인 현대차 파견노동자들의 투쟁을 후자와 연결하는 이유는 곧 설명하겠다. 또 어쩌면 두 사건보다 훨씬 유명했던 한진중공업에 대한 김진숙의 크레인 농성을 지원한 '희망버스'를 먼저 언급하지 않은 이유도 이 설명을 통해 자연스럽게 드러날 것이다.

### 기륭전자의 경우: 명백한 비정규직, 그러나 '제도'와 '외부인'이란 굴레

2005년, 기륭전자 노동자들은 당시 최저임금보다 딱 10원 더 많은 64만 1850원을 받으며 일하고 있었다. 적은 급여야 알고 들어온 것이니 참으려 했지만, '잡담'과 같은 기가 막힌 사유로, 그것도 휴대폰 문자 고지를 통해 수시로 해고당하는 현실은 참기 힘들었다고 한다.

그곳은 딸아이가 교통사고를 당했을 때도 해고당할까 봐 잔업까지 하고 병원으로 달려가야 하는 직장이었다. 휴가도 내지 못하고 아픔을 참고 일하던 노동자가 졸도해 119에 실려 가면서 곧바로 해고당하는 직장이었다. 그곳은 IMF 이후 변화된 일자리 생태계를 보여주는 곳이었고, 김대중 정부 시절 통과된 근로자 파견법(1998~)과 노무현 정부 시절 통과된 비정규직 보호법(2007~)의 기형적 적용이 만들어낸 공간이었다.

그러던 그들이 노동조합을 결성했다. 순식간에 수백 명이 조직될 만큼 일상에서 겪는 통제는 억울했다. 노동자들은 제조업체의 파견 노동자 고용이 불법이라는 사실을 노동부로부터 확인받았을 때, 당연하게도 자신들이 금세 정규직으로 전환될 것이라고 생각했다. 하지만 사측은 불법행위에 대한 약간의 벌금을 납부한 뒤 파견노동자 전원을 해고했다. 노동부는 이렇게 해도 법적으로 문제가 없다는 사실을 회사에 알려줬다. 이것이 1895일, 거의 6년에 이르는 기나긴 투쟁의 서막이었다.

2008년 여름, 촛불의 열기가 광화문과 시청을 감쌀 때 금속노조 기륭분회 김소연 분회장은 수십 일이 넘는 단식투쟁을 벌이고 있었다. 한때는 소금과 효소까지 끊었던 목숨을 건 단식투쟁은 94일간이나 지속되었다. 단식 이후엔 기륭전자의 최대 납품처인 미국 시리우스 사에 대한 원정 투쟁을 벌이는 등, 한국 우파들이 '기업 망하게 하는 공작'이라고 혀를 내두를 일들을 서슴지 않고 실행하였다. 그 모든 우여곡절 끝에 2010년 가을 G20회의를 앞두고 한국 보수층의 고려로 사측과의 합의가 이루어졌다.

기륭전자는 민주노동당과 진보신당이 분당하기 전부터 민주노동당의 '장투(장기투쟁) 사업장'이었지만, 2008년 여름 촛불시위 열기를 기륭으로 옮겨 붙게 하려는 몇몇 진보신당원들의 노력은 약간의 성과를 거두었다. 그 결과 평소 이런 종류의 시위 현장에 나오지 않던 '82쿡' 회원들이나 '다음 아고라' 유저들, 그리고 칼라TV를 보고 달려온 시민들이 결합했다. 그분들도 이런저런 대책회의에 나와 발언할 기회가 있었고, 나도 그분들과 대화를 나눌 기회가 있었다. 시내를 가득 메웠던 촛불과 같은 촛불을 들었지만, 가산디지털단지 부근 기륭전자 사옥 앞은 100명도 들어찰 수 없는 공간이었고 촛불이 그 공간을 꽉 채우는 일도 없었다. 촛불시위의 인파를 10만으로 계산한다 해도 천 분의 일도 안 되는 규모였다.

그들은 자신들이 좋은 일을 한다 여기면서도 그 인파 속에서 분리되어 나왔다는 사실에 대해 불안해했다. 그들은 '자본을 타격'하는 시리우스사 원정 투쟁보다, 기업을 망하게 하려 한다는 보수 언론의 '공작'에 반박하는 것보다, 기륭전자의 노동자들이 얼마나 열악한 처지에 있는지를 널리 알리는 일이 중요하다고 생각했다.

그 생각은 틀린 것은 아니었다. 다만 약자들은 사회적 투쟁을 할 때 스스로가 정한 전선에서만 싸울 수가 없을 뿐이었다. 사측이 기륭전자 해고 노동자의 농성 투쟁을 비판한 논리는 일단은 '법'이었다. 불법 파견에 대해선 500만 원의 벌금을 낸 것으로 법적 책임을 다했고 그들을 정규직으로 고용해야 할 법적 근거는 없다는 것이었다. '이처럼 열악한 근무 조건을 보장하는 고용 형태가 타당한 것인가?'란 질문은 개별 사업장에 의미가 없었다.

그렇다면 해고 노동자들은 다른 어디로 가도 찾아낼 수 있을 그 64만 원짜리 직장을 깔끔하게 포기하거나, 그 직장을 괴롭혀가며 자신의 요구 조건인 '비정규직 근로조건 개선'을 이뤄내야한다는 양자택일 상황에 놓이게 된다. 그리고 합리적 인간이라면 당연히 전자를 선택할 것이다. 애초에 임금도 적고 고용 조건도 불안정했던 직장에 대해 애착을 느낄 필요가 없을 것이다. 그런데 그렇게 모두들 합리적인 선택을 내리다 보면 노동시장의 이중구조 상황에서 비정규직 고용 조건을 개선할 필요성을 요구하는 목소리와 운동은 사라질 것이란 것이 우리의 문제다.

그렇기에 그 임금도 적은 직장에서 정규직화 투쟁을 벌이는 이들이 '불쌍해' 보일 수 있다. 상황을 파보다 보면 왜 이렇게 그들이 오랫동안 투쟁해야 하는지는 시민들이 납득할 수 없는 경우가 대부분이다. 실제로 사용자들 역시 그 점을 납득하지 못했다. (물론 우리는 왜 그들이 용역에 대해선 그 많은 비용을 쏟으면서 수십 명 노동자의 정규직화를 받아들이지 못하는지를 납득하지 못했지만 말이다.) 그렇기에 사용자들은 '대부분의 노동자들은 선량한데, 원래 운동권이었던 몇몇 활동가들이 사업장에 잠입하여 자신이 일했던 기간보다 훨씬 긴 세월을 투쟁하면서 시간을 보내고 있고 이에 민주노총, 민주노동당, 진보신당 등 반체제적 외부 세력들이 결합하여 기업을 괴롭히고 있다'고 상황을 이해했다. 용역들 역시 시위대들을 내쫓는 자신들의 역할을 정당화하기 위해 이런 설명을 받아들였다.

가령 투쟁을 주도했던 김소연 분회장의 경우 갑을전자 노조위원장 출신으로, 2000년에 갑을전자에서도 본사 점거 농성을 벌였던 선례가 있다. 2001년엔 서울민주노동자회를 구성하여 국가보안법 위반으로 집행유예 2년 형을 선고받았다. 기륭전자 투쟁을 핵심적으로 주도하였던 십여 명 중 일부는 다른 곳에서도 투쟁을 벌인 전력이 있는 사람들이었다. 물론 이 투쟁에 처음으로 결합하면서 노동운동의 길로 들어선 이들도 있었다.

조금만 생각해보면 이런 상황은 자연스럽다. 앞서 말했듯, 회사가 벌금만 물고 정규직화를 거부해도 법적으로 문제가 없는 상황에서, 개별 노동자는 어디에서나 구할 수 있는 이 직장을 포기하고 다른 곳으로 떠나는 것이 훨씬 이득이기 때문이다. 계속해서 투쟁할 수 있는 이들은 '비정규직 철폐 투쟁' 혹은 '비정규직 근로 조건 개선'이라는 사회적 맥락에 크게 동의하는 이들이거나, 처음 겪게 된 부조리에 그만 매우 크게 분노하여 '끝까지 간' 이들이다. 그리고 후자의 경우 이 투쟁 과정에서 문제의식을 수혈 받는다면, 훗날 생계를 위해 흘러들어간 사업장에서 비슷한 상황을 겪었을 때 또다시 나서게 될 것이다.

사측은 이런 방식의 '시위의 재생산'에 대해 '소수 운동권들이 다수 노동자를 선동하여 노조가 결성되었으나, 곧 그들의 정체를 알아챈 다수 노동자는 떠나고 이들만 남아서 계속 회사를 괴롭히고 있다'고 말한다. 실제로 당시 회사 간부는 라디오 방송에서 농성하는 해고 노동자들에 대해 "그분들은 노동자가 아니라 적개심에 불타는 투사"라고 설명했다. 따져본다면 그렇게 오랫동안 투쟁할 수 있는 이들의 상당수는 이전에도 투쟁 경험이 있는 이들일 수밖에 없고, 그렇기에 사측은 이들의 문제 제기를 '불순한' 것으로 받아들인다. 위장 취업 및 선동이 있었고, 그 선동이 무위로 돌아간 뒤에도 이적 단체들이 결합하여 중소기업 하나를 괴롭히고 있다고 설명하는 것이다.

이 설명은 꽤 잘 먹힌다. 김소연은 자신이 기륭전자에서 일한 기간의 두 배 이상의 세월을 투쟁으로 보냈다. 투쟁에 결합한 어떤 해고 노동자는 기륭전자에서 몇 달밖에 일하지 않았음에도 그보다 훨씬 오랜 시간을 투쟁했다. 사람들은 이런 상황을 상식적으로 납득할 수 없다고 느낀다. 거기서 일하는 사람들이 불쌍한 것은 사실이지만, 더 이상 기륭전자와 상관없는 외부인들이, 회사의 미래를 담보로 걸고 투쟁하여 자신의 정치 지향을 과시하거나 보상금을 타내려고 한다고 여긴다. 그들이 투쟁하면서 자신들을 가장 잘 도와준 민주노동당 등에 입당한 것 역시 그러한 편견의 근거가 된다. 한국 사회에서 제 노동 조건에 대해 투쟁하려다 보면 도와주는 단체가 뻔하기에, 민주노총 소속 노조를 결성하고 결국 민주노동당에도 가입하게 되는데 바로 그랬단 이유로 처음부터 노동운동을 하려고 입사한 사람 취급을 받게 되는 것이다.

기아차 모닝을 생산하는 충남 서산의 하청공장 동희오토의 해고자들이 투쟁을 했을 때 사측의 반응도 비슷했다. 동희오토는 불법 파견 노동자를 고용했던 기륭전자에 비해 훨씬 더 '세련된' 공장이었다. 칼럼니스트 박권일은 이 공장을 '자본가들의 꿈의 공장'이라 불렀다. 기아차의 외주업체인 이 공장에는 동희오토란 회사 소속의 노동자는 하나도 없었고, 동희오토가 계약한 열일곱 개 하청업체의 노동자만 있었다. 사내하청 노동자들의 계약 기간은 1년이었고 계약 기간이 끝나면 종종 하청업체 자체가 사라졌다. 다시 다른 이름의 하청업체가 들어서면 그 전에 이름만 다른 곳에서 근무했던 노동자들이 재고용되었다. 이런 식으로 그들은 같은 곳에서 일하면서도 언제나 경력을 인정받지 못하는 비정규직 노동자들이었다.

그러다 보니 '노조 결성 시도'가 있었을 때의 대응도 참 쉬웠다. 해당 하청업체를 폐업시켰고, 그것만으로 소속 노동자들은 순식간에 해고되었다. 주동자가 아닌 이들은 새로 만든 하청업체를 통해 복직

되었다. 900여 명이 일하는 그 공장에서 2005년에 노조가 생긴 이후 6년 동안 해고된 노동자는 100여 명이었고 기아차가 모닝을 생산한 2004년부터 이 공장을 거쳐 간 이들은 4천 명이 넘었다. 대부분의 노동자들은 이 공장의 환경을 견디지 못하고 스스로 떠났다.

동희오토(정확히는 그 하청업체의) 해고자들이 서울에 올라와 현대기아차 정몽구 회장을 호출하며 시위를 시작하자, 사측에선 그들이 노동운동 세력화를 위해 위장 취업을 한 이들이라 주장했다. 학력을 속이고 취업했거나, 노동단체 간부거나 학생운동권이었던 과거를 지닌 이들이었다는 것이다. 아마 그런 이들도 있었을 것이다. 하지만 오늘날엔 많은 대학생들이 '노동운동 하기 위해서'가 아니라 단지 '노동하는데 그 학력이 거추장스러워서' 학력을 속이고 공장에 취업한다. 대졸자는 오히려 공장에 취업하기 어렵기 때문이다.

현대기아차-동희오토-17개 하청업체-비정규직 노동자의 먹이사슬 관계가 존재하는 이 공장은 토지와 건물은 현대자동차에서 임대되었고 기계장치는 현대캐피탈에서 금융리스로 빌려다 쓰고 있었다. 이 공장의 노동자들이 권리 주장을 했을 때 나오는 말은 제도적으로 문제가 없고, 다른 이들은 항의하지 않으며, 너희들은 불순한 의도를 가지고 취직을 했으며 지금은 외부인이면서 외부 단체의 지원을 받고 있다는 것이었다.

그런데 이것은 참으로 깨뜨리기 어려운 악의적인 논리다. 그 공장의 일자리가 평범한 사람들로 하여금 투쟁에 나서지 못하게 할 만큼 열악하고, 업주들이 약간의 투쟁으로도 요구 조건을 들어준다는 기대를 결코 할 수 없는 현실에선 그렇다. 이런 부조리한 세계, 그러니까 우리 세계에서 투쟁하는 해고 노동자들은 대체로 뭔가 특이한 이력이나 성품을 지닌 이들일 수밖에 없다.

그리고 사람들은 이 '사실'을 진보 언론들이 숨기는 것을 조소하며 투쟁의 뒤편에 평범한 노동자가 아닌 '직업적 시위꾼'들이 준동하는 현실을 비웃을 것이다. 그렇게 많은 시민들은 객관적으로 '말이 안 되는' 처우를 받고 사는 것으로 보이지만 왜 투쟁하는지는 잘 모르겠다 싶은 사람들을 접할 때, 이 사안에 대해 적당한 동정을 표하다가 투쟁이 길어지면 '외면'하게 된다.

### 쌍용자동차의 경우: 정상성에 대한 경외와 동경

쌍용자동차의 경우는 이와는 상황이 전혀 다르다. 2009년 쌍용자동차 노동자들의 77일간의 옥쇄 파업은 정규직 노동자의 것이었다. 이들에게 자신의 직장을 지켜야 할 합리적 이유가 있었다는 사실은 누구나 다 알고 있다. 물론 그런 조건이라 하더라도 언제나 2009년 쌍용차 투쟁처럼 인상적이고 강력한 투쟁이 전개되는 것은 아니다. 파업 직전 구성된 한상균 지부장으로 대표되는 새 지도부에 대한 조합원들의 신뢰가 없었다면 투쟁을 그렇게까지 이어질 수 없었으리라는 생각이 든다. 하지만 기본적으로 그 일자리가 기륭전자와 같은 것이었다면 그 정도 인원들이 공장을 사수하는 옥쇄 파업을 벌일 필요성을 느낄 수 없었을 것이다.

그들이 투쟁의 필요성을 강하게 느꼈다는 점은 어떤 이들에겐 유감스러운 일이다. 가령 사회디자인연구소장 김대호는 정규직 일자리와 해직 사이의 '큰 낙차'가 노동조합의 과격한 투쟁의 원인이라고 말한다. 그래서 그는 '87년 체제'가 만들어낸 이 정규직 일자리들의 질을 떨어뜨리고 유연성을 받아들이면서 한편으로는 사회 안전망을 구축해야 이 낙차가 줄어들고 극한투쟁 및 대립이 줄어들 거라고 주장한다. 경제민주화를 주장하는 자유주의 경제학자 중 한 사람인 방송통신대학교 김기원 교수도 '자본주의 시장 경제에서 정리해고는 기업의 정당한 권리이며, 그로 인한 문제는 복지국가를 만들어서 해결하면 된다'고 주장한다. 김대호가 '희망버스'를 '진보의 재앙'으로 부르는 이유도, 김기원이 쌍용차 청문회에서 안타까움을 느꼈던 이유도 그 때문이다. 이른바 '유연 안정성' 테제다.

이에 대해 경제학자 장하준은 정승일, 이종태와의 대담집 《무엇을 선택할 것인가》에서 "막말로 서커스에서 외줄타기를 할 때도 먼저 그 밑에 안전망부터 쳐 놓고 올려 보내지 않습니까. 그런데 밑에 아무런 안전망도 없는데 외줄 위에 올라가 뛰어다니며 연습하라고 하면 황당하죠"라고 일침을 놓는다. 그는 복지국가가 하루 이틀 만에 만들어지는 것이 아니라 수십 년간의 재정과 인력 확충, 그리고 근본적인 시스템 변혁이 필요한 일인 만큼 한국 실정에서 고용 유연성을 먼저 받아들이면 복지국가를 만들어주겠다는 식의 '딜'은 말이 되지 않는다고 비판한다.

하지만 '지킬 것이 많은 노동자들의 파업'에 대해서는 경제학자들보다 생활인들이 따가운 시선을 보낸다. 먼저 쌍용차 노동자들은 자사 공장 비정규직이 잘려 나가는 것에 침묵했고 다른 노동조합에 대한 연대에도 무심했던 '전형적인 정규직 노조 이기주의'를 보였다는 말이 있다. 이에 대해선 쌍용차 투쟁을 주도했던 이들 역시 자성적으로 얘기하는 바다. 쌍용차 투쟁은 분명히 분노할 수밖에 없는 그 말도 안되는 기획 부도 및 해고 과정에 초점을 맞출 수도 있지만 한편으로는 '비정규직을 외면하며 제 잇속을 차려왔던 정규직도 가장 참혹한 희생의 대상이 될 수 있음을' 보여줬다는 측면이 있다. 파업 종료 이후 3년 동안 스무 명이 넘는 사람들이 참혹한 죽음을 맞은 것을 널리 말하면서도 또한 노동운동 내부에서 이런 부분을 고민해야 한다.

어떤 사람들은 업무 과정에서, 가령 거래처 사람으로, 혹은 하청업체 직원으로 쌍용차 노동자를 만났을 때 그들이 얼마나 고압적으로 나왔고 자기 회사에 불공정한 조건을 들이밀었는지에 대해 증언한다. 사실 활동가들도 종종 참여정부 시절 평택 대추리 투쟁에서 그 동네의 중산층이었던 쌍용차 정규직 노동자들이 얼마나 비협조적이었는지를 말할 때가 있다.

한 가지 확실하게 얘기해야 할 것은 이런 얘기를 하는 이들이라고 해서 반드시 쌍용자동차 파업에 반대하거나 파업 이후 해고 노동자들의 상황을 개선해야 한다고 믿지 않는 것은 아니란 거다. 이런 얘기들은 '인생의 아이러니'쯤으로 치부하고 말할 수 있는 것들이다. 그러나 쌍용자동차 투쟁에 곱지 않은 시선을 보이는 많은 사람들이 이러한 사연들을 수군대는 것도 엄연한 현실이다.

노동운동에 관심이 많은 사람이라면 이런 상황을 '노동자 계급의식이 부족한 한국 사회의 현실'이라고 개탄하거나 '정규직과 비정규직을 분열시키려는 자본의 음모'라고 진단할 것이다. 근본적으로는 옳은 진술이다. 그러나 그것과 별개로 그들이 느끼는 위화감의 문제를 직시하고 분석하는 것도 사회변혁을 꿈꾸는 사람들의 의무라고 생각한다. 변혁이란 적어도 여러 사람이 함께할 수 있을 때 오는 것이지 이념이 투철하지 못한 사람들에 대해 삿대질하고 호통친다고 이루어질 수 있는 것은 아니기 때문이다.

나에게 쌍용자동차 비정규직 노동자로 일한 경험이 있을 리 없다. 왕년에 잘나갔고 거만했던 쌍용차와 거래한 협력회사 직원의 기억을 떠올릴 수 있는 연배도 아니다. 심지어 평택 대추리 투쟁에 대한 경험도 없다. 그러나 정규직 노조에 대한 불편함을 토로하는 그 사람들을 보면 현대차 사내하청 노동자 파업을 보며 들었던 묘한 위화감이 떠오른다.

현대차 사내하청 노동자 파업은 분명히 비정규직의 투쟁으로 분류되어야 하는 사안이다. 대법원이 현대차 사내하청업체에서 2년 이상 근무한 최병승 씨를 현대차가 직접 고용한 것으로 봐야 한다는 판결을 내리자 노동계는 '모든 사내하청 노동자에 대한 정규직화'를 주장하고 나섰다. 그러나 현대차는 노동자 개인에 대한 판결일 뿐이라며 이를 근거로 한 현대차 하청노조의 파업은 불법이라고 맞섰다. 울산지법 역시 이 주장을 받아들여 파업에 참여한 191명에게 유죄를 선고했고 현재 두 명의 사내하청 노동자들이 울산의 송전탑 위에 올라가 있는 상태다.

현대차 사내하청 노동자들이 대법원 판결에 고무되어 처음으로 파업을 벌이며 SNS에 등장했을 때 나와 또래 친구들은 그들 중 어떤 이들이 나와 비슷한 연배이면서도 이미 가정을 꾸리고 아이를 세 명쯤 낳았다는 사실에 눈길이 가지 않을 수 없었다. 현대차 사내하청 노동자들은 같은 일을 하는 현대차 정규직에 비해 75퍼센트의 임금을 받는다는 점에서 분명 차별받고 있지만 한편으로는 1차 부품사 정규직 근로자 연봉보다 높은 임금을 받는 등 임금노동자의 피라미드에선 꽤 높은 위치를 점유하고 있다.

노파심에서 말하지만 나는 내 삶을 반납하고라도 그렇게 살아야 한다고 여길 만큼 그분들을 부러워하고 있지는 않다. 나는 그에 대한 경험이 없는 많은 이들과 마찬가지로 공장 노동에 대해 모종의 공포와 경외심을 동시에 가지고 있다. 그들이 젊은 나이에 가정을 꾸릴 수 있을 정도의 월급을 받고 내 나이에 4~5인 가정의 가장이 되었다 하여 그 정도 삶의 수준을 끝까지 이어갈 수 있을 만큼 정년이 보장된 것도 아닐 수 있다.

블루칼라 노동이냐 화이트칼라 노동이냐 차이를 떠나서 지금 한국 같은 노동시장 구조에선 당장 최근 몇 년의 소득을 근거로 자녀를 낳은 쪽이 장기적으로 봐서는 훨씬 불리한 선택을 한 것일 수 있다. 고용이 불안정한 상황에서 당장의 소득이 장래에도 이어진다는 보장이 없기 때문이다. 또 나처럼 널널하게 회사 다니는 사람보다 공장노동자들의 노동 강도가 훨씬 쎄다고 생각하며 그 급여가 돌봄노동을 해주는 전업 가사노동자를 부양할 수 있을 정도가 되는 것은 공정한 일이라 생각한다. 다른 육체노동자들의 임금이 적은 것이 문제지 그들의 임금이 문제인 것은 아니라 생각한다.

그러나 이런 '합리적인' 판단과는 별도로, '나는 애를 가지고 싶지 않아'라는 식의 감상과는 다른, 가정과 자녀를 포기하거나 유예한 이들이 묘한 위화감이 드는 것은 사실이다. 아마 많은 청년들이 '정규직 노동자'의 파업을 욕할 땐 즉자적으로 '먹고살 만한 녀석들이 파업한다!'라는 반응으로 치닫는 것이다. 다행히 나는 사회문제에 관심을 가지고 많은 사람들과 대화를 나누며 살다 보니 그들의 사정이 내 사정보다 별로 나은 바가 없다는 것을 알게 되는 객관화 과정을 지나치게 되었다.

'정상가족 이데올로기'에 동의하는 바도 아니고 정상성이 모든 이에게 강요되는 세상이 옳다고 생각하는 것도 아니다. 그러나 정상성이라는 폭력에 반대한다는 것과 많은 이들이 자연스럽게 택하고 싶을 그 선택지로 가는 길에 '좁은 문'이 놓여 있다는 것은 또 다른 문제다. 어떤 이들은 태준식감독의 쌍용자동차 파업을 다룬 다큐멘터리 〈당신과 나의 전쟁〉에 나오는 그 해고자들이 무쏘를 몰고 다니는 모습을 통해 추측되는 파업 이전의 '정상적인 삶'을 경외하고 동경하게 될 것이다.

오늘날엔 정상적으로 월급 받으며 정상적으로 가정을 꾸리고 산다는 것만큼 경외와 동경의 대상이 되는 일이 따로 없다. 그것을 애초에 포기했거나 유예하자고 생각한 이들에게, '정상적인 삶'과 해고 이후의 '피폐한 삶'의 엄청난 낙차를 제시하는 운동 전략은 공감과 위화감을 발생시킨다.

그들의 상황에 열폭하게 되는 것은 일종의 자기 경멸을 수반한다. 가령 그들을 돕자는 제안에 대해 내가 '룸펜인 주제에 나보다 훨씬 잘 살던 사람들에게 내밀 손이 어디 있단 말이야?'라고 생각할 수도 있는 것이다. 그리고 이 자기 경멸은 다른 방식의 객관화가 수반되지 않을 경우 파업을 불편하게 여기게 하는 중요한 원인이 된다.

독자들은 지금까지 이어진 나의 설명이 지나치게 표피적이고 피상적이라 느낄 것이다. 나는 노동시장의 이중구조를 따라, 파업이라 부르기 어색한 비정규직 해고 노동자의 투쟁과 파업을 통해 지켜내야 할 것들을 가진 부러운 정규직 노동자의 파업에 대한 사람들의 상이한 시선에 대해 말했다. 그러나 1997년 이후 노동시장의 이중구조가 본격화되기 전에도 한국 사람들은 이미 파업에 우호적이지 않았다.

한국인들이 파업에 적대적인 심정적 근거는 크게 두 가지일 것이다. 하나는 기업 활동을 일종의 애국과 동일시하고 이에 대한 반대를 이적 행위로 본다는 것이다. 쌍용자동차 옥쇄 파업 당시 공장 주위를 둘러싼 용역들이 틀었던 노래가 〈오 필승코리아〉였고 그들은 노동운동가들에게 수시로 "그렇게 할 거면 북한에 가라!"고 내뱉었다. 한국의 사용자들은 자신들이 수호하는 것이 자유민주주의 체제 그 자체라는 신념이 있다.

나머지 하나는 많은 한국 시민들이 스스로를 노동자가 될 사람으로 생각하지 않고 그 삶을 벗어던질 수 있는 것으로 생각한다는 것이다. 철도노조가 자기 이해관계를 거슬러 청년 신규 채용을 외치며 대학 캠퍼스에 피신했는데 대학생들은 시험 기간 도서관이 시끄럽다며 항의를 했다는 전설적인 일화가 뒷받침하는 것이 그것이다 철도공사는 제법 좋은 직킹이지만, 대학생들은 그곳의 회사원들이 투쟁을 하는 상황이 되었을 때에는 그들의 처지에 감정이입을 하지 않는다. 통계적으로 드러난바 '노조 활동은 싫지만 노동조합이 있는 괜찮은 직장에 가고 싶다'고 생각하는 청년들의 모순적 인식 혹은 영악함이 오늘날의 한국 사회를 떠받치는 근간일 것이다.

그러나 내가 피상적인 분석을 한 이유는 하루아침에 바뀌지 않을 이 '기본적인 이유'를 적시하는 것보다는 상대적으로 젊으면서 사회 문제에 관심을 가지려고 하는 이들에게서 나타나는 '부가적인 이유'가 더 중요하다고 믿었기 때문이다. 파업을 이적 행위라 보지 않고 자신이 노동자라는 사실을 마지못해나마 긍정할 수 있는 이들이 파업에 대해 가지는 모종의 불편함의 원인을 파헤쳐야 한다.

서두에 말했듯 기륭과 쌍용은 꽤 많은 시민들의 관심과 성원이 답지한 사건들이었다. 그렇다면 우리는 그것이 어떻게 가능했으며 지속될 수 있는지에 대해서도 따져봐야 한다. 이명박 정부 시절 일어났던 여러 차례의 언론사 파업에 대한 시민들의 지지에 대해서는 굳이 분석하지 않겠다. 이는 노동자에 대한 연대의 표명이라기보다는, 이명박 정부의 언론 장악에 대한 정책적 반대에 가까웠기 때문이다. MBC노조 등에서 상당수 노조원들이 투쟁에 대한 시민들의 지지를 이끌어내기 위해 '이 파업은 밥그릇 싸움이 아니다'라고 천명하는 상황이었다. 그러므로 나는 이 파업에 대한 시민들의 지지는 별도의 문제라고 생각한다. 내가 관심을 가지는 것은 명백하게 노동의 이슈에 대한 시민들의 지지다.

앞서 분석한 생경함과 위화감은 이명박 정부 시대엔 그들을 도와야 한다는 당위 아래 적당히 억눌려 있었다. 그렇게 된 이유는 이명박 정부에 반대한 시민들이 그 반대의 알리바이를 찾아야 한다는 당위가 있었기 때문일 것이다. 내가 전경과 용역이 기륭전자를 침탈하는 현장을 다음 아고라에 고발했을 때 아고라 유저들은 "이것이야말로 '사람'이 대통령이 되어야 하는 이유가 아닌가 싶습니다"라고 반응했다. 기륭의 현장에 합류한 그 촛불시위의 주역들은 종종 '노무현 땐 만만해서 맘껏 개기던 노동운동가들이 MB는 무서워 못 나오고 촛불이 나선다'고 말하곤 했다. 그들은 민주노총이 훨씬 이전부터 (충분치는 않을지언정) 기륭분회를 도와주고 있었다는 사실은 무시한 채 '(우리가 시위에 나와 전경들과 용역들 앞에서 몸빵을 할 때) 민주노총은 어디서 뭘 하고 있느냐?'라고 분통을 터트리기도 했다.

쌍용자동차 파업의 경우도 사정은 비슷하다. 쌍용자동차 투쟁은 많은 언론사와 시민의 관심을 받은 한편, 그 시기 공교롭게 터진 전 대통령의 투신자살이라는 비극적인 사건 때문에 묻혀버린 느낌도 있었다. 그러나 대한문 분향소를 지키고 있는 이들은 2009년 이후 3년의 시간이 지나는 동안 시민들의 시선이 바뀐 것을 분명히 느낀다고 말했다. '희망버스'란 이벤트를 추동해낸 한진중공업에서의 김진숙의 투쟁은 기륭의 요소와 쌍용의 요소가 결합되어 있었다. 기업의 상황은 기륭보다는 쌍용자동차에 가깝지만, 해고된 지 오래된 김진숙이라는 '외부인'이 8년 전 김주익이 죽었던 그 크레인 위로 올라와 외부단체들의 지원을 받는다는 그 관점에서는 기륭에서의 김소연의 투쟁과 흡사했다.

이 투쟁은 크레인 위의 김진숙이 사용하던 트위터와 김여진이라는 SNS의 명사가 결합하여 이명박 정부 시기 가장 많은 시민을 동원한 노동계의 시위가 되었다. 그러나 희망버스를 찬양한 친노 성향 인사들이 '그간 노동운동이 김진숙처럼 인간적인 모습을 보여주지 못했다고 말하는 등 세계관의 차이로 인한 갈등의 불씨는 여전히 있다. 어느 때보다도 노동의 의제화가 강하게 요구되는 시기에 노동운동과 진보 정당 운동은 쇠퇴 및 소멸의 길로 들어서고 있고, 이에 대해 떳떳한 주체로서가 아닌, 종속적인 입장에서 보수 정치인 및 자유주의적 유권자들에게 도움을 요청해야 하는 난감한 상황에 처하게 된 것이다.

### 노동문제라는 알리바이

2008년 촛불시위 당시 인터넷에선 사망자나 실명자가 있을 거라는 루머가 계속해서 나왔다. 그런데 증거 자료로 제시된 첨부 사진이란 걸 아무리 봐도 별다른 정황이랄 게 없었다. 그때 나는 이 사람들이 사람 하나 정도는 죽기를 간절히 바라는 건지도 모르겠다는 끔찍한 생각을 했다. 2009년 미네르바는 구속된 이후 면회 온 좌파 성향 학생들에게 '당신 한 명이 자살하면 정권이 무너진다'는 말을 들었다는 얘기를 훗날의 인터뷰를 통해 했는데, 그 끔찍한 생각에 대한 심증은 더해갔다. 하지만 안타깝게도 죽음은 그들이 상대적으로 별로 관심 가지지 않았던 장소에서 발생했다. 2009년 1월의 용산 재개발 지구에서, 그리고 2009년 여름 쌍용자동차 파업 이후 사망자들의 행렬에서⋯⋯. 그리고 사람들은 그 후에야 그들에게 더 큰 관심을 가지게 되었다.

2008년 촛불시위를 했던 10만 인파가 '민주주의'라면 그 시위에 참여하지 않고 클럽에서 놀았던 수십만의 청년도 '민주주의'일 것이다.

막 대선과 총선에서 승리하고 국민으로부터 권력을 위임받은 이들이 시위하는 이들을 '소수'라고 여겼다면 그 역시 말이 되는 이야기다(나는 지금 이명박 정부를 옹호하는 것이 아니라 일반론을 이야기하고 있다). 쇠고기 수입 찬성파와 반대파, 시위대와 정부 간의 갈등 및 투쟁은 민주주의 내부의 문제였지 민주주의와 독재정권 사이의 다툼은 아니었다.

그러나 '촛불이 민주주의다'라고 외친 사람들은 그렇게 생각하지 않았다. 그리고 나는 그들이 이명박 정부를 박정희나 전두환과 같은 독재정권으로 만들기 위해 심리적으로 어떤 희생자들이 필요했다고 생각한다. 이명박 정부 들어 모든 사람의 삶이 팍팍해진 것은 사실이다. 그리고 그 팍팍함에는 분명히 이명박 정부가 새로 만들어낸 부분도 있고 이전 정부들이 해오던 일들을 더 심화시킨 부분도 있었다.

하지만 우리의 정치의식은 정부가 삶의 문제를 어떻게 대해야 하는지에 대해 요구를 하는 것에 이르지 못했고, 여전히 '민주주의 vs 독재'의 구도로 사태를 파악한다. 이것은 '민주 vs 독재'의 구도이며, 더 나아가 '공익 vs 사익'의 구도가 된다. 민주주의를 주장하고 각자 공익을 말하는 이들끼리의 의견도 다를 수 있고 그런 이들이 내세운 정책도 서민을 힘들게 할 수 있다는 '상식'은 이들의 인지 체계에 들어오지 못한다.

〈나는 꼼수다〉의 김어준이나 한때 노무현을 가장 잘 계승한 존재로 여겼던 유시민 등이 공통적으로 말하는 바는 한국의 보수파는 사익 추구 세력이기 때문에 나쁘고 우리(편 정치인)는 다르다는 것이다. 말하자면 같은 한미 FTA라도 이명박 정부의 FTA는 가진 자들의 배를 불리려고 했기 때문에 '나쁜 FTA'인 반면 참여 정부의 FTA는 국가와 민족을 생각한 발전 전략이었기 때문에 '착한 FTA'란 식이다. 그런데 사실 이런 식의 기준은 '박정희는 사리사욕을 추구하지 않고 국가와 민족을 생각했기 때문에 독재라도 독재를 한 것이 아니다'라는 한국 극우파의 진술과 정확히 같은 형식의 것이다.

　노동문제는 결국 민주 시민이 독재정권을 규탄하기 위한 알리바이가 된 것이 아닐까? 그래서 이명박 정부 시절의 노동에 대한 관심의 양상은, 사실상 사람들이 파업을 불편해하는 그 이유에서 멀리 떨어져 있지 않은 것이 아닐까? 물론 그렇기 때문에 시민들의 노동문제에 대한 관심이 나쁘다고 말할 수는 없다. 김대중·노무현 정부 시절 노동계가 정부와 아무리 불화했어도 한나라당 지지자들이 노동문제를 정부 비판의 알리바이로 삼은 적은 없다. 야권 성향 유권자들이 노동문제에 가지는 이 관심도 상대적 진보성의 발현임은 분명하다.

　그러나 자꾸 의구심이 들게 하는 사건들이 발생한다. 이를테면 쌍용자동차의 문제에 대해 얘기하면서 참여정부의 역할은 슬쩍 숨기는 상황 같은 것들 말이다. 이것은 단순한 부주의일 수 있고, '이 정도쯤이야' 하고 넘어가야 할 일일 수 있다. 하지만 이런 부주의가 겹겹이 쌓여 나가는 모습을 보는 것은 착잡하다.

　혹자는 '앞으로 무슨 일을 할 것인가가 중요하지 이미 돌아가신 분의 잘못을 굳이 지적해내는 것이 무슨 의미가 있나?'라고 항변할 것이다. 하지만 나는 이러한 종류의 은폐 속에서 정권이 바뀌었을 때, 억눌려왔던 그 생경함과 위화감이 다시 고개를 들 수 있다고 판단한다.

## 피해자 중심주의와 냉소주의

대부분의 사람들은 자신의 이해관계가 개입하지 않은 사건을 지켜볼 때는 약자에 감정이입을 하려고 한다. 심지어는 능력을 키우기 위한 무한 경쟁과 약자의 도태의 필요성을 기꺼이 말하는 아저씨들도 드라마나 뉴스를 볼 때는 그렇게 한다. 물론 그렇다고 그들이 사회적인 문제에서 '진보적인' 시선을 드러내는 것은 아니다. 왜냐하면 그들이 마음속으로 상정하는 '약자'는 자신에게 주어진 모든 무기를 뻔뻔할 정도로 활용해서 제 권리를 지키려는 현실 영합적인 '을'이 아니라 어떠한 자력 구제 장치도 가지지 못하고 가해자에게 짓밟히는 '피해자' 그 자체이기 때문이다. 그래서 사태가 가해자-피해자 이분법으로 명료하게 드러나지 않는 경우 (그러니까 대부분의 경우에) 그들은 판단을 유보하거나 포기하곤 한다.

하긴 구체적인 피해를 당하고 있는 어떤 약자에 대한 관심이 없다면 우리가 오지랖 넓게 남의 일에 관심을 가지는 일은 없을 것이다. 어쩌면 우리가 본능처럼 머릿속에 가지고 있는 그런 도식에서 정치적인 관심이란 것도 자라나는 것일 게다. 그러므로 여기서 문제가 되는 것은 그 도식 자체는 아니고, 추후에 사회 현실이 머릿속 멜로드라마와 다른 것임이 밝혀졌을 때 우리가 어떤 태도를 취하느냐는 것이다.

현실이 멜로드라마에 틈입해 왔을 때엔 아주 소수의 사람들만이 그 복잡한 문제에 걸맞은 복잡한 해법을 고민하는 데 관심을 가진다. 어떤 사람들은, 현실의 구체적인 '을'의 개성을 소거하고 그를 자기 머릿속 멜로드라마의 비운의 여주인공 역할에 억지로 꿰어 맞추는 데 탁월한 능력을 발휘한다. 오늘날엔 이런 사람들이 진보주의자라 불린다. 또 다른 사람들은, 현실 세계의 '을'이 제 머릿속 멜로드라마 주인공과 일치하지 않기 때문에 도와줄 필요가 없다고 단언하고 그들을 도와주려는 사람들을 비웃는다. 오늘날엔 이런 사람들이 보수주의자라 불린다. 그러니까 피해자 중심주의와 냉소주의, 동일한 편견에서 우러나온 현실에 대한 다른 태도가 오늘날 우리의 정치적 의식을 대표하고 있다.

여기서 '피해자 중심주의'란 말을 페미니즘으로부터 차용한 이유는 페미니즘의 논리와 그 운동의 성과를 비웃기 때문이 아니다. 페미니스트들이 사용하는 피해자 중심주의란 말이 이러한 종류의 사태 인식에 온전히 부합하지 않음은 나도 잘 안다(한편으로는 그렇다면 그것이 도대체 무엇인지를 알기 힘든 것도 사실이지만). 다만 내가 하고 싶은 말은, 지금부터 설명하려는 태도가 페미니즘을 넘어 모든 종류의 진보운동과 사회적 관심을 포괄하는 어떤 태도가 되어버렸다는 것이다.

피해자 중심주의자들은 모든 종류의 사실관계를 피해자의 심리적 문맥에서 해체하고 재구성한다. 그들은 그렇게 하면서 구체적인 악을 적시하고 피해자의 인간적 약점이나 그들을 돕는 자신들의 문제점은 교묘하게 숨긴다. 어떤 의미에서 《의자놀이》는 전형적인 피해자 중심주의자의 텍스트다. 《의자놀이》는 '어디에 적이 있는지 모르겠다'고 말하면서도 은근슬쩍 '이명박'을 그 사이에 끼워넣고, 참여정부의 문제들은 잘 몰랐다는 듯이 빼버린다. 서술은 전반적으로 르포라기보다는 픽션에 가깝다. 화자(공지영)는 '아무것도 몰랐던 나'를 자처하며 역시 비슷한 상황이었던 독자들의 감정이입을 이끌지만, 한편으로는 '노동문제에 꽤나 관심이 있던 나'를 자처하면서 참여정부 때엔 활동을 할 필요가 없었던 자신이 이명박 정부의 폭압에 나설 수밖에 없었노라고 선전한다.

냉소주의자들은 그렇게 재구성된 것의 원본 맥락을 찾아 헤맨다. 피해자 중심주의자들이 누락한 것을 밝혀내고, 사태가 그렇게 단순하지 않음을 보여준다. 가령 다른 이들의 종편행을 비판하던 공지영이 과거 〈중앙일보〉에 글을 썼음을 밝혀내어 추궁하고 "그땐 노무현 때였다"는 기가 막히도록 순진한 답변을 이끌어낸다. 물론 편의상 최근에 있었던 상황들을 예시로 들었을 뿐, 일어난 사건에 대한 운동세력의 선전과 냉소적 주체들의 반문 속에서 이러한 갑론을박은 언제나 있어왔다. 가장 전형적인 것들은 미군에 의해 발생한 살인 사건 및 성폭력 사건의 정황을 언제나 조금씩 선전하기 좋게 일그러뜨려 왔던 NL운동권들에게서 나올 것이다. 냉소적인 시민들이 운동권을 선전선동 및 왜곡의 대가라고 이해해왔던 것에도 전혀 맥락이 없는 것은 아니다.

그런 의미에서 양자는 나름대로 로망스와 리얼리즘의 대립을 보여주지만, 문제가 무엇이고 그것을 해결할 방책이 무엇인지를 고민해내지는 못한다는 공통점이 있다. 즉 이 자세들은 각각 어떤 국면에서 필요한 것일 수 있지만, 오직 이 태도로만 정치 문제를 바라볼 경우엔 시태 해결이 불가능하다.

이명박 정부의 시대는 시민의 정체성을 가진 이들이 자신의 정당성을 세우기 위해서라도 노동문제의 당사자들을 피해자 중심주의적 태도로 해석해주었던 행복한 과도기다. 그러나 우리는 그들에게 다른 접근 방식도 가능했음을 알고 있다. 비정규직 활동가들은 오지랖 넓은 운동권으로, 정규직 노조의 파업은 이기주의로 매도한 것은 극우파들뿐만이 아니었다. "목숨으로 투쟁하는 시대는 지났다"(노무현)와 "노동계는 고양이고 참여정부는 쥐다"(유시민)란 발언 속에 숨겨진 그 정서가 다시 한 번 재현될 수도 있다.

물론 지금 야권을 지지하는 유권자들은 참여정부를 지지했던 그 유권자들과 온전히 포개지지 않는다. 새로 정치에 대해 관심을 가진 이들도 많다. 그리고 우리는 하나의 집단이 특정한 사회문제에 관심을 가졌다가 그것을 집단적으로 망각하는 상황에서도, 어떤 소수들은 여전히 그 문제에 천착하여 새로운 운동권이 되는 모습을 언제나 보아왔다. 무엇보다 현재 우리의 상황은 정권이 교체된다는 확신조차 가질 수가 없는 상황이다.

그러나 내가 말하고자 하는 바는 단순하게 이명박 정부 시기 시민들의 노동문제에 대한 관심에 결함이 있었다는 것만은 아니다. 피해자 중심주의적 접근은 그들이 우리를 이해하는 방식이기도 했지만, 실은 그간 진보 진영이 시민들을 설득하기 위해 사용했던 방식이기도 하다. 현실 세계의 '을'을 멜로드라마적 '피해자'로 가공해내고 이에 대한 지지를 호소해왔던 상황 이면에는, 정치에 꽤 관심이 있는 시민들도 파업하는 노동자들을 보며 느낀 그 불편함이 있다. 우리는 하나의 사건을 사람들에게 설명할 때 우리가 무엇을 강조하고 무엇을 숨겨야 하는지를 거의 본능적으로 알고 있다. 그리고 이제 많은 사람들은 우리의 설명을 들을 때 우리가 무언가를 숨겼다는 사실을 본능적으로 알고 있다.

이 상황을 어찌할 것인가? 완벽하지도 않고 적당히 탐욕스러우며 상황이 바뀌면 자기 본위적으로 행동하는 이들에게 연대와 관심이 필요함을 납득시킬 수 있는가? 아니면 그런 일은 애당초 힘드니 '냉소주의자의 역습'을 염두에 두고라도 계속 이런 식의 설득을 해야 할 것인가? 시민들이 하나의 사안을 피해자 중심주의로도 바라볼 수 있고 냉소주의로도 바라볼 수 있다면, 우리는 그들의 선택을 어떻게 강제할 수 있는가?

정권 교체가 일어나지 않은 지금의 시점에서 이 문제는 희망버스나 《의자놀이》를 둘러싼 논쟁에서 그랬듯 노동운동 내부의 고민으로 남을 가능성이 높다. 어느 쪽이든 우리에게 분명한 것은, '노동자 계급의식'이라는 당위를 쟁취하기 위해 필요한 것은 그 당위 명제의 단순한 반복 암송이 아닌 구체적으로 존재하는 갈등의 골을 탐색하는 작업이라는 것이다. 그리고 그러한 탐색을 통해서야 우리는 멜로드라마적 인식과 그 해체를 넘어 자신들의 삶을 견주어보는 주체화의 길을 발견할 수 있을 것이다.

# 당 사 자 운 동 을 위 한 조 건

당장 '20대 국회의원'이 필요하다는 당위가 아니라, 정치적 관심을 지닌 젊은이가
적절한 경력을 쌓아나가면서 정치인이 될 방도가 있느냐는 문제다. 그들이 정치를,
충분히 생계 문제를 해결할 수 있는 직업으로 삼을 수 있느냐는 것이다.

### 왜 학생운동 조직은 20대로부터 멀어졌을까

쉽지 않은 얘기다. 원인을 찾아야 하는데 자칫하면 '탓' 공방이 되기가 쉽다. 사회구조를 통한 접근이나 20대 자질론 양쪽 다 그렇다. 일단 대한민국 성립 이후 한국 사람들이 정치에 관심을 가진 방식이 어떤 것이었는지에 대해서부터 이야기를 시작해야 할 것 같다. 나는 앞서 언급한 대로 그레고리 핸더슨이 해방 후 한국 사회의 중앙 정치 과잉 현상을 '소용돌이의 정치'라고 표현한 것이 한국 사회에 대한 정확한 분석이라고 생각한다. 회사, 조합, 교회, 우애단체 등 시민사회의 성립을 이야기할 수 있는 개인과 국가 간의 중간 단체는 거의 존재하지 않았고, 그런 구조에서 중앙 정치가 아무런 여과 없이 개인을 대량으로 동원했던 현상을 지칭하는 말이다. 그런 중앙 정치는 생활 세

계의 이슈를 다루는 것은 아니었다. 독재정권이 들어서면서 민주화라는 화두가 사람들의 정치의식을 지배할 때조차 상황은 그러했다.

민주화 이후 사람들은 정치에서 무엇을 논의해야 하는지를 알지 못하게 되었고, 그리하여 지역주의라든가 삼김(三金)이라는 상징을 만들게 되었다. 지금의 20대는 그러한 '소용돌이의 정치'가 자신의 삶과 아무 관련이 없다는 사실을 분명하게 인지한 최초의 세대라 볼 수 있다. 어려운 문제는 그것 이외에 다른 종류의 정치가 어떻게 가능하냐는 것이다. 20대뿐 아니라 다른 세대도 이 문제에 대한 답변은 가지고 있지 않다.

'소용돌이의 정치'의 세계에서 대학생들이 일정한 영역을 차지했던 이유는 쉽게 추론될 수 있다. 대학생이라는 신분 자체가 일종의 특권 신분, 엘리트로 받아들여졌고, 비교적 모임을 쉽게 조직할 수 있었다. 그런 대학생들에게 사회가 하나의 역할을 부여했다. 마르크스가 먹고살 만하고 조직을 쉽게 만들 수 있는 대공장 노동자들에게서 혁명의 희망을 보았던 것과 비슷한 이치다.

이런 대학생들의 역할이 흔들리기 시작한 것은 여러 가지 요인으로 설명될 수 있다. 이념적인 측면에선 80년대 운동권을 지배했던 이념(NLPDR)이 사회의 변화에 제대로 대응하지 못했다는 점을 지적할 수 있고, 문화적인 면에서는 20대가 대학생이 되는 비율이 현저하게 높아지면서 엘리트라는 상징성이 떨어졌기 때문이라고 설명할 수 있고, 경제적인 접근으로는 '고용 없는 성장'의 시대가 개막되면서 더 이상 대학이 경쟁의 무풍지대가 아니라 가장 가혹한 경쟁의 장이 되어버렸기 때문이라는 설명이 가능하다.

그러므로 대학생이 한국 정치의 주역이 되는 시대는 저물어갔다고 볼 수 있겠는데, 여기서 "중앙 정치에 간섭하던 대학생들이 왜 자신들의 문제를 이슈로 하는 정치적 조직을 결성하는 데 실패했는가?"라는 질문이 가능해진다. 이 문제에 대한 답변은 원론적인 차원에선 다시 '소용돌이의 정치'라는 개념으로 돌아갈 수 있다. 즉 우리는 중앙 정치와 생활 세계의 문제가 어떻게 연결되는지에 대한 경험적 학습을 받지 못했다는 것이다. 대학생들로서는 자신들의 문제가 바로 사회적인 문제가 될 수 있다는 사실을 인지하지 못했던 것 같다.

구체적인 사례를 통해 말해보자. 2000년 이후 소위 '등록금 투쟁'이 운동권에서도 이슈로 등장했다. 하지만 운동권들은 이것을 정치 문제로 생각하지는 않았다. 대개 운동권 정파들은 그것을 '복지 공약'으로 생각했고, 복지 공약으로 학생들의 인심을 얻은 후 총학 집권에 성공하여 우리 정파의 정치 활동을 강화해나가겠다는 식으로 사고했다. 학생운동이 퇴조하고 있던 그 시점에서 아마도 등록금 문제는 전체 학생들의 이해관계를 대변하는 공통되는 단 하나의 문제였을 것이다. 각 대학에서 공동으로 대응하고, 각 학교와 협상하는 수준을 넘어 정부 차원으로 문제를 가져가 학자금 대출 문제 등에 대해서도 이슈를 제기했다면 어땠을까 하는 아쉬움이 있다. 그때도 그런 생각을 하는 사람들이 없지는 않았겠지만, 결국 그것은 실현되지 못했다.

하지만 이런 판단은 어디까지나 사후적인 것이다. 왜냐하면 경제적인 차원에서 20대 문제라는 것이 제기된 것은 사실상 《88만원 세대》가 출판된 뒤부터이기 때문이다. 학생정치 조직의 쇠퇴기에 학생들은 이념의 시대가 저 멀리 날아감을 아쉬워하거나, 더 이상 학생들이 모여서 무언가를 할 이유가 없다고 판단해야 했다. 그러한 두 개의 감상 사이에서 학생정치 조직은 꾸준히 쇠퇴했다. 외양간이 헐리는 것을 잠자코 보고만 있었는데, 나중에야 그 안에 소가 들어 있었다는 것을 깨달은 격이다.

## 대학 중심의 진보 운동의 한계

한편으로는 대학교 중심 운동이 가져온 고유한 폐해도 있다. 한참 안티조선 운동을 할 때의 일이다. 처음에는 '안티조선 우리모두' 사이트 내의 '청년 우리모두'라는 공간에서 20대 청년들이 모였다. 그때는 학생운동이라는 공간에서 만나기 힘든 사람들을 조금씩 만날 수 있었다. 가령 대학교에 가지 못하고 패스트푸드점에서 알바를 하고 있던 청년 같은 이들을. 하지만 '운동'을 위해서 우리는 대학별로 조직을 만들기 시작했고, 그러면서 각 대학에서 자생적으로 생겨나기 시작한 대학 안티조선 모임들을 수용하기 시작했다.

운동권과 비운동권이 미묘한 비율로 섞여 있던 그 모임에서, 연세대의 연고전 축제에 은근슬쩍 편승해 안티조선 문화제라는 것을 개최했고, 그 여세를 몰아 '전국 대학생 조선일보 반대모임'이란 것을 만들고 기자회견을 했다. 그 활동의 효용은 거기서 끝이었다. 아마도 그 활동의 의의는 '기자회견을 했다'는 것 정도밖에 없을 것이다. 그러나 그 와중에 우리는 어떤 사람들은 더 이상 우리 모임에 나오지 않게 되었음을 깨달아야 했다. 돌이켜 생각해보면 아쉬운 부분이다.

조직력의 동원과 정치적인 공정성이라는 것이 충돌할 수 있는 가치였던 것이다.

학생운동을 하거나, 학생 신분으로 정치에 관심을 가지다가 정치적 단체에 가입을 하여 활동한 사례에 대해서는 별도의 분석이 필요하다. 비록 전반적인 20대가 그들을 지지하지 않더라도, 그들이 정치 현장에서 경력을 쌓고 정치력을 발휘할 수 있는 기회가 있었다면 20대들의 구심점이 될 수도 있었을 것이기 때문이다. 결론부터 말하자면 그런 일은 생기지 않았다. 노사모에 참여했던 20대들, 개혁당에 참여했던 20대들, 그리고 민주노동당에 참여했던 20대들로 나누어서 생각해볼 수 있을 것이다.

그들이 부딪혔던 문제는 제각각이었지만, 기본적으로는 동일했다. 조직에서는 그들을 '일꾼' 정도로밖에 생각하지 않았다. 노사모나 개혁당에 참여했던 대학생들의 경우 오히려 상대적으로 활발한 토론 문화를 가졌으나 조직에 전혀 반영되지 않았다. 그보다는 조직을 잘 알았던 학생정치 조직 출신의 민주노동당 대학생들의 경우, 조직의 의사에 자신의 생각을 맡기는 경우가 허다했다. 참여한 20대가 많지 않기 때문에 윗세대들에게 지분을 요구할 수 없는 그런 상황인 것 같다.

학생운동권, 혹은 학생정치 조직에서 20대 문제를 해결할 대안이 나오기는 어려울 것 같다. 그것은 단지 그들이 부족하기 때문만은 아니다. 평균적인 20대들이 정치적인 접근이나 연대를 통한 문제 해결 방식에 대해 신뢰를 잃었다는 사실이 매우 중요하다. 그들에게 필요한 것은 어떤 집단이나 어떤 연대 의식이 특정한 문제를 해결할 수 있다는 사실, 그러므로 가치 지향을 품고 다른 이들에게 말하는 것은 결코 손해 보는 일이 아니라는 사실에 대한 인식이다. 이 인식이 없는 상황에서 정치조직 가입을 권유한다는 것은 곱셈의 효용성을 의심하는 이에게 인수분해를 가르치는 것과 같다. 학생운동 조직이 '88만원 세대'의 미래에 돌파구를 가져오리라는 희망이 들지 않는 이유이다.

### 총학 선거의 파행

최근 몇 년 동안 유난히 총학 선거에 대한 생각을 물어본 지인이 많았다. 개표 전 '투표함 개봉'과 '도청'을 통한 비리 폭로로 파행으로 치달은 서울대 총학 선거를 비롯해 우려스러운 모습이 많이 보였기 때문일 것이다. 도대체 무엇이 문제일까? 기성 정치권 못잖은 '꼬마 정치인'들의 진흙탕 싸움? 어떻게 해도 투표를 하지 않는 대학생들의 정치적 무관심? 어느 쪽을 택하든 씁쓸함은 남는다.

우스갯소리로 운동권이 총학을 잡으면 자기네 정치조직으로 돈이 흘러가고, 비(운동)권이 총학을 잡으면 학생회장과 그 측근들의 주머니로 돈이 흘러간다고 한다. 이 말에 약간이라도 진실이 있다면 어느 쪽이든 학생의 대표자로서 제 역할을 하는 총학은 존재하지 않는 셈이다. 이런 실정이므로 학생들이 총학 선거에 무심해지고, 그 무심함의 뒤편에서 총학이란 조직에 배정된 빵 부스러기를 주워 먹기 위한 난장판이 벌어지는 건 '자연스러운' 현상 아닐까.

오늘날의 대학은 군사독재정권에 대항하기 위한 '해방구'도 아니고, 진학률 86퍼센트 시대의 대학생을 특권층이라 칭하는 것도 부질없다. 대학생의 위상이 낮아지면서 이들을 예비노동자라 부르는 이도 나타났지만, 지금은 이조차 사치스럽다. '예비'라는 글자를 떼어내기 위해 젊은이들이 얼마나 치열한 경쟁을 하고 있는지를 생각해본다면 말이다. 이제 대학생은 사회에 대한 책임의식에서 정치에 관심을 가질 수는 없고, 다만 자신의 삶이 정치에 의해 규정된다는 사실을 깨달아야 하는 것인지도 모른다.

이런 시대에 던져진 2000년대 초반의 운동권 정파들은 등록금 인상 저지 투쟁을 주장해서 학우들의 신망을 얻어 총학을 잡고, 총학을 잡은 이후엔 자기네 정치조직의 이념을 실현하기 위해 노력해야 한다는 식으로 생각했다. 학생들을 위하는 '복지 공약'과 제 이념을 실현하는 '정치 투쟁'의 이분법 속에서 고민하며, 등록금 문제가 그 자체로 지극히 정치적인 문제일 수 있다는 생각은 하지 못한 셈이다.

하지만 설령 그 사실을 깨달았다고 하더라도 총학은 대학 당국에 대해 얼마나 무력한 조직인가? 가장 강경한 정파가 가장 강경하게 투쟁했을 때도 투쟁에 적극적으로 참여한 몇몇만 희생양이 되면서 등록금 투쟁은 실패로 끝나곤 했다. 이것은 무엇을 의미하는가? 총학 선거가 복마전이 되는 이유는 총학이 학생들에게 참여를 독려할 만큼의 권력은 지니지 못했으되, 선거에서 승리한 몇몇 학생들에겐 충분히 보상을 해줄 수 있는 수준의 조직이 되어버렸기 때문 아닐까? '시민 없는 시민운동'에 대한 문제의식이 있듯이, '학생 없는 학생회'에 대해 얘기해봐야 하는 것이 아닐까? 이는 '꼬마 정치꾼들'과 '선거에 무관심한 대학생들'에 대한 규탄보다 훨씬 본질적인 문제다.

총학이 무언가를 할 수 있다는 믿음이 회복되지 않는 이상, 학생들이 총학 선거에 관심을 기울일 수는 없을 것 같다. 한편 학생들의 열

럴한 참여 없이는 대학 당국이 총학에 더 큰 권력을 배분하는 일 따
위는 생기지 않을 거다. 이 딜레마 속에서 총학은 대학 당국과 학생
들 사이에 소통이 존재한다는 사실을 강조하기 위한 허울 좋은 들러
리가 되고 말았다. 총학에 대한 고민은, 이렇게 그것이 허수아비에
불과하다는 진실에서부터 출발해야 하지 않을까?

## 386 이후의 정치인과 '청년 비례대표'라는 쇼

'정치인'에 대해서도 캐릭터에 대한 관심 이외의 접근 방법이 필요
하다. 이를테면 "어떤 이들이 어떤 방식으로 '정치인'이란 직업을 가
지게 되는가?"라는 접근이 있을 수 있겠다. 미국의 경우엔 케네디 가
문, 부시 가문 등 '정치'의 업보를 대를 이어 세습하는 엘리트주의의
전통을 지니고 있고, 유럽의 경우 당원 중심의 기반이 탄탄한 정당에
서 활동가들이 자연스럽게 정치인으로 전환되는 구조를 가지고 있
다. 아무래도 '매개'의 관점에서 탁월한 것은 후자 쪽이다.

한국의 경우는 군부독재 시절 정부의 담당자들, 그 이후 시절의 공
무원들, 변호사 등 전문직 종사자들, 그리고 운동권 출신이나 시민사
회단체 간부 출신들이 정치인이 되고 있다. 이 중에서 그나마 '매개'
에 가까운 것은 후자의 사례인데, 386세대 운동권들과 그 직후 세대
운동가들이 대거 정치인이 된 이후 그 매개의 문이 닫혀 버렸다는 것
이 큰 문제다.

다시 세대론으로 돌아와서 생각해본다면, "지금의 20대들 중 어떤
이들이 정치인이 될 것인가?"라고 질문해봤을 때, 보수 진영은 고위

공무원이나 기업가들, 진보 진영은 진보적 생각을 지닌 변호사 등의 전문직들이 정치인을 구성할 것이라고 답변할 수 있고, 게다가 그 '데뷔'의 시기는 적어도 40대 이후, 그러니까 20년 후의 일이라고 판단할 수 있다. 매개의 고리가 전혀 없는 데다가 데뷔 시기가 너무 늦는 것이다.

우석훈이 주창하고 일군의 20대들이 운동을 벌였던 '20대 국회의원'론은 바로 이 문제를 직시했다는 점에서 큰 의의가 있다. 하지만 문제를 풀어나가는 방식에서는 다소 정교하지 못했던 것 같다. 당장 '20대 국회의원'이 필요하다는 당위가 아니라, (그런 당위가 어떤 근거를 통해 지지받을 수 있을까?) 정치적 관심을 지닌 젊은이가 그 관심을 유지하고 적절한 경력을 쌓아나가면서 정치인이 될 방도가 있느냐는 문제다. 각 정당의 활동가로 시작한 젊은이들이 국회의원이 되기까지 20년이 걸리더라도 괜찮다. 문제는 그동안 그들이 정치를, 충분히 생계 문제를 해결할 수 있는 직업으로 삼을 수 있느냐는 것이다.

나는 만일 정치를 직업으로 삼는 그들이 훗날 국회의원이 되는 데 성공할 경우, 그때 그들이 할 수 있는 일은 전문직으로 '자수성가'를 한 뒤 느닷없이 정치권으로 합류하는 이들이 할 수 있는 일과는 뭔가 다르리라고 느낀다. 왜냐하면 그들은 정치 영역의 본질인 '매개'를 전문직 종사자들과는 다른 방식으로 체험한 이들이기 때문이다.

'88만원 세대'라는 말이 통용되는 것은 지금 20대의 대다수가 취업에 어려움을 겪고 있기 때문이다. 사회복지제도가 빈약한 한국의 실정이 이 문제를 더 심각하게 만들고 있는 것도 사실이다. 그 '88만원 세대'의 문제의식을 총선에 반영하기 위한 방법 중 하나로 '20대 비례

대표 후보'를 정하자는 얘기가 나온다. 민주노동당은 4년 전에도 비례 대표 후보였던 20대 여성 이주희를 전면에 내세웠고 진보신당 역시 '88만원 세대'의 대표자를 고민해보겠다고 한다. 하지만 나는 '20대 비례대표' 담론에 찬성하기 어렵다.

첫째, 명분이 없다. 20대 아무개가 당장 국회의원이 되더라도 적어도 50대 누구보다는 나을 거라는 우석훈의 주장에 특별히 반대하는 것은 아니다. 하지만 그것이 당장에 20대 누군가가 국회의원이 되어야 하는 이유는 될 수 없다. 중요한 것은 20대 문제의 심각성에 대해 사회 전체가 인식하고 그 문제에 대한 대안을 찾는 일이다. 20대가 현재의 자신들 처지를 잘 알고 있고, 그동안 모종의 운동을 통해 그 사실을 알리려고 했다면, 그들은 충분히 자신들을 대의할 역량이 있음을 사회에 증명했다고 볼 수 있겠다. 그러나 그들은 윗세대가 쓴 책을 통해 이 문제를 알게 됐고 이제 겨우 움직이기 시작했다. 20대 문제에 대한 해결 방안 모색은 20대의 정치적 무능함에 대한 인식으로부터 출발해야 한다. 그 무능함이 그들만의 책임은 아니지만, 무능함을 그대로 둔 채 사태를 해결할 수는 없다.

둘째, 운동 자체의 정치적 효과 역시 희박하다. 정치공학적으로 볼 때 20대 비례대표를 배정하더라도 당선권에서 거리가 먼 순번에 후보를 배정하게 될 것이다. 20대 국회의원이 탄생할 가능성이 거의 없단 뜻이다. 그렇다면 20대에 대한 투표 독려 효과는 있을까? 20대 비례대표가 문제 해결 의지를 과대하게 포장하는 일종의 '쇼'라는 사실은 20대들의 정치적 감각으로도 파악될 수 있는 일이고, 그런 쇼에 혹할 만큼 20대의 정치적 냉소주의가 얕은 것도 아니라는 것이 내 생각이다.

셋째, 이 운동의 목표가 실현된다 하더라도 별다른 의미가 없다. 개혁당과 열린우리당에서 활동했던 윤선희나 민주노동당 이주희의 사례로 볼 수 있듯, 젊은 정치인의 등장은 젊은이의 권익을 대변하는 것과는 크게 상관없고 '젊은 여성'의 이미지를 감각적으로 덧씌우는 정치 세력의 홍보 전략과 크나큰 상관이 있었다. 자신들의 역량 없이 홍보 전략에 의해 간택된 이들 정치인들이 주체적인 개인으로서 발언하는 것을 들은 적이 없다. 그런 식의 얼굴마담을 세워놓고 문제 해결의 단초를 발견했다고 말한다면 오히려 문제를 은폐하는 것이다.

《88만원 세대》의 우울한 통찰의 핵심은 경제구조상 지금의 20대는 30대가 되더라도 현재의 30대처럼 살지는 못할 거라는 것이다. 따라서 우리의 고민은 당장에 어떤 20대 정치인을 만들 수 있을까라는 것이어서는 안 된다. 가장 정치적인 세대였던 386 아래 세대들이 정치적인 힘을 결집하지 못하는 현실을 자각하고, 그것을 극복하기 위한 구체적인 노력을 해야 한다.

20대 비례대표라는 선정적 제안보다는 지금의 20대들이 정당 활동에 참여했을 때 밑바닥으로부터 차근차근 올라올 수 있는 제도적 지원이나 문화적 변혁을 요구해야 한다. 십 년쯤 세월이 지났을 때 지금의 20대들이 정당의 틀 안에서 경험을 축적하여 일정한 위치를 점하고 있다면, 그때는 이 세대에서 이 세대와 그 아래세대의 문제에 대한 해결 능력을 갖춘 비례대표가 나올 수도 있을 것이다. 이 과정이 '20대 비례대표'라는 대안보다 더 어려워 보이지만, 문제 해결은 언제나 이런 방식으로 이루어져야 한다.

## 세대문제의 정치화는 가능한가

20대의 상황에 대해 조성주는 "사실 알고 보면 20대는 기권한 게 아니다. 지난 10여 년, 짧게는 지난 5년간 그들의 문제를 외면했던 사회 전반에 대한 불신임에 투표한 것이다. 20대의 보수화니 탈정치화니 하는 허황된 담론보다 더 심각한 것은 그들이 사회 전체에 대해 보이는 환멸이다."라고 설명한다. 이러한 환멸은 개인적인 차원을 가뿐하게 넘어선다.

엄기호는 20대의 냉소주의에 대해, "이 세대는 정치를 모르는 것이 아니라 너무 많은 것을 알고 있어서 정치에 냉소적인 것이 문제였다. 이들은 정치에 대해 아무런 환상을 가지고 있지 않았다. 그리고 변화라는 것이 어떤 실체적 변화를 이끌어낸다는 것에 냉소했다. 진보니 보수니 싸우는 사람들은 자신이 대단히 큰 차이를 가지고 있는 것처럼 말하지만 보는 사람 입장에서는 그놈이 그놈인 상황이며, 어느 놈이 되더라도 내 삶이 별로 달라지지 않을 것이라는 통찰이었다."라고 설명한다.

특히 대학생들에게, 사회문제에 대한 '진보적인' 시선을 요구하는 기존의 요구는 외려 시대에 뒤떨어진 것일 수가 있다. 북유럽을 여행한 사람들은 그 나라의 대학생들이 국가에서 등록금은 물론 생활비의 일부를 대주기 때문에 자신들이 선인이 되면 국가를 위해 무엇을 해야 할지 고민하는 모습을 많이 보았다고 전한다. 과거의 한국 대학생들은 비록 국가에서 많은 것을 받지는 못했지만 일종의 '예비 엘리트 집단'으로 대우받았고 그 대우에 대한 책임의식이 있었다.

반면 대학 진학률이 80퍼센트가 넘는 오늘날의 대학생들은 〈개그 콘서트〉의 명대사처럼 "국가가 내게 해준 게 뭐야?!"라고 외칠 수 있을 뿐이다. 물론 대학에 진학하지도 못한 20대의 삶에 더욱 주목해야만 한다는 견해도 있다. 가령 고등학교 졸업 후 삼성 반도체 공장에서 몇 년 일하다가 백혈병으로 숨진 스물세 살 박지연 양의 사례는 한국에서 대학을 피하고 산다는 것이 가져올 위험의 총합을 비극적으로 보여준다. 하지만 오늘날의 대학생들은 타인의 삶에 대한 부채의식이 아니라 자신의 삶의 문제에 천착해야 할 처지에 있다.

과거와는 달리 오늘날의 대학생들은 타자가 아니라 자기 자신의 삶을 '서사화'할 때에 세상도 사회도 깨달을 수 있다. 사실 이 깨달음은 작은 것이 아니다. '나'의 생활의 문제와 정치의 관련성을 깨닫는 것이 '정치'의 문제에서 가장 중요한 것이기 때문이다. '젊은이들이 정치에 관심이 없다'는 비난의 수사는 역설적으로 다음과 같은 의문을 불러일으킨다. '그럼 늙은이들은 정치에 관심이 있을까?' 택시 운전석에 앉아서, 혹은 거실에 앉아서 신문을 보면서, 이명박계와 박근혜계의 알력 다툼에 대해 삼국지의 군웅들의 세력 싸움을 서술하듯이 '썰'을 푸는 아저씨들은 과연 '정치'에 대해 말하고 있는 것일까?

민주주의 국가의 기본적인 이념은 국민이 자기 자신을 통치하는 것이다. 모든 정치제도는 조금이나마 그 이상에 근접하려는 노력의 표현이다. 따라서 올바른 정치 담론은 한 사람의 시민이 자신의 삶을 어떻게 조직할 것인가라는 문제에 대해 이성적으로 고찰하고, 그 고찰의 내용을 공동체에 투영하는 것이라야 한다. 만일 그런 이상이 어느 정도 구현된 사회라면, 모든 정치 논의와 선거 담론은 이런 모습을 지닐 것이다. "나는 대한민국이 이러이러하게 되기를 희망한다. 그러므로 내 생각을 대변하는 그를 지지한다." 대한민국이 이런 진술을 일종의 코미디로 만드는 사회라면, 무엇보다 중요한 것은 생활 세계의 문제와 정치적 문제들을 더 접근시키는 것일 게다. '20대 세대 문제의 정치화는 가능한가?'라는 물음 역시 이러한 보편적인 기획 속에서 이해되어야 한다.

사실이 그렇다. 세대 문제를 '20대'의 상황만을 대변하는 몇 개의 정책으로 정립하여 공약으로 들고 나온다면, 다른 세대는 물론 20대의 지지도 얻기 힘들다. 오늘날의 20대는 특별히 동년배의 후보에 대한 호감을 가지고 있지 않다. 예전에 비해 스스로 후보로 나서는 경우도 줄어들었는데, 이미 한국의 '정치인'이 젊은이를 그런 방식으로 수급하는 일이 드물다는 사실을 눈치챘기 때문이다.

따라서 세대 문제를 세대론을 넘어선 방식으로 정치화시키는 작업이 필요하다. 가령 오늘날 세대 문제의 현황을 주거권·교육권·노동권 등으로 나눈다고 생각해보자. 각각의 주제에 따라 구체적인 상황이 있겠지만, 문제의 핵심은 간명하다. 한국 사회가 '집값'은 높이고 '사람값'은 낮추는 체제를 운용해왔다는 것이다. 한국의 중산층은 부동산 가격의 지속적인 상승을 통해 자산을 축적하면서, 훼손된 기업의 경쟁력을 신규 노동시장에 진입한 이들의 임금을 낮추면서 보충해왔다.

노태우 정부 이후 무분별하게 허용된 사립학교들은 이윤 추구를 위해 감당이 안 될 정도로 정원을 늘렸고, 경쟁 시장에서 살아남기 위한 자본 축적을 위해 등록금을 높이고 있다. 그 결과가 그 체제를 지지해왔던 그들 중산층의 자녀조차 자신의 월급으론 독립을 꿈꾸지 못하게 된 '멋진 신세계'인 것이다. 《88만원 세대》가 베스트셀러가 된 까닭은 이 책의 담론이 그들 중산층의 위기의식을 자극했기 때문이다.

이렇게 볼 때엔 가령 '세대 문제'와 '4대강 문제'가 따로 있는 것이 아니다. 세대 문제는 "과연 한국 자본주의는 재생산이 가능한가?"라 는 질문을 던진다. 건설자본과 그에 물린 가계들, 그리고 사립학교를 점유하고 있는 가문들의 이익을 보호하는 체제가 당장 몇 년은 몰라 도 지금의 세대가 한국 경제의 주역으로 자리매김해야 하는 수십 년 후까지 지속가능하지는 않을 것 같기 때문이다.

이러한 인식에서 세대 문제는 한국 사회의 여느 문제와 구별되어 있는 '별도의 문제'가 아니며 따라서 그 해법도 20대만을 위하는 '별 도의 것'으로 구성될 수 없다. 그러므로 자신의 처지에 대한 자각에서 출발한 젊은이의 정치의식은 한국 사회에 대한 새로운 디자인이 필 요하다는 정치적 욕망으로 전환되어야 할 필요가 있는 것이다.

**투표율의 의미**

결과적으로 청년 투표율 상승을 위한 청년 단체들의 노력도 어른들 의 잘못된 프레임에 말려들어간 결과일 것이며, 찍을 수 없는 정치 세력들을 그대로 내세운 한국 정치의 현실은 기권을 권유하고 있는 것일 게다. 하지만 정치 세력은 기권을 한다고 해서 새로운 정치 세 력을 만들어주지 않는다. 만일 시장경제라면 물건을 사지 않는 폭넓 은 층을 겨냥한 새로운 상품이 디자인될 것이다. 하지만 선거는 시장

경제가 아니다. 그들은 많은 표를 얻지 않아도, 단지 반대 당파보다 많은 표를 얻어도 승리자가 획득할 수 있는 모든 재화를 획득한다. '틈새시장'을 노려 짭짤한 수익을 올리는 중소기업은 가능하지만 특히 비례대표의 비율이 낮아 '사표'를 양산하는 한국의 선거제도에서 군소정당들은 하루하루를 힘겹게 버텨낼 뿐이다. "좋은 정당을 만들어야 좋은 정치가 가능하다"는 최장집과 박상훈 등 후마니타스 정치학자들의 말이 옳다 하더라도, '좋은 정당'을 강제하기 위해서라도 어떠한 열망을 보여주는 것은 필요하다.

'안철수 현상'은 기존의 대의 되지 않던 무당파들의 숫자가 얼마나 많은지를 그 방치된 틈새시장이 얼마나 방대한지를 보여준 것이었다. 그러나 결국은 민주당도 안철수도 그 영역을 정치 영역 안에 포섭하는 데엔 실패한 상황이라 볼 수 있다.

맹목적으로 투표를 한다, 안 한다, 결론을 내리지 말고, 자신이 행사할 권리들에 대해 모두 조사해보자. 각각의 투표에서 내 삶의 문제를 대변하는 후보들이 있는지를 알아보자. 그렇게 한 후 투표할 수 있는 만큼만 투표하고, 투표할 수 없는 선거에 대해선 그냥 기표하지 않은 채 집어넣어도 된다. 사랑에서 상처를 입었다고 하여 사랑을 거부하는 일이 바람직한 일은 아닌 것처럼, 사랑을 해보지 않고 냉소적으로 상처를 거부하고 마음의 문을 닫는 일이 비참한 일인 것처럼, 당신의 소중한 권리를 조심스럽게 행사하는 것은 그 어떤 종류이냉소적 진실보다 가슴 떨리는 경험이 될 수 있을 것이다. 정말이지 그렇게 되기를 빈다.

# 잉여 세대를 위한 정치가 가능할까

20대는 산업화 세대가 더 이상 산업화가 되지 않는 이유로 자신들을 지목해도, 민주화 세대가 더 이상 민주화가 되지 않는 이유로 자신들을 지목해도, 군소리 없이 듣기만 했다.

## 20대는 투표하지 않는가

'20대 투표율' 담론이 본격적으로 이슈화된 것은 이명박 대통령이 선출된 2007년 대선과 민주당이 한나라당에게 패한 2008년 총선 이후이다. 만일 '20대 투표율'이 일반적인 투표율보다 낮았던 것이 근 십 년간의 변함없는 경향이었다면, "20대의 투표율이 낮아서 정치에 뭔가 문제가 생겼다"는 식의 상황 진단에 어떻게 동의할 수 있을까?

문제의 핵심은 20대의 투표율이 줄어들었다는 것이라기보다는 오히려 투표율 자체가 줄어들고 있다는 것이다. 투표율 감소 현상에 대해 정치학자 최장집은 이렇게 평한다. "물론 투표율이 낮아지는 경향은 우리나라만의 문제가 아니라 세계적인 문제이다. 그러나 투표율이 우리의 경우처럼 이렇게 급격하게 떨어지고 그 결과 선거의 절차적 정당성에 의문을 제기할 지경에 이른 예는 찾아보기 힘들다."

투표율이 계속해서 낮아진다는 것은 분명히 심각한 문제다. 그러나 그것이 "투표를 하지 않는 유권자의 의식이 문제다"라는 도덕적 비난으로 접근해야 할 문제가 아니다. 정치학자 박상훈은 사회학적 정당이론을 대표하는 립셋과 로칸(Lipset & Rokkan)의 주장을 인용하여, "정당으로 조직된 대안들이 유권자에 앞서 존재한다"고 말한다. 시쳇말로 '찍을 놈이 없어서 못 찍는' 현실은 유권자에게 책임을 물릴 수 없다는 것이다.

그렇다면 2007년에 열심히 투표한 사람들, 가령 참여정부가 밉다고 징벌적 투표를 한 유권자들을 '우매한' 사람들이라고 비판해야 할까? 하지만 정당 이론에 대한 가장 권위 있는 해석자로 인정받는 피터 마이어(Peter Mair)에 따르면, 현직 정부에 대한 평가가 유권자 투표 결정을 좌우하는 '회고적 투표'의 양상은 정당 간 차이가 약해질 때 나타난다. 또한 정치철학자 샹탈 무페(Chantal Mouffe)는 좌우의 대립이 이슈가 되지 않는 사회에서 정치인의 추문 등 도덕적 이슈가 자주 선거의 핵심으로 떠오른다는 사실을 지적한다.

요점은 정치 세력 간의 '차이'가 잘 보이지 않는 사회, 좌파의 정치 세력화가 제대로 이루어지지 않은 사회에서 투표율은 낮아지고 사람들은 비합리적인 잣대에 의해 투표를 하게 된다는 것이다. 그렇다면 2007년에서 2008년, 그리고 2012년으로 이어지는 민주개혁 세력의 '패퇴'는 '그들이 어떻게 국민들에게 신망을 잃었는지'나 '그들의 노선이 어떻게 한나라당에 근접하게 되었는지'와 같은 기준으로 평가되어야 한다. 그런 관점에서 볼 때, 2007년의 '국민 책임론'과 이에 이어지는 2008년의 '20대 책임론'은 어떤 정치 세력에 대해 요구되는 책임을 면책받기 위한 특별한 '희생양 의식'으로 여길 수 있다.

국민이나 유권자가 비판받을 수 없다는 것은 아니다. 만일 국민의 선택이 무조건 올바른 것이라고 가정한다면, 우리는 삼권분립과 같은 거추장스러운 제도를 시행할 필요가 없다. 우리에게 필요한 것은 거대한 여론조사 기구와, 그 여론조사의 결과를 그대로 실행하는 거대한 행정기구일 뿐일 것이다.

그런 사회에선 누구도 '정치적 책임'이란 것을 지지 않을 것이다. 왜냐하면 모든 것은 '국민'의 의지대로 행사된 것이며, 그 의지가 나쁜 결과를 낳았거나 변덕스럽게 바뀌었다 하여 그 의지를 그대로 따른 수족들을 처벌한다는 것은 부당한 일일 것이기 때문이다. 하지만 이런 체제는 거대한 행정기구가 여론조사 기구를 왜곡하여 실질적인 독재를 행사할 가능성을 차치하더라도, 문제가 있다. 정치의 영역에도 '책임'이란 문제가 중요하며 누구도 '책임'을 질 수 없는 체제는 자폐적인 것으로 귀결될 수밖에 없기 때문이다.

우리는 정치인을 선출하고 그에게 한정된 임기 동안 소신 있게 국정을 운영할 기회를 주지만, 그러한 '위임'은 한편으론 정치인에게 '책임'을 물을 수 있음을 뜻하는 것이다. 그렇다면 뚜렷한 '보수 회귀' 경향을 보인 선거 이후 필요한 것은 무엇보다 '개혁'을 말했던 사람들의 자기반성일 것이다. 그리고 이 반성은 도덕적인 차원의 것이 아니라, 서민들의 마음을 되돌릴 수 있는 방책은 무엇인지를 탐구하는 실천적인 차원의 것으로 귀결되어야 한다.

## 정말 20대는 보수화되었나?

투표율이 아니라 다른 것을 문제 삼는 또 다른 질문도 있다. 그것은 "왜 20대는 보수화되었나?"라는 질문이다. 사실 이 질문은 논리적으로는 앞의 질문과 좀 모순인 것처럼 여겨진다. 왜냐하면 20대가 실제로 보수화되었다면, 보수 세력의 회귀를 바라지 않는 정치 세력의 입장에서는 투표율이 낮은 것이 더 유리할 것이기 때문이다. 이처럼 '20대 탓'을 하는 논의가 두서가 없는 것은, 이 담론들이 일종의 '책임 전가'의 심리적 근거에서 나왔다는 사실의 반증이다. 정치 세력의 책임 문제에 관한 앞서의 논의를 상기한다면, "왜 20대는 보수화되었나?"라고 물을 때 중요한 것은 그 현상의 원인이다.

'20대 보수화'라는 현상은 없다고 단언하는 것도 상황을 왜곡할 우려가 있다. 2008년도 〈시사인〉에 기고한 박권일의 분석에 따르면 2007년 대선 직후 20대가 정동영 '대신' 찍은 것은 문국현과 이회창이었다. 20대는 30대에 비해 문국현에 대해 6퍼센트가량 표를 더 밀어주었고 이회창에 대해서도 2퍼센트가량 높은 지지율을 보였다. 특히 20대의 문국현 지지율은 15.9퍼센트로 30대(9.9퍼센트)와 40대(4.8퍼센트)에 비할 바가 아니었다.

즉 투표율 성향에서 드러난 '20대 보수화'의 핵심은, 비정규직·청년 실업 문제로 고통받았던 지난 5년에 대해 어떤 세대보다 혹독하고 냉정하게 심판한 것이거나 17대 대선을 주도한 흐름인 '지난 정권에 대한 심판', '회고 투표'를 정확하게 보여주는 것이었다. 그런 점에서 보면 확실히 환멸에 의한 회고 투표와 낮은 투표율은 연장선상에 있는 것 같다. 전반적으로 볼 때 20대만의 투표율이 줄어들어서 문제라는 식의 분석에는 동의할 수 없지만, 20대 세대를 분절하여 투표율을 비교해봐도 참여정부 시대에 관한 실망감이 있었음을 추측해 볼 수 있기 때문이다.

'희생양 세대 만들기' 게임에 동참할 생각은 없지만 굳이 그런 식으로 논점을 잡는다면 문제는 386세대의 보수화에 있다. 2002년 대선 때 노무현을 지지했던 이들의 1/3 정도가 2007년 대선에서 이명박을 지지했다는 주장이 있다. 세대 간 투표 현황을 보더라도 과거의 386세대인 오늘날의 40~50대의 새누리당 지지율은 50.6퍼센트, 60퍼센트 지지율에 육박하는 그 윗세대와 비교할 바는 아니지만 20~30대와는 편차가 크다.

이명박에 대한 지지율만 놓고 본다면 40대가 20대를 나무랄 수는 없다는 뜻이다. 마찬가지로 박근혜에 대한 지지율을 보면 386은 이제 절대로 20대들을 나무랄 수 없다. 아마 40대들은 나름의 희망을 모아주었던 참여정부에서 실망을 느꼈을 것이고, 특히 부동산 폭등을 막지 못한 정부 정책 탓에 울며 겨자 먹기로 부동산 시장에 진입한 후 그러한 투기적 이익을 옹호해줄 것 같은 이명박을 지지했을 가능성이 크다.

그들의 행동이 정부 정책의 실패에 기인한 '합리적인' 것이며 '도덕적 비난'의 대상이 아니라고 한다면, 20대에 대해서도 같은 설명이 가능할 것이다. 또 2012년 대선처럼 청년층이 제법 문재인 후보를 지지해도 민주당이 승리하지 못하는 현실은, 사회의 보수화를 '20대의 책임'으로 몰고 가는 어법의 효용을 의심하게 한다.

## '동네북' 돼버린 20대

386세대와 그 아래 세대 30대들이 말하는 '20대 개새끼론'과 구별되는 '20대 책임론'이 있다. 이것은 참여정부 시절 풋내기 386세대의 아마추어리즘이 나라를 망쳤다고 믿는, 20대의 부모 세대에 해당하는 50대 이상 어른들에게서 확인할 수 있다. 대충 "배가 처부른 젊은 이들이 눈높이를 높여 취직을 안 해서 외국인 노동자는 늘어나고 그에 따라 범죄율도 상승하고 청년 실업률이 늘어나 경제는 활력을 잃었다"로 요약되는 그런 20대 책임론이다.

한쪽은 '20대 책임론'으로 한국 경제의 문제를 전가하고, 다른 한쪽은 '88만원 세대론'으로 한국 정치의 문제를 전가하니 담론의 세계에서 20대들은 그야말로 죽을 맛이다. 이 말들이 올바르다면 20대들은 한국 사회문제의 유일한 원인이며, 20대들만 개조하면 한국 사회는 세계를 정복할 수 있을 것 같다. 20대를 비판하던 사람들에게 정말로 그렇게 믿는지 묻고 싶을 정도다. 현실로 돌아오면 20대들은 한나라당 지지자인 아버지와 민주당 지지자인 삼촌들에게 "언제 취직하냐"는 압박마저 받고 있을 게다.

20대의 부모님들이 "눈높이 낮춰서 빨리 비정규직으로 공장이라도 취업해서 외국인 노동자를 몰아내고 한국 경제의 활력을 살려내라!"고 말하고 있을까? 그럴 리 없다. 아마 "첫 직장은 모든 것을 결정한다"는 격언(?)을 들이밀면서 오랫동안 취업 준비를 하더라도 무조건 대기업 정규직으로 가야 한다고 권하고 있을 거다. 이런 현실에서 세상을 대면하지 못하고 각자의 방에 꽁꽁 틀어박혀 취업 준비를 하는 그들은 무슨 생각을 하게 될까.

더구나 20대의 부모님 세대는 4년제 대학을 다닌 사람이 드물었다. 그분들은 머리는 나보다 나쁜데 집안 잘 만나 대학 졸업해서 팔자 핀 친구들을 너무 많이 보아왔다. 그것이 한이 되어 피땀 흘려 얻은 노동가치를 투여하여 자식들에게 대학 교육을 시켰다. 그리하여 이 시대의 대학 진학률은 한때 86퍼센트에 달했다. 등록금이 너무 비싸진 지금은 빈곤층 중심의 이탈이 증가한 결과, 대학 진학률이 71퍼센트 정도지만 여전히 OECD 최고 수준이다. 이는 자랑이 아니라 대한민국은 고졸로 사회에 나오면 할 게 없다는 야만적인 현실을 폭로하는 데이터일 뿐이다.

그렇다면 그분들은, 당신 시대의 고졸이나 지금 시대의 대학생들이나 별반 처지가 다르지 않다는 사실을 '인정'할 수 있을까? 그럴 리 없다. 대학 못 나온 나도 이만큼 사는데 부모 쌩돈 들여 대학 교육까지 시켜준 너는 훨훨 날아다녀야지 왜 빌빌 기어 다니느냐고 분통을 터트리고 있을 거다. 부모님 심정도 공감이 가지만, 그 말을 듣고 있는 20대들은 어디로 가겠는가. 쥐구멍도 없는데.

'20대 문제' 중에서 가장 큰 것이 '20대의 말이 사라졌다'는 것이라고 주장한다. 20대는 말이 없다. 블로그에 올라온 김용민의 글 '너희에겐 희망이 없다'에 대한 20대들의 반발은 그래서 참으로 예외적이고, 소중한 케이스였다. 오랜 시간 동안, 20대는 산업화 세대가 더 이상 산업화가 되지 않는 이유로 자신들을 지목해도, 민주화 세대가 더 이상 민주화가 되지 않는 이유로 자신들을 지목해도, 군소리 없이 듣기만 했다. 어쩔 때는 자기네들 스스로 그 말이 좋다고 여기저기 퍼다 나르는 마조히즘적인 작태를 보이기도 했다. 냉소적으로 말한다면 시대를 잘 만나 예술을 그 정도로 할 수 있었다 평할 수 있는 김형태나 신해철 같은 이들이 청년의 무기력함이나 정치 무관심을 질타해도 그게 옳은 말이라고 믿었던 것이다.

부모로부터 많은 투자를 받았으나 그 투자를 회수할 방법을 찾지 못하는 20대들은 부채감에 시달린다. 그 부채감이 그들로부터 말을 빼앗아가는 것이다. 그리하여 그들은 자신들의 생각이나 현실에 대해서는 한 마디도 얘기하지 않고 자신들을 모든 문제의 원인으로 지목하는 사회에서 겉돌게 된다.

## '20대 보수화'라는 함정

그럼에도 불구하고, 여러 사람들이 지적하는 '20대 보수화'라는 레토릭에는 분명히 어떤 근거가 있는 것이 아닌가? 우리는 이 문제를 해결하기 위해 노력해야 하는 것이 아닐까? 20대 보수화 담론의 근거는 크게 두 가지다. 하나는 정치에 참여하는 20대들의 숫자가 줄어들었다는 것, 다른 하나는 20대의 정치에 대한 관심 자체가 줄어들어 투표율이 낮아졌다는 것이다. 이 두 가지는 같은 얘기인 것 같지만 실은 다르다. 해법은 분명히 다르고, 아마 원인도 다를 것이다.

이해를 쉽게 하기 위해 한 정당의 입장에서 생각해보자. 내가 진보신당원이라 편의상 진보신당이다. 전자의 문제는 "진보신당은 20대 활동가들을 어떻게 얻을 수 있을까?"라는 고민을 만들어낸다. 반면 후자의 문제는 "진보신당은 20대의 지지를 어떻게 얻어낼 수 있을까?"라는 고민으로 나아간다.

정당에서 피부로 느끼는 20대 보수화는 이런 것이다. 선거 때 연락을 돌려도 대학생들이 선거운동에 잘 참여하지 않는다는 것, 대학생들이 강연회를 열어도 많이 모이지 않는다는 것, 더 나아가 대학생 당원들의 활동이 거의 없다는 것 등이다. 이런 문제들은 20대들의 정치적 무관심에 대한 비판으로 해결할 수 없다. 20대가 마음을 다잡는다고 어떻게 할 수 있는 일이 아니기 때문이다.

나는 2001년도에 대학을 입학했는데, 2007년도에 대학을 입학한 여동생과 대화를 나눌 때마다 그동안에 얼마나 많은 변화가 있었는지를 절감하게 된다. 내가 지하철 타는 시간이 아까워 심심풀이 땅콩으로 즐길 만한 소설책을 붙들고 읽고 있으면, 여동생은 거기에 무한한 호기심을 보인다. 왜 그러느냐고 물어봤더니, 자기 주변에는 전공 도서가 아닌 책을 손에 잡는 사람이 단 한 사람도 없다는 것이다. 요새 공대와 경영대의 분위기가 대략 그렇고, 인문사회대도 이 범주에서 크게 벗어나지 않는다.

참고로 내 여동생은 평균적인 대학생들에 비해 정치에 관심도 좀 있고, 궁금한 게 있으면 이것저것 물어보는 편이다. 그러나 심심풀이로 책 한 권 읽을 시간이 없는 이들이 무슨 수로 정치적 행사에 참여하겠는가? 여동생은 이런저런 행사가 있으면 얘기하고 데려가달라고 말하기도 하지만, 정작 무슨 일이 있을 때 물어보면 언제나 시간이 안 된다고 얘기한다. 정치에 관심을 가질 뿐 아니라 참여까지 하는 젊은이가 있다면 그는 정말이지 자신의 많은 것을 희생하고 있음이 틀림없다.

그럼에도 형편이 다른 이들이 있기 마련이고, 한 세대의 몇 명은 정치에 참여하게 되는 것이 정상이 아닐까? 그런데 20대들의 정치 참여가 매우 저조하다면, 이것은 뭔가 이상한 상황이 아닐까? 이 의문에 대해 명쾌하게 대답하기는 쉽지 않다. 진보신당의 경우를 보면 20대 당원들이 나와 같은 20대 후반이거나 아니면 막 정치에 관심을 가지게 된 새내기거나 그렇다. 그 아래는 청소년들이다. 청소년 모임 멤버들은 이전과는 달리 대학생 모임으로부터 어떤 노하우도 전승이 되지 않는 분위기에 실망하고 놀라워한다. 말하자면 중간이 비어 있다. 왜 그런 것일까?

1990년 이후 모든 운동권들은 선배들로부터 "너희들이 후배를 안 키웠다"는 질책을 들어왔다. 재생산에 실패했다는 것이다. 운동권의 몰락을 웅변하는 그 내리갈굼의 역사는 1990년대 후반에 극점을 찍었고, 그리하여 21세기 초의 대학생들은 정치에 참여하는 길이 막혀버렸다는 식의 해석이 가능하다. 정치에 관심을 가진 이들도 어디를 가야 자기와 비슷한 선배들을 만날 수 있는지를 알지 못해 혼자서 우울증에 시달리는 시대였다는 거다. 다행히 이 시대는 이명박 정부의 탄생이 되돌려준 새로운 정치의 시대로 인해 종결된 것 같다. 이 사태에 대한 서술은 이 정도면 충분하다.

20대 활동가가 정당에 없다는 것은 그 자체만으로는 심각한 문제가 아니다. 극단적으로 말해 1980년에서 1990년 사이에 태어난 이들 중에 정치인이 하나도 나오지 않는다고 해도 그 자체가 개탄할 만한 일인 것은 아니다. 문제는 그렇기 때문에 정치 세력들이 젊은이들의 문제에 다가갈 수 있는 정책 대안이나 감수성을 배우지 못하는 경우에 생긴다. 이 경우 '20대 활동가의 부재' 문제는 곧바로 '20대 지지율 확보' 문제로 이어진다.

이것을 염려하여 20대 활동가를 뽑고 싶다면, 정치 세력 스스로가 구체적인 노력을 할 수밖에 없을 것이다. 그러나 여전히 더 핵심적인 문제는 젊은이들의 생활 세계와 감수성에 접근하는 정치 세력들의 노력이 필요하다는 것이다. 20대 활동가는 그것을 위한 하나의 방편일 뿐, 본질은 아니다.

2007년 대선에서 지금에 이르기까지 20대들의 투표율을 분석하면서 20대들의 보수화를 비판하는 목소리는 끊이지 않았다. (1)투표율이 낮다는 점 (2)이명박이나 (당시) 한나라당에 대한 지지가 높았다는 점이 흔히 비판의 대상이 된다. 그러나 2007년 대선에서 20대들의 표심의 진정한 경향성은 '한나라당 지지'가 아니라 '열린우리당의 몰락'이었다. 2007년 대선의 20대들은 문국현 후보에게 가장 많은 표를 준 세대이기도 했다. 다만 그들은 한나라당과 기타 정당 사이에 있는 열린우리당을 정치적 대안으로 보기를 거부했던 것이다. 또 2012년 대선에서 20대들이 대거 문재인을 지지했다 해서 그들이 갑자기 진보적으로 변했다고 말할 수는 없는 노릇이다.

젊은이들의 정치에 대한 무관심이 증대된 이유를 한마디로 분석해 보자면, 한나라당은 집값 올려주고 세금 깎아주겠다는 걸 알겠는데 소위 진보·개혁 세력들은 나에게 뭘 해주겠다는 것인지 감이 오지 않았다는 데에 있다. 이것은 2012년 대선에도 마찬가지다. 4050은 떨어지는 부동산 값을 가장 지켜줄 것 같은 후보에게 투표를 한 것이다. 즉 정치에 대한 무관심의 책임을 굳이 따진다면 정치 세력의 잘못이 아닌가.

20대 문제를 넘어 한국 정치 전반의 문제로 봐도 이 문제는 심각하다. 한나라당이 아닌 다른 정치 세력들은 서민들에게 무엇을 해줄 수 있는지, 정치라는 것이 우리의 생활을 어떻게 바꿀 수 있는지에 대한 비전을 제시하지 못했다는 뜻이다. 매번의 정권을 '독재'로 규정하고 '민주화'를 소리 높여 외치는 거대 담론을 벗어나 구체적인 언어를 획득해야 하지 않을까?

### 발상을 전환하여 20대들에게 다가서야

그래서 나는 민주당과 진보 정당들, 그리고 이미 정치에 관심을 지니고 있는 모든 사람들에게 20대들과의 적극적인 만남을 강조하고 싶다. "투표를 하지 않으면 너희 손해다." 물론 맞는 말이다. 그러나 한편으로는 "20대들이 투표를 하지 않으면 새누리당만 이득이다"도 성립한다. 말을 잃은 20대들이 자신들의 처지를 진솔하게 얘기할 수 있도록 공론의 장을 만들어주고, 정치인들이나 지식인들이 대학을 더 자주 찾고 그들의 말을 들어가면서 그들의 생활에 도움이 될 수 있는 조언을 해줄 수 있어야 한다.

요즘 진보신당의 학생 모임에서 활동하고 있는 친구 말을 들으니, 당에서 '88만원 세대의 문제'를 소리 높여 외쳐도 정작 학생들은 돈들여 행사를 해도 잘 오지 않고 선거 때 별로 도와주지도 않기 때문에 당에서는 학생 사업을 달가워하지 않는다고 한다. 당장의 실익만 생각한다면 맞는 판단일 수 있다. 하지만 장기적으로 볼 때, 젊은이들의 지지를 얻어내지 못하면서 어떻게 지지율을 쌓아가려고 하는가?

이는 20대뿐만 아니라 10대들을 위한 일이기도 하다. 다행히 10대들은 자기 세대의 정치 참여자, 활동가를 배출하는 지점에서는 20대들과 구별이 될 것 같다. 그러나 그들이 고등학교를 졸업하고 맞닥뜨릴 사회적 현실은 바로 오늘날의 20대가 처한 그 현실이다. 정치 세력들이 그 현실을 직시하고 다가서려고 하지 않는다면, 대부분의 10대들 역시 미래에는 그 정치 세력들에 대해 매력을 느끼지 못하게 될 것이다.

정치적으로 무능한 오늘날 20대의 현실은 '비판'의 대상이 아니라 '비평'의 대상이다. 그리고 비평을 넘어 상황의 변화를 꾀하기 위해서는, 결국 그들에게 적극적으로 다가서는 정치적 행동이 절실하다.

# 시 대 를  해 석 한 다 는  것

하지만 혁명엔 동참하지 않고 수양딸의 정인만을 구한 장발장의 태도는 사실 있는
재산이라도 지키며 자녀에게 물려주겠다는 선택을 한 우리네 부모님의 그것에서
크게 멀지 않다.

## 선거 전: 정치가 후세대를 만날 때

고 김대중 전 대통령의 영남인 측근에 대한 얘기를 들은 적이 있다.
언젠가 그가 김영삼의 측근을 만났을 때 그 측근은 경상도 사투리로
"이제 마 (그냥) 우리 쪽으로 와라"고 했고 그는 그 사투리를 듣는 순
간 코끝이 찡했다고 한다. 십여 년 듣지 못했던 고향 말이 가지는 마
력에 놀란 그는 그 후 정치적 신념을 지키기 위해 영남 사람을 만나
는 것을 되도록 피하게 되었다고 한다.

나는 지역 정서를 첨예하게 경험했던 세대가 아니라 이 에피소드의
아픔을 직접적으로 느끼지는 못한다. 하지만 문재인 후보의 토크 콘
서트 형식의 광화문 유세 〈춥다! '문 열어!'〉를 보고 나니 지역 균열에
이어 세대 균열이 문제가 되는 시대에 세대의 방언에 대해서도 비슷

한 상황이 나올 수 있지 않을까 하는 생각이 들었다.

'세대 균열'은 여론조사 결과로는 뒤지고 있는 문재인 후보 측이 기대를 걸어볼 수 있는 유일한 디딤돌이다. 캠프 관계자는 "오늘 광화문 유세를 제외하고는 놀랍게도 대구 유세의 반응이 가장 폭발적이었다"고 귀띔했다. 대구의 20~30대들이 거리에 몰려 유세가 끝난 후 후보가 갇힐 지경이었다는 것이다. 2002년 대선에서 이루어졌던 386세대와 그 후세대 유권자들의 세대 연합이 십 년 후에 다소 다른 방식으로 실현될 수 있다는 기대감이 생겼다.

〈춤다! '문' 열어!〉는 애초에 그 지점을 타격하기 위해 만들어진 행사라고 할 만했다. 광화문이란 공간이 어울리지 않아 보일 정도였다. 현장에 나온 민주당 관계자들도 "이렇게 할 거였으면 차라리 홍대에 가는 게 낫지 않았나"라고 말할 정도였다. 캠프가 쓰는 개사곡들은 1990년대 중반부터 2000년대 중반의 인기 가요였고 자원봉사자들은 이 노래들에 맞춰 운동권 학생들이 '마임을 추듯' 율동을 선보였다. 캠프 측에서는 이를 플래시몹(flashmob)이라 불렀다. 납득은 가지 않았지만 의도는 짐작이 가는 호명이었다.

'마임 같은 플래시몹' 뒤로 비보이팀이 나와 댄싱을 선보였고 조국 교수는 손글씨 가득한 스케치북을 넘기며 2003년에 공전의 히트를 친 〈러브 액츄얼리〉의 명장면을 재연했다. 여기저기서 투쟁하는 노동자들이 대선 정국에서 잊히는 게 안타깝다며 문제가 많았던 참여정부보다 잘 할 수 있다고 약속해달라는 김여진의 말이 다소 튀어 보일 정도였다.

행사의 절정은 1988년 대학가요제 대상을 수상한 무한궤도의 〈그대에게〉가 흘러나오며 문재인 후보가 등장하는 순간이었다. 행사를 기획한 탁현민은 '메인MC'로 나서 처음 〈그대에게〉가 울려 퍼질 때 사람들에게 기대를 갖게 한 뒤 "이건 연습이었다"라고 말하는 재치를 선보였고 두 번째로 울려 퍼질 때 후보를 '영접'했다. 1973년생 탁현민이 스무 살이나 많은 문성근을 '보조MC'라 부르며 "내가 발언권 주지 않을 땐 얘기하지 마시라"고 타박하는 모습도 세대의 상징성이 있었다. 십 년 전 개혁당 창당 발기인대회에서 피를 끓게 하는 명연설로 노무현 지지자들을 격동시켰던 그 문성근이 후배 앞에서 '허허' 웃고만 있었다.

1970년대생과 1980년대생에 대한 야권의 '접근'은 이날 유세를 통해서 나타난 현상만은 아니다. 대선 막판까지 영향력을 유지한 무소속 안철수 후보의 최측근인 금태섭 변호사가 칼럼에서 《은하영웅전설》을 인용하는 세태는 십 년 전만 해도 상상하기 어려웠던 것이다. 사회주의를 막 청산한 1970년대 학번과 1980년대 학번에게 환멸의 대상이었던 저 1990년대 대중문화가 이제 그들이 후세대에게 접근하기 위한 의미 있는 방편이 되었다.

흔히 386세대의 응집성의 원인에 대한 평가로 나오는 것이, 그들처럼 정치적 목표로 뭉쳐서 무언가를 집단적으로 해본 세대가 없었다는 것이다. 그런데 이런 식의 사후적 평가는 어찌 보면 모든 세대에게 적용될 수 있다. 가령 1970년대에서 1980년대까지 태어난 이들이 누렸던 대중문화에 대해서도 응집성에 관한 얘기를 할 수 있다.

그 이전 세대에게 문화는 계급 격차와 정치적 신념에 따라 분열되는 장이었다. 그러나 이 세대는 향유하는 방식의 차이는 있을지라도 대부분의 가정이 구입한 TV를 보는 한 같은 문화를 공유했다. 그러한 삶의 양식은 지나치게 발달된 인터넷망을 통해 제각기 보고 싶은 '미드'를 다운받아 보는 그 후세대의 것과도 다르다. 이들에겐 TV를 보는 이들이라면 누구나 알 수밖에 없었던 시청률 40퍼센트 이상의 드라마에 대한 집단적 기억이 있기 때문이다.

민주당이 이 세대에 접근하기로 한 것은 정치공학적인 측면에서도 자연스러울뿐더러 이번 선거라는 맥락을 떠나서도 의미 있는 일이다. 부모 세대가 이룩한 산업화의 과실인 대중문화를 향유하며 성장했지만 나중에 커서 그 삶의 질을 재생산하는 일이 불가능에 가깝다는 사실을 알게 된 이들의 삶의 문제에 접속하는 것은 그 자체로 한국 사회의 구조적 문제에 접근하는 길이기 때문이다. 만일 그런 접근이 이루어진다면 생물학적으로 볼 때 향후 한국 사회에서 더 오래 살아갈 어떤 층을 지지자로 확보하는 것이 된다.

특히 진보운동의 참여자들은 진보 정당과 운동이 무력화되는 원인 중에 하나가 이 '세대 재생산'의 문제에 지나치게 무심했기 때문이라는 점을 깨달아야 한다. 어떤 진보적 성향의 청년이 '노동자 후보'의 유세에 갔다가 문재인 후보의 유세를 구경했을 때 비로소 김대중의 영남인 측근이 경상도 사투리를 듣고 코끝이 찡했던 그런 느낌을 받을 수 있다는 사실을 알아야만 한다.

그러나 민주당이 '세대 방언'을 흉내 내는 것을 넘어 이 세대의 문제에 진정으로 접근하고, 그 접근이 한국 사회의 개혁의 동력이 될 강력한 유권자 연합을 만들어낼 수 있을지에 대해선 회의적이다. 일단 인구구성으로 볼 때 이 세대의 '쪽수'가 그렇게 많지 않다. 한국 사회의 출산 인구는 1970년에 정점을 찍은 후 계속해서 내리막길이다. 이 세대를 확보하는 것이 선거에서 승리하는 방법이 되지 못할 수도 있다는 뜻이다. 이번 선거의 경우도 결국 세대 균열은 드러냈지만 선거에서는 지는, '신만 실컷 내고 싸움에선 지는' 그림이 나왔다.

또 하나의 문제는 민주당이 사실상 이 세대의 삶을 힘들게 한 주범이기도 했다는 점을 어떻게 반성하고 정책적으로 넘어갈 수 있느냐는 것이다. 1970년대생과 1980년대생 모두가 대중문화를 통해 접근해오는 민주당의 기획을 반기는 것은 아니다. '일베'와 같은 극단적인 사례를 들지 않더라도, 참여정부 시절 삶이 힘들어진 경험을 통해 '민주화'나 '민주개혁 세력'과 같은 단어에 냉소하는 이 세대 친구들을 만나게 되는 일은 결코 드물지 않다.

아마도 고 노무현 전 대통령은 대한민국을 세 번 바꾸었다고 말해야 할 것이다. 한 번은 그의 당선을 통해, 다른 한 번은 그의 통치를 통해, 마지막 한 번은 그의 죽음을 통해 말이다. 첫 번째 것이 386세대의 재정치화와 어떤 386 후세대의 정치화를 이끌어냈다면, 두 번째 것은 상당수 386 후세대를 냉소주의와 허무주의로 이끌었다. 그리고 마지막 것이 만들어낸 '깨어 있는 시민'이라 불러야 할 정치화된 386 후세대 그룹이 첫 번째 유산과 연합하여 두 번째 유산에 적대하고 있는 현실이다.

민주당과 문재인 후보는 참여정부의 유산을 넘어설 수 있을 것인가! 그 이전에 이 유산을 넘어설 수 있단 확신을 사람들에게 심어주어 선거에 이길 수 있지 않을까? 민주당과 문재인 후보는 자신들이 이 질문에 직면하고 있다는 사실을 명확하게 이해할 필요가 있었다.

## 선거 후: 〈레 미제라블〉 흥행이 남긴 것들

1577만 표 vs 1469만 표의 놀라운 양자 결집 끝에 '87년 체제'를 끝내고, '최초의 과반 대통령'을 탄생시킨 그 대선이 끝났다. 박근혜 당선자가 2007년 이명박 후보와 이회창 후보의 득표수 총합인 1500 만 표를 돌파하기는 어렵다고 오판했던 나는 승패와 관계없이 그 득표수에 놀랐다. 사람의 마음을 제대로 읽지 못한 '공학적 예측'을 반성해야만 했다. 또 이를 만들어낸 요인 중 하나인 출구 조사 추정 '투표율 90퍼센트'라는 특정 세대의 놀라운 결집을 보고 세대 문제와 이른바 '민주개혁 세력'의 무능을 생각했다.

세대 문제는 내가 오늘날 이렇게 많은 지면에 글을 쓸 수 있도록 한 주제라 말해도 과언이 아니다. 2008년 촛불시위 이후 청년층의 정치적 각성과 참여를 요구하는 목소리가 있었고 청년 세대에게 지면을 내주는 풍조가 생겼다. 물론 실컷 특집기사로 청년층을 질타한 다음 너희들 변명도 들어보자는 식으로 마지막 지면을 던져주는 경우도 적잖았지만 그것조차도 하나의 기회였다.

이런 종류의 지면이 생겼을 때, 나는 내가 생각하는 정치적 문제를 세대 문제라는 틀 안에 어떻게 녹여낼 것인가를 고민할 수밖에 없었다. 특정 세대의 삶이 힘들다고 '징징'대는 것을 넘어 그 세대의 문제를 통해 사회문제를 드러내야 의미 있는 글이 될 거라 생각했기 때문이다. 그런 고민을 하며 글을 쓰다 보니 또래 세대의 문제도 더 잘 파악하게 되고, 시대의 문제도 더 구체적인 사례를 통해 얘기할 수 있었던 것 같다. 물론 그럼에도 불구하고 세대론에 관한 글들은, 사회

문제를 세대 간 갈등으로 파악하거나 특정 세대의 몫을 뺏어 다른 세대에게 나눈다는 식의 발상으로 이해될 위험이 있었다.

2030세대와 50대 이후 세대가 대결하는 것처럼 되어버린 이 선거 결과가 보여주는 '세대 분열'은 내가 느꼈던 그 딜레마를 떨쳐내지 못한 것이라 해석된다. 이 세대와 저 세대는 주로 부모 자식 관계로 얽혀 있고 경제적인 이해관계의 차원에선 반드시 대립하지는 않음에도 불구하고, 분열을 조장하는 언어들 속에서 각 세대를 대변하는 정치인이 따로 있는 것처럼 생각하게 된 것이다.

이 구도가 진실에는 부합하지 않더라도 야권에게 승리하는 길이었다면 그러한 전술을 이해할 수 있었을 것이다. 그러나 산업화의 성공이 가져온 평균 수명의 증대와 민주 정부 이후 신자유주의의 수용 등이 얽혀서 가속화된 저출산의 기조는 세대 인구구성의 측면에서 야권이 '세대 분열'의 승자가 될 날을 끝없이 지연시켜 왔다.

그리고 민주당과 진보 진영은 그간 본인들이 서민을 어떻게 대변할 것인지에 대해 치열하게 설명하기보다, 종종 저학력 노년층들의 '무지한 선택'에 한탄하는 자세를 취했다. 그 결과 박정희에 대한 폄하를 자신의 청년 시절의 노동에 대한 폄하로 받아들이는 특정 세대에 대해서 본인들이 대변해야 할 취약 계층이라는 대상으로서도 접근할 길이 막혀버린 답답한 현실로 드러났다.

최근 영화 〈레 미제라블〉이 300만 관객을 넘기며 대선 결과에 실망한 유권자들을 정서적으로 '치유'한다는 얘기가 들려온다. 그런데 그런 감동의 기저에 깔린 인식이 자신들을 바리케이드의 학생으로 느끼며 기성세대와 분리하는 것이라면 이도 걱정이다. 〈레 미제라블〉이

감동적인 부분이 있다면 늙은이가 젊은이들을 챙기는 이야기라는 점에서일 것이다. 청년들은 이번 선거에서 그런 배려를 받지 못했다고 느꼈기에 이 영화에서 위로받는지도 모른다.

하지만 혁명엔 동참하지 않고 수양딸의 정인만을 구한 장발장의 태도는 사실 있는 재산이라도 지키며 자녀에게 물려주겠다는 선택을 한 우리네 부모님의 그것에서 크게 멀지 않다. 바리케이드의 학생과 자신을 동일시했다면, 박근혜를 찍은 부모님과 장발장을 포개보는 정도의 상상도 나쁘지 않다.

영화에서도 장발장은 '민중의 노래'에 동참하지 않다가 죽은 이후에야 개사된 노래를 힘차게 함께 부른다. 누군가는 바리케이드 희생자들이 부르는 천상의 노래에서 위안을 받은 모양이지만, 굳이 상상해야 한다면 우리에게 더 필요한 것은 이런 종류의 '화해'가 아닐까?

# 이 세 대 에 게 남 은 것 들

청춘을 위한 나라가 없다면, 다른 나라를 만들어낼 가능성도 책무(責務)도 결국 이
세대에게 떨어진 것이 아니겠는가.

독자들에게 여행을 제안했지만 책에 실린 글들을 다시 읽고 나니,
나도 여행을 다녀온 기분이다. 이 책에 담긴 글들은 군대를 다소 늦
게 다녀온 25살의 청년이 31살이 되는 동안 사적인 공간과 담론의 영
역에서 어떻게 분투했는지를 보여주는 것이라 할 만하다. 그동안 청
년 세대 담론은 번성하고 쇠퇴했으며 끝내 관성적이고 시시한 것이
되었다.

한편 나는 우연히 그 시기에 정신적으로, 그리고 경제적으로도 독
립을 추구했으며 사회에서 별로 높게 쳐주지 않는 위태위태한 방식
으로 자립하게 되었다. 법적으로는 성년이지만 국방부에서도, 가정
에서도 '아이' 취급을 하는 20대를 무사히 살아내고 다음 시기에 접어
들게 된 것이다.

이 자립의 시기 동안, 산업화 세대와 민주화 세대에 의해 우리의 의

사와 상관없이 전개되는 청년 세대 담론에 대해 비판하고 저항했지만 나 자신을 가장 강하게 사로잡았던 감정은 무력감이었다. 내가 무슨 말을 해도 세상은 그와는 상관없이 움직였고, 이 주제에 대해 말을 하는 사람들 역시 '다음의 논의'를 향해 나가지 않고 쳇바퀴를 돌았다. 스스로 아무것도 생산하지 못하고 쌀을 축내는 자라고 여길 정도로, 이런 무기력한 일에 종사하는 나 자신을 견디기가 힘들었다.

다행히도 나는 이러한 정서가 나 자신의 것만은 아니라는 사실을 알게 되었다. 특정 세대가 사회적으로 가치가 있는 것으로 인정하는 어떤 생산 과정에 참여하기가 지극히 어려워진 현상은 한 세대를 무기력증과 우울함이 결합한 어떤 정신 상태로 내몰았다는 생각을 하게 되었던 것이다. 그 '결과'에 해당하는 현상을, 한국 경제의 활력이 떨어진 '원인'으로 치부하며, 청년 세대의 인성을 규탄하는 조류에 나는 맞서지 않을 수 없었다.

건조하게 말하자면 우리는 생산을 위해 존재하는 것이 아니다. 오히려 존재하기에 필요한 만큼을 생산한다. 그리고 존재의 이유는 맹목적이며, 가치판단의 대상이 아니다. 계속 살아가고 싶다는 욕망 역시 맹목적인데, 이 맹목성에 종교적인 것이든 그렇지 않은 것이든 어떠한 이유를 갖다 붙이는 것은 각자의 이유이며 자유다.

우리 세대의 미래에 무슨 일이 일어날지를 예측하는 것은 나처럼 눈이 밝지 않은 사람이 말할 수 있는 영역은 아닐 것이다. 생각보다 채굴되지 않은 석유가 많아 경제가 완만하게 하강하는 상태가 생애 내내 지속될 수도 있고, 생애 중에 어떤 격변이나 전환을 경험할 수도 있을 것이다. 세계적으로는 세계대전 이후, 국내적으로는 한국전쟁 이후의 반세기의 질서가 흔들리고 있다는 것은 분명한데, 한 질서의 변곡점 위에 있는 것인지 아예 새로운 질서로의 재편의 도상 위에 있는 것인지 판단하기도 어렵다. 이전 세대보다 늘어난 기대 수명은 감사한 일인 동시에 모종의 불안감을 던져준다. 급진주의자들은 언제나 그랬듯 자본주의 체제에 대한 묵시록을 읊어대지만 생활인들은 "자본주의보다 내가 먼저 더 망할 거 같다"고 읊조린다. 체제의 외부는 보이지 않는 가운데, 내부 구성원들이 먼저 무너지는 상황이다.

"호랑이에게 물려가도 정신만 차리면 산다"는 속담을 신뢰하는가? 하지만 진실은 "호랑이에게 물려갔을 때 '정신줄'을 잡으려 하면 더 고통스럽게 죽어갈 뿐이다"는 것인지도 모른다. '어떤 세상을 살아가게 될지 알 수가 없다'는 느낌은 세계를 총체적으로 이해하려는 욕망을 갉아먹는다. 세대 간의 대화에서 20~30년 후를 상상하라는 부모 세대에게 "우리는 1~2년 후만 봐요."라고 답하는 자녀들이 늘어나는 것을 도처에서 본다.

하지만 내일이 밝아 보였던 시기에 '미래학자'들이 보여준 수십 년 후의 예측만이 '총체성'을 보여주는 길은 아닐 거라 믿고 싶다. 냉전 체제 해체 이후 사반세기(四半世紀)가 지난 시점에서 그들이 그린 장밋빛 미래는 오히려 우스운 것이 되어 버리지 않았나. 수십 년 후를 논하는 총체성이 불가능하다면 우연과 악의에 의해 요동치는 이 세계의 순간순간을 파악하는 총체성이라도 추구되어야 하지 않겠느냐고 생각한다.

전혀 다른 세상을 살게 될 우리를 이해하지 못한다고 더 이상 부모 세대와 선배 세대를 원망할 필요는 없을 것이다. 그들의 생각과 별개로 세상은 움직일 것이고, 결국 그 세상을 살아갈 이들은 우리들이기 때문이다. 청춘을 위한 나라가 없다면, 다른 나라를 만들어낼 가능성도 책무(責務)도 결국 이 세대에게 떨어진 것이 아니겠는가.

## 관련 자료

### 1부

김용민, "너희에겐 희망이 없다", 〈중대신문〉, 2009.6.8.

송현숙, "초중고생 52% '인생 목표는 돈'", 〈경향신문〉, 2012.12.27.

신하영, "서남표, 교수 개혁은 '성공' 소통은 '실패'", 〈한국대학신문〉, 2013.2.7.

이강백, "[낮은 목소리로] 군대 가면 영어 잘하게", 〈경향신문〉, 2008.2.1

전인권, 《남자의 탄생》, 푸른숲, 2006.

최병화, 《교실 이데아》, 예닮, 2000.

해나 로진, 《남자의 종말》, 민음인, 2012.

## 2부

Wony, 《골방 환상곡》, 랜덤하우스코리아, 2007.

강은하·안효성, "파편화된 20대, 정치 퍼즐 맞추기", 〈서울대저널〉 102호

김난도, 《아프니까 청춘이다》, 쌤앤파커스, 2010.

김어준, 《건투를 빈다》, 푸른숲, 2008.

김형태, 《너 외롭구나》, 예담, 2011.

다키하라 모토아키, 《한중일 인터넷 세대가 서로 미워하는 진짜 이유》, 삼인,
    2007.

당대비평 기획위원회, 《그대는 왜 촛불을 끄셨나요》, 산책자, 2009.

박권일, "88세대론 〈조선〉 독우물에 빠지다", 〈레디앙〉, 2009.1.30.

박권일, "피도 눈물도 없는 88만 원 세대의 복수", 〈시사인〉, 2008.1.28.

박해천, "〔문화와 세상〕 대선과 아파트 시장의 양극화", 〈경향신문〉, 2012.12.18.

변희재, "낡은 386은 가라. 20~30대 실크세대가 나간다", 〈조선일보〉,
    2009.1.10.

스콧 버거슨과 친구들, 《발칙한 한국학》, 은행나무, 2009.

신광영, "세대, 계급과 불평등", 〈경제와 사회〉 81호, 2009.

아마미야 가린, 《프레카리아트-21세기 불안정한 청춘의 노동》, 미지북스, 2011.

안기석, "〔인터뷰〕'대학 개혁' 깃발 든 박용성 중앙대 이사장의 직설 토로", 〈신동
    아〉 601호, 2009.10.1.

엄기호, 《이것은 왜 청춘이 아니란 말인가》, 푸른숲, 2010.

우석훈, 《혁명은 이렇게 조용히》, 레디앙, 2009.

우석훈·박권일, 《88만원 세대》, 레디앙, 2007.

이세영, "한국사회 불평등 핵심고리를 천착하라", 〈한겨레신문〉, 2009.1.12.

이택광, "[이택광의 문화읽기] 〈장기하와 얼굴들〉에서 발견하는 냉혹한 일상성",

〈미디어오늘〉, 2008.11.27.

조성주, 《대한민국 20대, 절망의 트라이앵글을 넘어》, 시대의창, 2009.

허재현, "전여옥 '박근혜, 대통령이 될 수도 되어서도 안 된다'", 〈한겨레신문〉,

2012.12.4.


**3부**

김경진, "'희망버스는 진보의 재앙' 진보논객 김대호 쓴소리", 〈중앙일보〉,

2011.8.2.

김기원, "[세상 읽기] 안타까운 쌍용차 청문회", 〈한겨레신문〉, 2012.10.4.

김예슬, 《김예슬 선언: 오늘 나는 대학을 그만둔다, 아니 거부한다》, 느린걸음,

2010.

엄기호, "20대는 왜 투표하지 않게 되었나", 〈르몽드 디플로마티크〉 18호,

2010.3.5.

장하준·정승일·이종태, 《무엇을 선택할 것인가》, 부키, 2012.

최장집, 《민주화 이후의 민주주의》, 후마니타스, 2010.

## 저자가 쓴 글 (날짜 순)

이 책은 아래 매체에 실린 글을 바탕으로 다시 쓴 것이다.


"고독한 계보학: 판타지 소설을 쓰기 위해 필요한 것은?", 〈드라마틱〉 26호,

2007.9.

"[유토피아 디스토피아] 스타 리그 예찬", 〈씨네21〉, 2008.2.15.

"대학생의 '85'비정규직", 〈대학내일〉, 2008.10.3.

"[유토피아 디스토피아] 위대한 유산", 〈씨네21〉, 2008.10.17.

"[발견 2008] '내가 만난 2008년의 무엇' — 후배의 발견", 〈미디어스〉,
  2008.11.24.

"변희재, 진중권이 아니라 〈조선〉 386과 싸워라", 〈프레시안〉, 2009.2.11.

"[촛불 1년 특집] 촛불시위와 세대론", 〈미디어스〉, 2009.5.3.

"'동네북' 돼버린 20대를 위한 변명", 〈오마이뉴스〉, 2009.8.4.

"루저는 '세상 속의 자신'을 어떻게 인식하는가", 〈황해문화〉 가을 호, 2009.

"우리 시대에도 '교양'은 가능할까", 〈아주문화〉 44호, 2009.11.

"[2030콘서트] '허수아비' 대학 총학생회", 〈경향신문〉, 2009.12.11.

"[2030콘서트] 상식이 통하지 않는 경쟁 시스템", 〈경향신문〉, 2010.2.12.

"'88만원 세대가 쌍용차 투쟁과 만나지 못한 이유", 〈참세상〉, 2010.4.6

"박용성과 김예슬의 '그 대학'에 관한 망상", 〈한겨레 훅〉, 2010.5.21.

"대학생, 지방선거에서 무엇을 고민할 것인가", 〈성심〉, 2010.6.11.

"[2030 콘서트] '국가대표 판타지'의 그림자", 〈경향신문〉, 2010.6.25.

"월드컵 주체와 촛불시위 사이, 불안의 세대를 말한다", 〈문화과학〉 여름호,
  2010.

"[블로그 속으로] '20대 비례대표' 찬성 않는 이유", 〈경향신문〉, 2010.9.15.

"인터넷 토론, 어떻게 할 것인가?", 〈자음과 모음R〉 3호, 2010. 11.

"[기고] 빈곤층에 교육비 더 물린 '징벌적 등록금제'", 〈경향신문〉, 2011.4.10.

"누군가에게는 도움이 되기를 — 키워드로 살펴보는 저자 '20대 멘토 편", 〈기획
  회의 300호〉, 2011.7.20.

"'스타'의 낭만 시대여 이제는 'GG'", 〈시사인〉, 2012.7.6.

"[2030세상읽기] 요리하는 세상", 〈주간경향〉, 2012.8.28.

"문재인의 '응답하라 90년대', 청년들이 응답할까?", 〈미디어스〉, 2012.12.4.

"사람들은 왜 파업을 불편해하는가?", 〈황해문화〉 겨울호, 2012.

"[2030세상보기] 세대 문제와 영화 '레 미제라블'", 〈한국일보〉, 2013.1.2.

"[2030세상읽기] 올라가는 사회, 내려가는 사회", 〈주간경향〉, 2013.1.8.

"[2030세상보기] 세입자의 서재", 〈한국일보〉, 2013.3.7.

청춘을 위한 나라는 없다

초판 1쇄 발행 2013년  4월 15일
초판 6쇄 발행 2017년 12월  4일

지은이 | 한윤형
발행인 | 김형보
편집 | 박민지, 김수경, 강태영
마케팅 | 이연실, 김사룡

발행처 | 도서출판 어크로스
출판신고 | 2010년 8월 30일 제 313-2010-290호
주소 | 서울시 마포구 월드컵로14길 29 영화빌딩 2층
전화 | 070-8724-0876(편집) 070-8724-5877(영업) 팩스 | 02-6085-7676
e-mail | across@acrossbook.com

ISBN 978-89-97379-23-1 03300

이 도서의 국립중앙도서관 출판시도서목록(CIP)은 e-CIP홈페이지(http://www.nl.go.kr/
ecip)에서 이용하실 수 있습니다. (CIP제어번호 : CIP2013002460)

만든 사람들
기획 · 편집 | 김류미
교정교열 | 이원희
디자인 | 오필민(표지), 장원석(본문)